劳动关系协调员
（三级）

中国就业培训技术指导中心　组织编写

中国劳动社会保障出版社

图书在版编目（CIP）数据

劳动关系协调员：三级/中国就业培训技术指导中心组织编写. -- 北京：中国劳动社会保障出版社，2020

ISBN 978-7-5167-4837-4

Ⅰ.①劳… Ⅱ.①中… Ⅲ.①劳动关系-中国-职业培训-教材 Ⅳ.①F249.26

中国版本图书馆 CIP 数据核字（2020）第 255271 号

中国劳动社会保障出版社出版发行

（北京市惠新东街 1 号　邮政编码：100029）

*

北京市艺辉印刷有限公司印刷装订　　新华书店经销
787 毫米×1092 毫米　16 开本　18.25 印张　231 千字
2020 年 12 月第 1 版　2025 年 9 月第 8 次印刷
定价：58.00 元

营销中心电话：400-606-6496
出版社网址：http://www.class.com.cn

版权专有　　侵权必究
如有印装差错，请与本社联系调换：（010）81211666
我社将与版权执法机关配合，大力打击盗印、销售和使用盗版图书活动，敬请广大读者协助举报，经查实将给予举报者奖励。
举报电话：（010）64954652

编审委员会

主　任　聂生奎　刘　康　郑东亮
委　员　葛恒双　徐　艳　唐　镌　刘　燕　王文珍
　　　　曹可安　阴漫雪　黄　昆　陈玉杰　郑海涛
　　　　仲艳平

本书编写人员

主　编　郑东亮　唐　镌
副主编　徐　艳　汪　鑫
编　者　王冠迪　刘　兰　刘　江　刘　海　卢衍江
　　　　李　桃　李　潇　李劭劼　朱明伟　陈玉杰
　　　　冷宜臻　汪　鑫　郑东亮　郑海涛　周亚颖
　　　　赵　楠　徐　艳　嵇月婷　童　欣　焦　杨
　　　　雷晓天

出版前言

为促进和谐劳动关系建设，培养专业化、高素质的劳动关系协调员队伍，推动劳动关系协调员职业培训和职业技能等级认定工作的开展，我们组织国内高等院校、科研机构和企业界的有关专家，根据新修订的《劳动关系协调员国家职业技能标准（2019年版）》（以下简称《标准》），编写了劳动关系协调员职业技能等级认定培训教程（以下简称教程）。

教程以《标准》为依据，突出"以职业活动为导向，以职业能力为核心"的指导思想。在结构上针对我国劳动关系协调工作的职业活动领域，按照模块化的方式进行编写，包括《劳动关系协调员（基础知识）》《劳动关系协调员（四级）》《劳动关系协调员（三级）》《劳动关系协调员（二级）》《劳动关系协调员（一级）》《劳动关系协调员（常用法律手册）》。教程体现了理论性和实践性的统一、系统性和实用性的统一。在介绍相关理论知识的同时，立足于我国劳动关系协调工作的实际，通过"复习思考题"及"案例分析题"引导读者思考实际问题，提高解决问题的能力。在兼顾教程系统性和整体性的同时，通过"延伸阅读"拓宽读者的知识面。本套教程的适用对象为企业、工会和政府部门等从事劳动关系协调工作的人员，以及大中专院校学生，并适用于劳动关系协调员的相关技能培训，是职业技能等级认定的推荐辅导用书。

教程由中国劳动和社会保障科学研究院党委书记、副院长郑东亮及中国人民大学劳动人事学院教授唐鑛任主编，中国劳动和社会保障科学研究院职业与技能研究室主任徐艳、汪鑫博士任副主编。参与编写和审稿工作的人员有：王冠迪、刘兰、刘江、刘海、卢衍江、李桃、李潇、李劼劼、朱明伟、陈玉杰、冷宜臻、汪鑫、郑东亮、郑海涛、周亚颖、赵楠、徐艳、嵇月婷、童欣、焦杨、雷晓天等。此外，刘福平、孙瑜香、赵碧倩、王茹茵、刘亚萱、刘灏、赵梓瑾、徐小雯、康岱哲等也参加了《劳动关系协调员（常用法律手册）》的编写和审稿工作。汪鑫和陈玉杰负责全套教程的统稿和校稿工作。

尽管秉承严谨规范的态度，但由于认知水平有限，本套教程难免存在一些不足之处，希望读者和学界同仁批评指正，来信请发至邮箱 calsszys@163.com。在此感谢中国劳动社会保障出版社为教程的出版所做的努力和辛苦付出！

郑东亮

2020年9月

目 录

第一章 劳动标准管理 （1）

学习目标 （1）
第一节 劳动标准概述 （1）
　第一单元 劳动标准的概念及分类 （1）
　第二单元 基本劳动标准 （8）
第二节 劳动标准的应用 （38）
　第一单元 劳动标准监察 （38）
　第二单元 用人单位劳动标准及其实施 （51）
相关法律法规 （56）
复习思考题 （56）
案例分析题 （57）

第二章 劳动合同管理 （59）

学习目标 （59）
第一节 劳动合同的订立 （59）
第二节 劳动合同的履行和变更 （74）
第三节 劳动合同的解除、终止和续订 （79）
　第一单元 劳动合同的解除 （79）
　第二单元 劳动合同的终止和续订 （87）
相关法律法规 （92）
复习思考题 （92）
案例分析题 （92）

第三章 集体协商与集体合同管理 （94）

学习目标 （94）

第一节 集体协商的组织开展 （94）

第一单元 集体协商概述 （94）

第二单元 集体协商的程序和原则 （108）

第二节 集体合同的订立和履行 （116）

第一单元 集体合同的订立 （116）

第二单元 集体合同的履行 （127）

相关法律法规 （137）

复习思考题 （138）

案例分析题 （138）

第四章 劳动规章制度管理 （139）

学习目标 （139）

第一节 劳动规章制度的制定 （140）

第一单元 劳动规章制度概述 （140）

第二单元 劳动规章制度制定的主体、依据、原则和程序 （149）

第二节 劳动规章制度的实施 （166）

第一单元 劳动规章制度实施概述 （166）

第二单元 劳动纪律规章制度的实施 （173）

相关法律法规 （182）

复习思考题 （182）

案例分析题 （183）

第五章 企业民主管理 （185）

学习目标 （185）

第一节 劳企协商管理 （185）

第二节　职工代表大会管理 …………………………………（197）
　　　　第一单元　员工民主参与 …………………………………（197）
　　　　第二单元　职工代表大会制度 ……………………………（201）
　　第三节　厂务公开管理 ………………………………………（210）
　　第四节　职工董事监事管理 …………………………………（223）
　　相关法律法规 …………………………………………………（226）
　　复习思考题 ……………………………………………………（226）
　　案例分析题 ……………………………………………………（227）

第六章　劳动争议处理 …………………………………（228）

　　学习目标 ………………………………………………………（228）
　　第一节　劳动争议的预防 ……………………………………（228）
　　第二节　劳动争议的协商和调解 ……………………………（238）
　　　　第一单元　劳动争议协商 …………………………………（238）
　　　　第二单元　劳动争议调解 …………………………………（247）
　　第三节　劳动争议的仲裁和诉讼 ……………………………（251）
　　　　第一单元　劳动争议仲裁 …………………………………（251）
　　　　第二单元　劳动争议诉讼 …………………………………（270）
　　相关法律法规 …………………………………………………（276）
　　复习思考题 ……………………………………………………（277）
　　案例分析题 ……………………………………………………（277）

参考文献 ………………………………………………………（279）

第一章　劳动标准管理

学习目标

1. 掌握劳动标准的基本概念和分类。
2. 了解不同层次劳动标准的效力。
3. 掌握最低工资标准和劳动安全卫生标准等常见劳动标准的基本内容。
4. 熟悉劳动监察的概念和基本原则。
5. 掌握用人单位劳动标准的概念。
6. 掌握用人单位实施劳动标准的流程。
7. 熟悉调查用人单位劳动标准实施情况的基本方法。

第一节　劳动标准概述

第一单元　劳动标准的概念及分类

知识要求

一、劳动标准的概念与范围

（一）劳动标准的概念

劳动标准是指对劳动领域内的重复性事物、概念和行为进行规范，以定性形式或者以定量形式所作出的统一规定。所谓重复性，是指同一事物、概念和行为反复多次出现的性质，而劳动标准就是找出这些重复出现的事物、概念和行为的规律性并作出统一的规定。

（二）劳动标准的范围

劳动标准可以分别从广义、中义和狭义的角度加以界定。广义劳动标准包括劳动力市场运行标准、劳动关系运行标准和劳动条件标准。中义劳动标准包括劳动关系运行标准和劳动条件标准。狭义劳动标准仅指劳动条件标准。本教程中所称的劳动标准取狭义概念，内容包括工资、工时、福利、休息休假、女职工和未成年工保护、劳动安全卫生等方面。

二、劳动标准的分类

（一）劳动标准的四种分类方式

1. 按内容划分

按内容划分，可以将劳动标准分为工作时间标准、劳动定员定额标准、职业培训标准、工资标准、职工福利待遇标准、职工休假标准、未成年工保护标准、女职工特殊保护标准、社会保险标准（养老保险标准、医疗保险标准、失业保险标准、生育保险标准、工伤保险标准）、劳动安全卫生标准等。

2. 按适用范围划分

按适用范围划分，劳动标准可以分为国家劳动标准、行业劳动标准、地方劳动标准和企业劳动标准。

3. 按形式划分

按形式划分，劳动标准可以分为法规类劳动标准、技术类劳动标准和规范类劳动标准。

4. 按强制执行效力划分

按强制执行效力划分，劳动标准可以划分为强制性劳动标准、指导性劳动标准和约束性劳动标准。

（二）不同分类方式之间存在交叉关系

劳动标准的各种分类方式之间存在着复杂的交叉关系。例如，法定用人标准中既包含国家劳动标准、行业劳动标准和地方劳动标准，又包含工作时间标准、劳动定员定额标准、职业培训类标准等；国家劳动标准中既有强制性劳动标准，又有指导性劳动标准。

三、行业、地方劳动标准

（一）行业、地方劳动标准的概念

行业劳动标准是指由国务院有关主管部门制定、发布的在全国某行业范围内适用的劳动标准，但在相应的国家强制性标准实施后自行废止。地方劳动标准是指由各级地方立法机构和地方政府以及地方标准化机构制定、发布的在该地区内适用的劳动标准。其中，地方立法机构和地方政府颁布的劳动标准可高于国家颁布的相应劳动标准；由地方标准化机构颁布的劳动标准，在相应的国家强制性标准实施后自行废止。

具体来说，行业劳动标准是按照行业分类的劳动标准，由国家标准化管理委员会、国务院劳动行政主管部门或国务院相关主管部门发布，主要有基础类标准和技术类标准，包括劳动定员定额标准、职业培训标准和劳动安全卫生标准等，如《头部防护 安全帽》《图形符号 安全色和安全标志第5部分：安全标志使用原则与要求》《高处作业分级》《体力劳动强度分级》《高温作业分级》《生产性粉尘作业危害程度分级》《有毒作业分级》《冷水作业分级》《低温作业分级》《TBM隧道掘进机劳动定额标准》《电力行业劳动环境监测技术规范》等。

地方劳动标准包括地方性法规、地方政府规章和其他规范性文件。如《上海市劳动合同条例》《浙江省劳动合同办法》《福建省劳动安全卫生条例》等。

（二）行业、地方劳动标准的重要性

我国地域辽阔，行业众多，不同地区、行业之间差异较大，发展不平衡。因此，在国家大力推进和谐劳动关系建设的背景下，一方面需要在国家层面进行劳动标准的顶层设计，建立健全相关法律法规和政策；另一方面，要积极推进行业、地方劳动标准的建设。根据国家基本劳动标准，结合行业、地区实际情况，科学合理地制定、修订本行业、本地区劳动标准，使之符合本行业、本地区生产发展水平和经济承受能力以及劳动管理的实际需要，并以此带动企业层面劳动标准体系的构建和完善。

（三）行业、地方劳动标准的分类

行业、地方劳动标准包括国家行业技术类标准、地方管理类标准和其他类标准，它们制定的基础和依据是国家劳动标准（见图1-1）。其中，国家基础类劳动标准是劳动标准术语、符号、代码、图形、标志等的基本规范，行业、地方劳动标准均应按照其执行。国家管理类劳动标准是基本劳动标准，行业、地方应按照其执行，或另行制定高于其水平的劳动标准。国家技术类劳动标准有强制性和推荐性两类，对前者，行业、地方应按照其执行；对后者可参考执行。

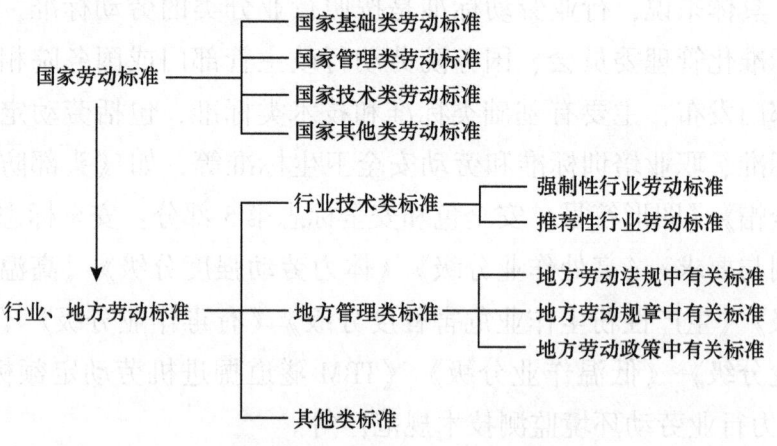

图1-1　国家劳动标准与行业、地方劳动标准

行业技术类劳动标准和地方管理类劳动标准是国家劳动标准的进一步延伸，是由行业或地方结合自身实际情况，对国家劳动标准进一步具体化。在国家强制性技术类劳动标准未制定前，行业、地方也可制定行业、地方技术类劳动标准。但国家强制性技术类劳动标准颁布实行后，行业、地方技术类劳动标准自行废止。行业、地方劳动标准处于劳动标准体系的中间层次，对上承接、贯彻国家劳动标准，对下指导制定企业劳动标准。

 **技能要求**

一、不同层次劳动标准的效力

此处的效力通常指法律效力。法律效力即法律上的约束力，是指法律作为一种国家意志所具有的约束力和强制性。如某个合同产生法律效力，就是该合同符合法律规定的条件和程序，因而受到法律的保护。法律效力的范围包括法律的空间效力、时间效力和对象效力范围三方面。空间效力指法律生效的地域（包括领海、领空），通常全国性法律适用于全国，地方性法规仅在本地区有效。时间效力指法律开始生效的时间和终止生效的时间，一般是公布之日起或公布一段时间后生效。法律的对象效力范围即对主体的效力范围，指法律可以适用的主体范围。例如，《中华人民共和国劳动法》（以下简称《劳动法》）的适用范围包括中华人民共和国境内的企业、个体经济组织和与之形成劳动关系的劳动者。

不同的规范性文件法律效力不同。全国人民代表大会及其常务委员会制定的法律具有最高的法律效力，一切行政法规、地方法规和规章都不得与其规定相冲突。行政法规的效力高于地方法规和规章。地方法规的效力高于本级和下级地方政府规章。省、自治区、直辖市人民政府制定的规章的效力高于本行政区域下辖市人民政府制定的规章。全国人民代表大会及其常务委员会的立法和国务院及其部门立法构成中央立法，在全国范围内适用。一般地方立法在该行政区划内适用，民族自治地方立法在民族自治地方内适用，经济特区和特别行政区立法在该经济特区和特别行政区内适用。

我国的劳动标准体系分为三个层次。最高层次是国家劳动标准，具有最高的法律效力；中间层次是地方劳动标准和行业劳动标准，起承上启下的作用，对上贯彻国家劳动标准，对下指导企业劳动标准；最低层次是企业劳动标准，属于市场微观范畴。

在我国，国家劳动标准、行业劳动标准、地方劳动标准和企业劳动标准之间的效力关系表现在以下五个方面：①企业劳动标准的制定必须以遵守国家、行业和地方劳动标准为前提，否则会产生不利后果，甚至会受到处罚。②国家劳动标准的效力高于行业和地方劳动标准；行业和地方劳动标准不得与国家劳动标准冲突，否则无效。③行业和地方劳动标准可以将国家劳动标准具体化，即根据本行业或本地的实际情况作出具体规定。④某些地方劳动标准与行业标准之间对同一事项的规定不一致，不能确定如何适用时，由国务院提出意见，国务院认为应当适用地方劳动标准的，应当决定在该地方适用地方劳动标准的规定；认为应当适用行业劳动标准的，应当提请全国人民代表大会常务委员会裁决。⑤行业劳动标准之间、行业劳动标准与地方劳动标准之间对同一事项的规定不一致时，由国务院裁决。

二、不同效力劳动标准的实施方式

劳动标准依其创设方式和效力不同，实施方式各有不同。

通过法律、法规、规章和其他法律性规范文件确立的强制性国家、地方或行业劳动标准由相应的国家行政机关以行政手段或国家强制力保障实施。具体来讲，除劳动安全卫生以外的劳动条件标准由劳动行政部门负责监督实施。而劳动安全卫生方面的劳动标准则由安全生产监督机构监督实施。两者一起构成广义上的劳动保障监察制度。

通过行业性、区域性集体合同确立的劳动标准则按照法律对于集体合同制度的规定监督实施。我国《集体合同规定》第七条规定："县级以上劳动保障行政部门对本行政区域内用人单位与本单位职工开展集体协商、签订、履行集体合同的情况进行监督，并负责审查集体合同或专项集体合同。"

推荐性标准则是国家鼓励企业自愿采用，即由于推荐性劳动标准并不具有强制性劳动标准的同等法律效力，企业可以选择采用或者不采用推荐性劳动标准。国家也只采用宣传、鼓励的方式来实施推荐性劳动标准。相应地，推荐性标准的实施更大程度上是依赖于社会舆论的影响和企业的自愿选择。从国际范围来看，企业社会责任监督机制是推荐性劳动标准实施的主要动力。

 **延伸阅读**

劳动标准的对象范围

劳动标准的对象范围是整个劳动领域,概括起来包括以下五个方面内容:一是劳动者及其智力和体力的运用;二是劳动者使用各种劳动工具及其他辅助劳动资料加工、改造劳动对象的过程;三是为劳动者提供必要的劳动条件;四是在劳动过程中形成的劳动关系,包括用人单位与劳动者双方的权利、义务及劳动关系变动的调整;五是政府有关部门以及中介机构对劳动力市场进行管理等有关活动。

在此基础上,劳动标准的对象范围可以划分为十个方面:一是劳动者的劳动能力、从事某项劳动的技能以及人力资本价值,属于劳动者先天的自然禀赋和后天通过学习、实践积累形成的能力,兼有人与物和人与人关系的性质;二是劳动者在劳动中执行的生产、工作规程和岗位劳动规范;三是劳动力资源在劳动过程中的配置;四是劳动者完成的劳动数量、质量的计算;五是劳动安全卫生、劳动环境等方面的劳动保护条件;六是劳动者基本劳动权益的保障;七是劳动关系的建立;八是劳动关系的调整;九是政府有关管理劳动力市场、协调处理劳动关系等的活动;十是有关中介机构参与调节劳动关系以及为劳动力市场运行提供有关服务的活动。

资料来源:苏海南. 中国劳动标准体系研究 [M]. 北京:中国劳动社会保障出版社,2003.

 **案例**

招聘广告为何不允许"工资面议"

某公司发布招聘广告,在招聘岗位的待遇一项中注明"工资面议",但是相关部门在进行广告审查时予以纠正,要求注明工资的具体内容。在实践中,很多用人单位发布招聘广告时,在薪酬事项中往往用"工资面议"字样代替。"工资面议"似乎允许双方协商,对劳动者和用人单位都很公平。但实际上,这是用人单位的一种违法行为,为什么呢?

《就业服务与就业管理规定》(劳动和社会保障部令第28号,2018年12月14日第3次修订)第十一条第二款规定:"招用人员简章应当包括用人单位基本情况、招用人数、工作内容、招录条件、劳动报酬、福利待遇、社会保险等内容,以及法律、法规规定的其他内容。"

劳动报酬作为一项重要的劳动标准,要求用人单位在招聘时向求职者如实说明,即一定要有明确的数额或者范围,因此不能以"工资面议"含糊其词。

第二单元 基本劳动标准

 知识要求

在前述的劳动标准分类中,有一类劳动标准是中央或地方政府部门以法律形式规定的,由其以行政执法形式保证实施的强制性劳动标准,其功能在于确定劳动条件的底线标准,因此也被称为基本劳动标准或劳动基准。

劳动基准是指国家为保障劳动者权益和促进劳动关系稳定和谐,对劳动者在职业劳动中应该享受或获取的利益确立一个最低标准并强行予以推行的劳动法律机制。它具有法定性、保底性、强制性等特点,主要内容包括最低工资标准,工作时间和休息休假标准,劳动安全卫生标准,女职工、未成年工特殊劳动保护标准,基本社会保险标准等。

一、最低工资标准

（一）最低工资标准概述

1. 最低工资的概念

最低工资是指劳动者在法定工作时间内提供正常劳动的前提下，其所在单位应支付的最低劳动报酬。下列各项不得作为最低工资组成部分：①加班加点工资；②中班、夜班、高温、低温、井下、有毒有害等特殊工作环境下的津贴；③法定福利待遇等。

2. 最低工资法的产生与发展

最低工资立法始于19世纪末的新西兰。1890年，新西兰颁布了《工业调解与仲裁法》，规定凡是工资待遇恶劣的可以向地方调解委员会申诉，该委员会有权调查解决。1898年，新西兰将该法修改为法院有权制定最低工资率。1896年，澳大利亚维多利亚省制定了《工厂与作坊法》，对几种低工资行业的工人实行了最低工资标准。1909年，英国通过了《职业局法》，规定四个行业的工人实行最低工资标准。1938年，美国通过了《公平劳动标准法案》。

3. 我国最低工资立法

我国最低工资立法始于1993年劳动部颁布的《企业最低工资规定》，此后不久颁布的《劳动法》也明确规定实行最低工资制度。2004年1月20日，劳动保障部颁布《最低工资规定》，《企业最低工资规定》同时废止。

4. 我国最低工资的种类

我国最低工资分为月最低工资标准和小时最低工资标准两类。其中，月最低工资标准适用于全日制就业劳动者，小时最低工资标准适用于非全日制就业劳动者。

（二）最低工资标准的确定和发布

1. 最低工资标准的确定

最低工资标准的确定和调整方案，由省、自治区、直辖市人民政府人力资源和社会保障行政部门会同同级工会、企业联合会/企业家协会研究拟订，并将拟订的方案报送人力资源和社会保障部。方案内容包括最低工资确定和调整的依据、适用范围、拟订标准和说明。人力资源和社会保障部在收到拟订方案后,应征求全国总工会、中国企业联合会/企业家协会的意见。人力资源和社会保障部对方案可以提出修订意见的,若在方案收到后14日内未提出修订意见的,则视为同意。省、自治区、直辖市范围内的不同行政区域可以有不同的最低工资标准。

确定最低工资标准时应综合考虑以下因素:①当地就业者及其赡养人口的最低生活费用;②城镇居民消费价格指数;③职工个人缴纳的社会保险费和住房公积金;④职工平均工资;⑤经济发展水平;⑥就业状况。最低工资标准一般应高于社会救济和失业保险水平,低于平均工资水平。

确定和调整小时最低工资标准,应在颁布的月最低工资标准的基础上,考虑单位应缴纳的基本养老保险费和基本医疗保险费因素,同时还应适当考虑非全日制劳动者在工作稳定性、劳动条件和劳动强度、福利等方面与全日制劳动者之间的差异。

2. 最低工资标准的发布

省、自治区、直辖市人力资源和社会保障行政部门应将本地区最低工资标准方案报省、自治区、直辖市人民政府批准,并在批准后7日内在当地政府公报上和至少一种全地区性报纸上发布。省、自治区、直辖市人力资源和社会保障行政部门应在发布后10日内将最低工资标准报人力资源和社会保障部。

3. 最低工资标准的公示

用人单位应在最低工资标准发布后10日内将该标准向本单位全体劳动者公示。

4. 最低工资标准的调整

适时调整,每两年至少调整一次。

(三)最低工资标准的保障与监督

1. 最低工资标准的实施保障

(1)企业必须将有关最低工资标准的规定告知劳动者。

(2)企业支付给劳动者的工资不得低于当地最低工资标准。

（3）实行计件工资或提成工资等工资形式的用人单位，在科学合理的劳动定额基础上，其支付劳动者的工资不得低于相应的最低工资标准。

2. 对执行最低工资标准的监督

县级以上地方人民政府人力资源和社会保障行政部门负责对本行政区域内用人单位执行最低工资标准规定情况进行监督检查。各级工会组织依法对该规定执行情况进行监督，发现用人单位支付劳动者工资违反最低工资标准的，有权要求当地人力资源和社会保障行政部门处理。

（四）违反最低工资规定的法律责任

用人单位违反公示规定的，由人力资源和社会保障行政部门责令其限期改正（《最低工资规定》）。用人单位支付给劳动者工资低于最低工资标准的，由人力资源和社会保障行政部门责令限期支付劳动者工资低于当地最低工资标准的差额；逾期不支付的，责令用人单位按照应付金额50%以上1倍以下的标准计算，向劳动者加付赔偿金（《劳动保障监察条例》）。

二、工作时间和休息休假标准

（一）工作时间

工作时间是指法律规定的劳动者在一昼夜或一周内从事工作的时间，即劳动者每天应工作的时数或每周应工作的天数。休息休假又称休息时间，是指劳动者在法律和行政法规规定的法定工作时间以外自行支配的时间，包括劳动者每天休息的时数、每周休息的天数、节假日、年休假、探亲假等。

工作时间制度也称工时制度，主要分为标准工时制、缩短工时制、延长工时制、不定时工作制和综合计算工时工作制五类。

1. 标准工作时间（标准工时制）

标准工作时间是指法律规定的在一般情况下普遍适用的，按照正常作息办法安排的工作日和工作周的工时制度。我国《劳动法》第三十六条规定："国家实行劳动者每日工作时间不超过8小时、平均每周工作时间不超过44小时的工时制度。"根据1995年修订的《国务院关于职工工作时间的规定》，标准工作时间调整为职工每日工作 8 小时、每周工作 40 小时。

根据劳动部《关于职工工作时间有关问题的复函》（劳部发〔1997〕271 号）的有关规定，如果用人单位安排的工作时间每周超出 40 小时但不足 44 小时，不作为延长工作时间处理，但是劳动行政部门有权要求用人单位改正。因此，虽然在这 4 个小时内用人单位无须向员工支付加班工资，但这只能作为特殊或偶然的情况对待，用人单位不应将每周工作 44 小时作为计算加班工资的基础，如果这样做了，劳动部门有权要求用人单位改正并按每周工作 40 小时的标准执行。

实行计件工作的劳动者，用人单位应当根据每日工作不超过 8 小时、平均每周工作不超过 40 小时的工时制度，合理确定其劳动定额和计件报酬标准。

2. 缩短工作时间（缩短工时制）

缩短工作时间是指法定特殊条件下少于标准工作时间长度的一种工作时间。下列情况适用缩短工时：

（1）从事矿山井下、高山、有毒有害、特别繁重体力劳动的劳动者。①化工行业从事有毒有害作业的工人，每日工作 6 小时或 7 小时工作制，或"定期轮流脱离接触"工作制度；②煤矿井下作业实行 4 班 6 小时工作制；③纺织行业实行"四班三运转"制度；④建筑、冶炼、地质勘探、森林采伐、装卸搬运等从事繁重体力劳动的行业，根据本行业特点，实行不同程度的缩短工作时间制度。

（2）从事夜班（22 时至次日 6 时）工作的劳动者。

（3）在哺乳未满 1 周岁婴儿期工作的女职工。每日两次哺乳，每次 30 分钟。多胞胎，每增加 1 个婴儿，每次增加 30 分钟。

3. 延长工作时间（延长工时制）

延长工作时间是指劳动者每个工作日的工作时间超过标准工作时间长度的工作日制度。延长工作时间包括加班和加点。加班是指职工根据用人单位的要求，在法定节日或者公休日继续工作；

加点是指职工根据用人单位的要求，在标准工作时间以外继续工作。

（1）延长工作时间一般规定：①必须与工会协商；②必须与劳动者协商；③不得超过法定时数。一般每日不超过1小时，特殊原因也不得超过3小时，每月不得超过36小时。

（2）延长工作时间特殊规定（不受限制的特殊情况）：①发生自然灾害、事故或其他原因，威胁劳动者生命健康和财产安全，需要紧急处理的；②生产设备、交通运输线路、公共设施发生故障，影响生产和公共利益，必须及时抢修的；③法律、行政法规规定的其他情形（包括在法定节日和公休假日内工作不能间断的，必须连续生产、运输或者营业的；必须利用法定节日或者公休假日的停产期间进行设备检修、保养的；为完成国防紧急任务的；为完成国家下达的其他紧急生产任务的）。

（3）延长工作时间的工资支付：①在标准工作日内安排劳动者延长工作时间的，支付不低于工资的150%的工资报酬；②在休息日安排劳动者工作又不能安排补休的，支付不低于工资的200%的工资报酬；③在法定休假日安排劳动者工作的，支付不低于工资的300%的工资报酬。

4. 不定时工作时间和综合计算工作时间（不定时工作制和综合计算工时工作制）

不定时工作时间，又称不定时工作制，是指每个工作日没有固定的上下班时间限制的工作时间制度。它是针对因生产特点、工作特殊需要或职责范围的关系，无法按标准工作时间衡量或需要机动作业的职工所采用的一种工时制度。经批准实行不定时工作制的职工，不受《劳动法》规定的日延长工作时间标准和月延长工作时间标准的限制，但用人单位应采用弹性工作时间等适当的工作和休息方式，确保职工的休息休假权利和生产、工作任务的完成。下列三类职工经劳动行政部门审批，可以实行不定时工作制：①企业中的高级管理人员、外勤人员、推销人员、部分值班人员和其他工作无法按标准工作时间衡量的职工；②企业中的长途运输人员、出租汽车司机和铁路、港口、仓库的部分装卸人员及其他工作性质特殊、需机动作业的职工；③其他因工作特点、特殊需要或职责范围的关系，适合实行不定时工作制的职工。

综合计算工作时间，又称综合计算工时工作制，采用的是以周、月、季、年等为周期综合计算工作时间，但其平均日工作时间和平均周工作时间应与法定标准工作时间基本相同。也就是说，在综合计算周期内，某一具体日（或周）的实际工作时间可以超过8小时（或40小时），但综合计算周期内的总实际工作时间不应超过总法定标准工作时间，超过部分应视为延长工作时间并按规定支付工资报酬，其中法定节日安排劳动者工作的，应该支付不低于正常工资300%的工资报酬。而且延长工作时间的小时数平均每月不得超过36小时。企业实行综合计算工时工作制以及在实行综合计算工时工作制中采取何种工作方式，一定要与工会和劳动者协商。

（二）休息时间

1. 工作日内的间歇休息时间

工作日内的间歇休息时间是指在一个工作日内劳动者享有的休息和用餐的时间，又称间歇时间。之所以作出工间休息时间的规定，是因为根据人的生理规律，劳动者在经过一定时间的劳动后都会感到一定程度的疲劳，如果不能得到及时的休息和调整，就会损害劳动者的身体健康，降低劳动生产率。至于休息时间的标准，我国法律并没有作出统一的规定，要根据工作岗位和工作性质的不同而有所区别。在实际工作中，工作日内的间歇时间的长短一般是1~2小时，最少不能少于半小时。间歇时间一般于工作4小时后开始，不算做工作时间；有的岗位由于生产不能间断，不能实行固定的间歇时间，应使职工在工作时间内有用餐时间。

2. 工作日间的休息时间

工作日间的休息时间是指劳动者在一个工作日结束后至下一个工作日开始前的休息时间。至于休息时间的标准，我国法律没有作出统一的规定。这种休息时间一般是连续的，其长度应保证劳动者的体力和工作能力能够得到恢复为标准，一般为 15~16 小时。实行轮班制的，其班次必须调换。一般可在休息日之后调换，在调换班次时，不得让工人连续工作两班。

3. 工作周之间的休息时间

工作周之间的休息时间是指劳动者连续工作一周后应当享有的休息时间。国家机关、事业单位实行统一的工作时间，星期六和星期日为周休息日。企业和不能实行统一的工作时间的事业单位，可以根据实际情况灵活安排周休息日。但劳动者在一个工作周内，至少应当有连续 24 小时以上的休息时间。

（三）休假

1. 法定节假日

法定节假日是指根据各国、各民族的风俗习惯或纪念要求，由国家法律和行政法规统一规定的用于庆祝和度假的休息时间。根据 2013 年颁布的《国务院关于修改〈全国年节及纪念日放假办法〉的决定》（国务院令第 644 号），节假日及其放假标准如下：

（1）全体公民放假的节日共计 11 天，包括新年，放假 1 天（1 月 1 日）；春节，放假 3 天（农历正月初一、初二、初三）；清明节，放假 1 天（农历清明当日）；劳动节，放假 1 天（5 月 1 日）；端午节，放假 1 天（农历端午当日）；中秋节，放假 1 天（农历中秋当日）；国庆节，放假 3 天（10 月 1 日、2 日、3 日）。

（2）部分公民放假的节日及纪念日，包括妇女节（3 月 8 日），妇女放假半天；青年节（5 月 4 日），14 周岁以上的青年放假半天；儿童节（6 月 1 日），不满 14 周岁的少年儿童放假 1 天；中国人民解放军建军纪念日（8 月 1 日），现役军人放假半天。

（3）少数民族习惯的节日，由各少数民族聚居地区的地方人民政府按照该民族习惯规定放假日期。

（4）全体公民放假的假日，如果适逢星期六、星期日，应当在工作日补假。部分公民放假的假日，如果适逢星期六、星期日，则不补假。

2. 带薪年休假

带薪年休假是指法律规定的职工满 1 年的工作年限后，每年享有的保留工作带薪连续休假。《职工带薪年休假条例》规定：

（1）职工连续工作 1 年以上的，享受带薪年休假。职工在年休假期间享受与正常工作期间相同的工资收入。

（2）职工累计工作已满 1 年不满 10 年的，年休假 5 天；已满 10 年不满 20 年的，年休假 10 天；已满 20 年的，年休假 15 天。

（3）国家法定休假日、休息日不计入年休假的假期。

（4）单位确因工作需要不能安排职工休年休假的，经职工本人同意，可以不安排职工休年休假。对职工应休未休的年休假天数，单位应当按照该职工日工资收入的 300% 支付年休假工资报酬，其中包含用人单位支付职工正常工作期间的工资收入。

（5）用人单位安排职工休年休假，但是职工因本人原因且书面提出不休年休假的，用人单位可以只支付其正常工作期间的工资收入。

三、劳动安全卫生标准

（一）劳动安全卫生标准概述

1. 劳动安全卫生标准的概念

劳动安全卫生标准，即劳动保护标准，是国家和用人单位为了保护劳动者在劳动过程中的安全和健康而制定的各种标准的总称，包括国家劳动安全卫生立法和用人单位劳动安全卫生规章制度。

劳动安全卫生制度包括劳动安全技术规程、劳动卫生规程、劳动安全卫生管理制度等。

2. 劳动安全卫生立法概况

（1）国外劳动安全卫生立法的起源与发展

英国于 1802 年颁布的《学徒健康与道德法》是最早的劳动安全卫生立法。此后，英国又颁布了一系列劳动安全卫生方面的法律，包括 1833 年颁布的适用于棉毛麻丝等行业的第一部《工厂法》、1842 年颁布的《矿业法》、1845 年颁布的《印染工厂法》、

1847年修订颁布的新《工厂法》、1850年颁布的《补充工厂法》、1869年颁布的《工厂法扩充条例》和《工厂管理条例》。德国于1839年颁布了《普鲁士工厂矿山规则》、1869年颁布了《北德意志联邦统一工业劳工法》、1891年颁布了《德意志帝国工业法》。法国于1806年颁布了《劳工保护法》、1841年颁布了《幼少年工保护法》、1874年颁布了《劳工保护法》。此外，欧洲其他国家也先后制定了劳动保护方面的法律。

20世纪以来，各国的劳动安全卫生立法都有了较大发展。一方面，立法内容上不断提高劳动标准、改善劳动条件；另一方面，立法形式也从工厂立法过渡到专门的劳动保护立法，并在劳动法典中专章规定劳动安全卫生法。例如，美国于1969年颁布了《煤矿安全与卫生法》、1971年颁布了《职业安全与卫生法》，日本于1972年颁布了《劳动安全卫生法》，英国于1974年颁布了《劳动安全与卫生法》。此外，世界上70多个国家制定的《劳动法典》中，也都有劳动安全卫生方面的规定。

（2）我国劳动安全卫生立法概况

新中国成立后的劳动保护立法始于1950年劳动部颁布的《工厂卫生暂行条例草案》。1956年，劳动部又颁布了《关于防止沥青中毒的办法》。最重要的是1956年国务院颁布的关于劳动安全卫生的"三大规程"，即《工厂安全卫生规程》《建筑安装工程安全技术规程》《工人职员伤亡事故报告规程》。国务院同时还颁布了《国务院关于防止厂、矿企业中矽尘危害的决定》。1963年，国务院还颁布了《国务院关于加强企业生产中安全工作的几项规定》。

改革开放以后，随着法制建设的加强，劳动安全卫生立法也得到了进一步发展。1982年，国务院颁布了《矿山安全条例》《矿山安全监察条例》《锅炉压力容器安全监察暂行条例》。

1987年，卫生部、劳动人事部、财政部、中华全国总工会修订颁布了《职业病范围和职业病患者处理办法的规定》；同年，国务院还颁布了《中华人民共和国尘肺病防治条例》。1988年，国务院颁布了《女职工劳动保护规定》。1989年国务院颁布了《特别重大事故调查程序暂行规定》。1991年，国务院颁布了《企业职工伤亡事故报告和处理规定》，取代了1956年颁布的《工人职员伤亡事故报告规程》。1992年，《中华人民共和国矿山安全法》出台，这是我国劳动安全卫生方面的第一部法律，我国劳动保护立法上了一个台阶。同年，能源部颁布《煤矿安全规程》（后国家安全生产监督管理总局多次修订）。1994年，《劳动法》颁布，对劳动安全卫生作出了专章规定。2001年，《中华人民共和国职业病防治法》（以下简称《职业病防治法》）颁布。2002年，《中华人民共和国安全生产法》颁布。2007年，国务院颁布了《生产安全事故报告和调查处理条例》。

此外，1980年以来，我国还颁布了一系列涉及劳动安全卫生的国家标准，本章第一节已作介绍，这里不再赘述。

（二）劳动安全技术规程

1. 劳动安全技术规程的概念

劳动安全技术规程是指国家为了保护劳动者在劳动过程中的安全，防止伤亡事故发生所采取的各种安全技术保护措施的规章制度。它包括工厂安全技术规程、建筑安装工程安全技术规程和矿山安全技术规程三大类，主要法规有：《工厂安全卫生规程》《建筑安装工程安全技术规程》《矿山安全条例》《乡镇煤矿安全生产若干暂行规定》《起重机械安全规程》《剪切机械安全技术规程》《磨削机械安全规程》《压力机的安全装置技术条件》《木工机械安全装置技术条件》《煤气安全规程》《橡胶工业静电安全规程》《工业企业厂内运输安全规程》《爆破安全规程》等。此外，《劳动法》第六章"劳动安全卫生"对安全技术规程作出了原则性规定。

2. 工厂安全技术规程

（1）建筑物和通道的安全要求：建筑物坚固安全、防火防爆，道路有夜间照明、警告标志等。

（2）工作场所的安全要求：便于安全操作、有围栏等。

（3）机器设备的安全要求：有防护装置、定期检修等。

（4）电器设备的安全要求：绝缘良好、可熔保险器或自动开关等。

（5）动力锅炉和压力容器的安全要求：锅炉要有安全阀、压力表、水表线等，压力容器距明火 10 米以上、避免暴晒和碰撞等。

3. 建筑安装工程安全技术规程

（1）从事高空作业须体检合格。

（2）六级以上强风禁止露天起重和高空作业。

（3）脚手架的负荷不得超过 270 公斤/平方米。

（4）挖土方、拆建筑物应从上到下。

4. 矿山安全技术规程（矿山安全法律制度）

（1）矿山设计的安全要求：矿山设计的主要项目须符合矿山安全规程和行业技术规范，竣工验收须有劳动行政部门参加，不合格者不得投入生产。

（2）矿山开采的安全要求：矿山开采必须具备保障安全生产的条件，执行不同矿种的矿山安全规程和行业技术规范。

（3）作业场所的安全要求：矿山企业必须对下列危害安全的事故采取预防措施：①冒顶、片帮、边坡滑落和地表塌陷；②瓦斯爆炸、煤尘爆炸；③冲击地压、瓦斯突出、井喷；④地面和井下的火灾、水灾；⑤爆破器材和爆破作业发生的危害；⑥粉尘、有毒有害气体、放射性物质和其他有害物质引起的危害等。

（三）劳动卫生规程

劳动卫生规程是指国家为了保护劳动者在劳动过程中的健康，防止有毒有害物质的危害和防止职业病发生所采取的各种防护措施的规章制度。

1. 防止粉尘危害

工作场所含游离二氧化矽 10%以上的粉尘和石棉尘，不得超过 2 毫克/立方米；有粉尘作业的单位，须采取防尘措施；从事粉尘作业的职工，须定期体检。

2. 防止有毒有害物质危害

工作场所有毒有害物质的浓度不得超过国家标准。有密闭工作场所的单位应该安装排气设备、防护设施等。

3. 防止噪声和强光刺激

对发生强烈噪声的生产，应尽可能在有消声设备的单独工作房；对在噪声和强光环境中工作的职工，应配备个人防护用品。

4. 防暑降温、防冻取暖和防湿

根据2012年6月颁布实施的《防暑降温措施管理办法》的规定，高温天气是指地市级以上气象主管部门所属气象台站向公众发布的日最高气温35 ℃以上的天气。用人单位应当为高温作业、高温天气作业的劳动者供给足够的、符合卫生标准的防暑降温饮料及必需的药品。不得以发放钱物替代提供防暑降温饮料。防暑降温饮料不得充抵高温津贴。用人单位安排劳动者在35 ℃以上高温天气从事室外露天作业以及不能采取有效措施将工作场所温度降低到33 ℃以下的，应当向劳动者发放高温津贴，并纳入工资总额。

室内工作地点的温度经常低于5 ℃的，应设置取暖设备。对经常在寒冷气候中露天作业的职工，应设有取暖设备的休息处所。

生产时用水较多或产生大量湿气的车间，应采取排水防湿措施。

5. 通风和照明

工作场所的光线应充足，但不能刺眼。通过自然通风或机械通风，保持工作场所良好的通风条件。

6. 生产辅助设施和个人防护用品

工作场所应当有配套的浴室、厕所、更衣室等生产辅助设施以及工作服、防护面具等个人防护用品。

（四）劳动安全卫生管理制度

劳动安全卫生管理制度是指为了保障劳动者在劳动过程中的安全和健康，国家通过立法制定的有关劳动安全卫生管理的制度，以及用人单位根据国家有关法规规定、结合本单位实际情况所制定的有关劳动安全卫生管理的规章制度。劳动安全卫生管理制度包括安全卫生责任制度、安全技术措施计划制度、安全生产教育制度、安全卫生检查制度和劳动安全卫生监察制度。

（五）伤亡事故报告和处理制度

2007年国务院颁布的《生产安全事故报告和调查处理条例》对生产安全伤亡事故报告和处理作出了明确规定。

1. 伤亡事故的分类

根据生产安全事故（以下简称事故）造成的人员伤亡或者直接经济损失，事故一般分为以下等级：①特别重大事故，是指造成30人以上死亡，或者100人以上重伤（包括急性工业中毒，下同），或者1亿元以上直接经济损失的事故；②重大事故，是指造成10人以上30人以下死亡，或者50人以上100人以下重伤，或者5 000万元以上1亿元以下直接经济损失的事故；③较大事故，是指造成3人以上10人以下死亡，或者10人以上50人以下重伤，或者1 000万元以上5 000万元以下直接经济损失的事故；④一般事故，是指造成3人以下死亡，或者10人以下重伤，或者1 000万元以下直接经济损失的事故。

2. 伤亡事故的报告

事故发生后，事故现场有关人员应当立即向本单位负责人报告；单位负责人接到报告后，应当于1小时内向事故发生地县级以上人民政府安全生产监督管理部门和负有安全生产监督管理职责的有关部门报告。情况紧急时，事故现场有关人员可以直接向事故发生地县级以上人民政府安全生产监督管理部门和负有安全生产监督管理职责的有关部门报告。

安全生产监督管理部门和负有安全生产监督管理职责的有关部门接到事故报告后，应当依照下列规定上报事故情况，并通知公安机关、人力资源和社会保障行政部门、工会和人民检察院：①特别重大事故、重大事故逐级上报至国务院安全生产监督管理部门和负有安全生产监督管理职责的有关部门；②较大事故逐级上报至省、自治区、直辖市人民政府安全生产监督管理部门和负有安全生产监督管理职责的有关部门；③一般事故上报至设区的市级人民政府安全生产监督管理部门和负有安全生产监督管理职责的有关部门。

安全生产监督管理部门和负有安全生产监督管理职责的有关部门依照前款规定上报事故情况，应当同时报告本级人民政府。国务院安全生产监督管理部门和负有安全生产监督管理职责的有关部门以及省级人民政府接到发生特别重大事故、重大事故的报告后，应当立即报告国务院。必要时，安全生产监督管理部门和负有安全生产监督管理职责的有关部门可以越级上报事故情况。

3. 伤亡事故的调查

特别重大事故由国务院或者国务院授权有关部门组织事故调查组进行调查。重大事故、较大事故、一般事故分别由事故发生地省级人民政府、设区的市级人民政府、县级人民政府负责调查。省级人民政府、设区的市级人民政府、县级人民政府可以直接组织事故调查组进行调查，也可以授权或者委托有关部门组织事故调查组进行调查。

未造成人员伤亡的一般事故，县级人民政府也可以委托事故发生单位组织事故调查组进行调查。

4. 伤亡事故的处理

重大事故、较大事故、一般事故，负责事故调查的人民政府应当自收到事故调查报告之日起 15 日内作出批复；特别重大事故，30 日内作出批复，特殊情况下，批复时间可以适当延长，但延长的时间最长不超过 30 日。

有关机关应当按照人民政府的批复，依照法律、行政法规规定的权限和程序，对事故发生单位和有关人员进行行政处罚，对负有事故责任的国家工作人员进行处分。事故发生单位应当按照负责事故调查的人民政府的批复，对本单位负有事故责任的人员进行处理。负有事故责任的人员涉嫌犯罪的，依法追究刑事责任。

四、女职工、未成年工特殊劳动保护标准

(一) 女职工和未成年工特殊劳动保护概述

女职工是指一切以工资收入为主要生活来源的女性职工。女职工特殊劳动保护是指根据女职工身体结构和生理机能的特点以及抚育子女的特殊需要,在劳动方面对妇女特殊权益的法律保障。未成年工是指年满 16 周岁未满 18 岁的劳动者。未成年工特殊劳动保护是指国家为维护未成年工的合法权益,在劳动方面对未成年工特殊权益的法律保障。对女职工和未成年工的特殊保护有利于保护劳动者的身体健康和民族体质的增强,也有利于提高劳动者的素质。

(二) 女职工特殊劳动保护

1. 女职工特殊劳动保护的立法概况

女职工特殊劳动保护立法产生于资本主义自由竞争时期,是较早的劳动立法。女职工的生理特点决定了其生理极限低于男职工,因而更需要保护。1844 年,英国颁布了第五部《工厂法》,禁止女工从事坑道内劳动。1847 年,英国又颁布了《十小时工作日法案》,规定女工每天的劳动时间原则上不得超过 10 小时。20 世纪以来,对女工的保护进一步加强,大多数国家都进行了专门立法。

早在 1951 年,我国政务院颁布的《劳动保险条例》即对生育保险作出了规定。1960 年,中共中央在批转劳动部、全国总工会和全国妇联《关于女工劳动保护工作的报告》中,对女工禁忌作业问题作出了批示。1960 年国务院批准的卫生部、国家科委《关于放射性工作卫生防护暂行规定》,1962 年国家计委、卫生部公布的《工业企业设计卫生标准》等,都对女工的特殊保护作出了规定。

进入 20 世纪 80 年代,我国女职工的特殊保护得到进一步加强。1986 年,卫生部、劳动人事部、全国总工会、全国妇联联合发布了《女职工保健工作暂行规定(试行草案)》,1993 年正式发布了《女职工保健工作规定》。1988 年,国务院发布了《女职工劳动保护规定》，对女职工劳动保护问题作出了全面规定。1990年，劳动部发布了《女职工禁忌劳动范围的规定》。1992年颁布的《中华人民共和国妇女权益保障法》也对女职工劳动保护作出了规定。1994年《劳动法》颁布，以法律的形式对女职工特殊保护作出了全面规定。2012年国务院颁布的《女职工劳动保护特别规定》是对女职工特殊劳动保护问题作出具体规定的行政法规。

2. 女职工特殊劳动保护制度的主要内容

（1）对女职工在劳动过程中的特殊保护。《女职工劳动保护特别规定》规定，女职工禁忌从事的劳动范围包括：①矿山井下作业；②体力劳动强度分级标准中规定的第四级体力劳动强度的作业；③每小时负重6次以上、每次负重超过20公斤的作业，或者间断负重、每次负重超过25公斤的作业。

（2）对女职工生理机能变化过程中的特殊保护。

1）经期保护。《女职工劳动保护特别规定》规定，女职工月经期间禁忌从事的劳动范围包括：①冷水作业分级标准中规定的第二级、第三级、第四级冷水作业；②低温作业分级标准中规定的第二级、第三级、第四级低温作业；③体力劳动强度分级标准中规定的第三级、第四级体力劳动强度的作业；④高处作业分级标准中规定的第三级、第四级高处作业。

2）孕期保护。《女职工劳动保护特别规定》规定，女职工怀孕期间禁忌从事的劳动范围包括：①作业场所空气中铅及其化合物、汞及其化合物、苯、镉、铍、砷、氰化物、氮氧化物、一氧化碳、二硫化碳、氯、己内酰胺、氯丁二烯、氯乙烯、环氧乙烷、苯胺、甲醛等有毒物质浓度超过国家职业卫生标准的作业；②从事抗癌药物、己烯雌酚生产，接触麻醉剂气体等的作业；③非密封源放射性物质的操作，核事故与放射事故的应急处置；④高处作业分级标准中规定的高处作业；⑤冷水作业分级标准中规定的冷水作业；⑥低温作业分级标准中规定的低温作业；⑦高温作业分级标准中规定的第三级、第四级的作业；⑧噪声作业分级标准中规定的第三级、第四级的作业；⑨体力劳动强度分级标准中规定的第三级、第四级体力劳动强度的作业；⑩在密闭空间、高压室作业或者潜水作业，伴有强烈振动的作业，或者需要频繁弯腰、攀高、下蹲的作业。

3）产期保护。《女职工劳动保护特别规定》规定，女职工生育享受98天产假，其中产前可以休假15天；难产的，增加产假15天；生育多胞胎的，每多生育1个婴儿，增加产假15天。女职工怀孕未满4个月流产的，享受15天产假；怀孕满4个月流产的，享受42天产假。

4）哺乳期保护。《女职工劳动保护特别规定》规定，对哺乳未满1周岁婴儿的女职工，用人单位不得延长劳动时间或者安排夜班劳动。用人单位应当在每天的劳动时间内为哺乳期女职工安排1小时哺乳时间；女职工生育多胞胎的，每多哺乳1个婴儿每天增加1小时哺乳时间。女职工在哺乳期内，根据《女职工劳动保护特别规定》的规定，女职工不得从事：①孕期禁忌从事的劳动范围的第①项、第③项、第⑨项；②作业场所空气中锰、氟、溴、甲醇、有机磷化合物、有机氯化合物等有毒物质浓度超过国家职业卫生标准的作业。

(三) 未成年工特殊劳动保护

1. 未成年工特殊劳动保护的立法概况

未成年工特殊劳动保护立法与女职工特殊劳动保护立法几乎同时产生于资本主义自由竞争时期，是最早的劳动立法。未成年工的生理特点，决定了其生理极限低于成年职工，因而最需要保护。最早的劳动安全卫生立法，即1802年英国通过的《学徒健康与道德法》，就是关于未成年工特殊保护的立法。

在我国，1981年国家劳动总局发布了《关于加强和改进学徒培训工作的意见》，1986年国务院发布了《国营企业招用工人暂行规定》，1988年国务院发布了《中华人民共和国私营企业暂行条例》，都将劳动者的最低年龄限制在16周岁。1991年，国务院又发布了《禁止使用童工规定》，严禁使用童工。1991年颁布的《中华人民共和国未成年人保护法》，也对未成年工的特殊保护作出了规定。《劳动法》对未成年工的特殊保护与女职工的特殊保护一起作了专章规定。1994年，劳动部发布了《未成年工特殊保护规定》，对未成年工的禁忌劳动范围、健康检查等作出了详细规定。2002年10月，国务院又对《禁止使用童工规定》进行了修正。

2. 未成年工特殊劳动保护制度的主要内容

对于未成年工在劳动过程中的保护，《未成年工特殊保护规定》规定：

（1）用人单位不得安排未成年工从事以下范围的劳动：①《生产性粉尘作业危害程度分级》国家标准中第一级以上的接尘作业；②《有毒作业分级》国家标准中第一级以上的有毒作业；③《高处作业分级》国家标准中第二级以上的高处作业；④《冷水作业分级》国家标准中第二级以上的冷水作业；⑤《高温作业分级》国家标准中第三级以上的高温作业；⑥《低温作业分级》国家标准中第三级以上的低温作业；⑦《体力劳动强度分级》国家标准中第四级体力劳动强度的作业；⑧矿山井下及矿山地面采石作业；⑨森林业中的伐木、流放及守林作业；⑩工作场所接触放射性物质的作业；⑪有易燃易爆、化学性烧伤和热烧伤等危险性大的作业；⑫地质勘探和资源勘探的野外作业；⑬潜水、涵洞、涵道作业和海拔3 000米以上的高原作业（不包括世居高原者）；⑭连续负重每小时在6次以上并每次超过20公斤，间断负重每次超过25公斤的作业；⑮使用凿岩机、捣固机、气镐、气铲、铆钉机、电锤的作业；⑯工作中需要长时间保持低头、弯腰、上举、下蹲等强迫体位和动作频率每分钟大于50次的流水线作业；⑰锅炉司炉。

（2）未成年工患有某种疾病或具有某些生理缺陷（非残疾型）时，用人单位不得安排其从事的劳动范围有：①《高处作业分级》国家标准中第一级以上的高处作业；②《低温作业分级》国家标准中第二级以上的低温作业；③《高温作业分级》国家标准中第二级以上的高温作业；④《体力劳动强度分级》国家标准中第三级以上体力劳动强度的作业;⑤接触铅、苯、汞、甲醛、二硫化碳等易引起过敏反应的作业。

(3) 用人单位招收使用未成年工,除符合一般用工要求外,还须向所在地的县级以上劳动行政部门办理登记。劳动行政部门根据《未成年工健康检查表》《未成年工登记表》,核发《未成年工登记证》。

(4) 用人单位应对未成年工进行定期健康检查。未成年工在安排工作岗位之前、工作满1年、年满18周岁距前一次的体检时间已超过半年时,用人单位应进行健康检查。用人单位应根据未成年工的健康检查结果安排其从事适合的劳动,对不能胜任原劳动岗位的,应根据医务部门的证明,予以减轻劳动量或安排其他劳动。

(5) 未成年工上岗前,用人单位应对其进行有关的职业安全卫生教育、培训。未成年工体检和登记,由用人单位统一办理和承担费用。

五、基本社会保险标准

(一) 社会保险法概述

1. 社会保险的概念

社会保险是关于劳动者生活风险的社会互助行为,是国家通过立法手段,在劳动者因年老、患病、工伤、失业、生育等原因,暂时或永久失去生活来源的时候,依法给予一定的物质帮助,保证公民和劳动者的基本生活需要的一种社会保障制度。社会保险法是规范社会保险关系的法律规范的总称。社会保险法律制度是指国家通过立法建立的针对劳动者生活风险的社会互助制度。

2. 社会保险的特点

(1) 保障性。实施社会保险的根本目的,就是保障劳动者在其失去劳动能力之后的基本生活,从而维护社会稳定。

(2) 法定性。这是指国家通过立法强制实施。保险待遇的享受者及其所在单位都必须按照规定参加并依法缴纳社会保险费。法定性是实现社会保险的组织保证,目的在于保障劳动者因暂时或永久丧失劳动能力以及失业时获得基本生活保障。

（3）互济性。这是指社会保险按照社会共担风险原则进行组织。社会保险费由国家、企业和个人三方负担，建立社会保险基金。社会保险机构要用互助互济的办法统一调剂基金，支付保险金和提供服务，实行收入再分配。

（4）福利性。社会保险不以营利为目的，它以最少的花费，解决最大的社会保障问题，属于社会福利性质。

（5）普遍性。社会保险实施范围广，我国城镇职工、城乡居民都享有社会保险。

3. 社会保险的原则

（1）社会保险与经济发展水平相适应的原则。

（2）社会保险立法一体化原则：①社会保险基金社会统筹，建立统一的社会保险基金制度；②社会保险对象涵盖所有建立劳动关系的劳动主体。

（3）建立起多层次的社会保险制度原则：①国家统一的强制性保险；②用人单位补充保险；③个人储蓄性保险。

4. 社会保险法的体系

社会保险法包括养老保险法、医疗保险法、失业保险法、工伤保险法和生育保险法。养老保险是针对劳动者因年老或其他原因退休的一种社会保险，养老保险法是关于劳动者退休的社会保险行为的法律规范的总称。医疗保险是针对劳动者患病或非因工负伤而给予一定经济援助的一种社会保险，医疗保险法是关于劳动者患病或非因工负伤的社会保险行为的法律规范的总称。失业保险是针对劳动者因各种原因失去工作的一种社会保险，失业保险法是关于劳动者失业的社会保险行为的法律规范的总称。工伤保险是以职业伤害者及其家属恢复正常生活为目的的一种社会保险（包括狭义的工伤保险和职业病保险），工伤保险法是关于劳动者因工负伤的社会保险行为的法律规范的总称。生育保险是针对女职工产期的物质和健康需要的社会保险，生育保险法是关于劳动者生育的社会保险行为的法律规范的总称。

（二）社会保险费缴纳和社会保险待遇

1. 我国现行城镇企业职工基本养老保险

（1）覆盖范围。我国现行的城镇企业职工基本养老保险覆盖城镇各类企业及其职工、个体工商户和灵活就业人员。

（2）养老保险费的缴纳。城镇各类企业及其职工的基本养老保险费由参加基本养老保险的企业和个人共同缴纳。用人单位应当按照国家规定的本单位职工工资总额的比例缴纳基本养老保险费，职工应当按照国家规定的本人工资的比例缴纳基本养老保险费。缴费的具体比例按省、自治区、直辖市人民政府的规定执行。

无雇工的个体工商户、未在用人单位参加基本养老保险的非全日制从业人员以及其他灵活就业人员可以参加城镇职工基本养老保险，由个人缴纳基本养老保险费。

（3）养老保险待遇。缴费年限（含视同缴费年限）累计满15年的人员，退休后按月发给基本养老金。基本养老金由基础养老金和个人账户养老金组成。退休时的基础养老金月标准以当地上年度在岗职工月平均工资和本人指数化月平均缴费工资的平均值为基数，缴费每满1年发给1%。个人账户养老金月标准为个人账户储存额除以计发月数，计发月数根据职工退休时城镇人口平均预期寿命、本人退休年龄、利息等因素确定。职工或退休人员死亡，个人账户中的个人缴费部分可以继承。

（4）资格条件。

1）缴费年限：缴费15年以上。个人缴费年限累计不满15年的，退休后不享受基础养老金待遇，其个人账户养老金一次支付给本人。

2）退休年龄：男性60岁，女性50岁。从事井下、高空、高温、特别繁重的体力劳动或其他有害健康工作的，男性55岁，女性45岁。因病或非因工致残的，退休年龄为男性50岁，女性45岁。

2. 我国现行城镇职工基本医疗保险

（1）医疗保险基金的筹集。我国医疗保险的基本医疗保险费由用人单位和劳动者共同缴纳，用人单位应当按照国家规定的本单位职工工资总额的比例缴纳基本医疗保险费，职工应当按照国家规定的本人工资的比例缴纳基本医疗保险费。缴费的具体比例按省、自治区、直辖市人民政府或省、自治区、直辖市人民政府授权的市、县级人民政府的规定执行。

（2）医疗保险基金的使用。我国已经实行医疗保险统筹基金和个人账户相结合的医疗保险制度，统筹基金和个人账户分别核算、互不挤占。统筹基金确定起付标准和最高支付限额，起付标准原则上控制在当地职工年平均工资的10%左右，最高支付限额原则上控制在当地职工年平均工资的4倍左右。职工患病后，所需医疗费用在起付标准以下的从个人账户支付或由个人支付；起付标准以上、最高支付限额以下的医疗费用，主要从统筹基金中支付，个人也要负担一定比例。

（3）医疗保险待遇的内容。

1）医疗期间的待遇：职工享受医疗保险待遇有一定的期限（一般3~24个月，难以治愈的疾病，经社会保险行政部门批准可适当延长、但延长期最多为6个月），超出期限则不再享受。医疗期间的待遇包括医疗保险待遇和病假工资待遇。职工一般应在定点医疗机构就医，其保险待遇项目主要有：规定范围的药品费用、规定的检查费用和医疗费用、规定标准的住院费用。上述费用按规定比例从医疗保险个人账户和社会统筹基金中支付，超出部分费用和其余费用由个人承担。职工患病或非因工负伤，停止工作满1个月以上的，单位停发工资，改按其工作时间长短给付相当于本人工资一定比例的病假工资。

2）残疾待遇：职工患病或非因工负伤的，在医疗期内医疗终结或医疗期满后，经用人单位申请，劳动能力鉴定机构进行劳动能力鉴定并确定残疾等级、享受残疾待遇。

3. 我国现行的工伤保险

（1）工伤保险基金。工伤保险基金由用人单位缴纳的工伤保险费、工伤保险基金的利息和依法纳入工伤保险基金的其他资金构成。工伤保险费根据以支定收、收支平衡的原则确定费率。国家根据不同行业的工伤风险程度确定行业的差别费率，并根据工伤保险费使用、工伤发生率等情况在每个行业内确定若干费率档次。行业差别费率及行业内费率档次由国务院社会保险行政部门制定，报国务院批准后公布施行。

统筹地区经办机构根据用人单位工伤保险费使用、工伤发生率等情况，适用所属行业内相应的费率档次确定单位缴费费率。国务院社会保险行政部门定期了解全国各统筹地区工伤保险基金收支情况，及时提出调整行业差别费率及行业内费率档次的方案，报国务院批准后公布施行。

用人单位应当按时缴纳工伤保险费。职工个人不缴纳工伤保险费。用人单位缴纳工伤保险费的数额为本单位职工工资总额乘以单位缴费费率之积。

工伤保险基金逐步实行省级统筹。跨地区、生产流动性较大的行业，可以采取相对集中的方式异地参加统筹地区的工伤保险，具体办法由国务院社会保险行政部门会同有关行业的主管部门制定。工伤保险基金存入社会保障基金财政专户，用于《工伤保险条例》规定的工伤保险待遇，劳动能力鉴定工伤预防的宣传、培训等费用，以及法律、法规规定的用于工伤保险的其他费用的支付。任何单位或者个人不得将工伤保险基金用于投资运营、兴建或者改建办公场所、发放奖金，或者挪作其他用途。

工伤保险基金应当留有一定比例的储备金，用于统筹地区重大事故的工伤保险待遇支付；储备金不足支付的，由统筹地区的人民政府垫付。储备金占基金总额的具体比例和储备金的使用办法，由省、自治区、直辖市人民政府规定。

(2) 工伤保险待遇。

1) 工伤医疗待遇：①工伤医疗待遇。挂号费、住院费、医疗费、药费、就医路费全额报销。需要住院治疗的，按当地因工出差伙食补助标准的70%发给住院伙食补助费；经批准转外地治疗的，所需交通、食宿费按本单位职工因工出差标准报销。②工伤医疗期。职工因工作遭受事故伤害或者患职业病需要暂停工作接受工伤医疗的，在停工留薪期内，原工资福利待遇不变，由所在单位按月支付。停工留薪期一般不超过12个月。伤情严重或者情况特殊，经设区的市级劳动能力鉴定委员会确认，可以适当延长，但延长不得超过12个月。工伤职工评定伤残等级后，停发原待遇，按照有关规定享受伤残待遇。工伤职工在停工留薪期满后仍需治疗的，继续享受工伤医疗待遇。生活不能自理的工伤职工在停工留薪期需要护理的，由所在单位负责。

2）工伤致残待遇：①工伤致残被鉴定为1~4级的，应退出生产、工作岗位，保留劳动关系，按月发给伤残津贴，标准为本人工资的75%~90%（1级90%、2级85%、3级80%、4级75%）；发给一次性伤残补助金，标准为本人21~27个月的工资（1级27个月、2级25个月、3级23个月、4级21个月）。②工伤致残被鉴定为5~10级的，原则上由企业安排适当工作，并按伤残等级发给一次性伤残补助金，标准为本人7~18个月的工资（5级18个月、6级16个月、7级13个月、8级11个月、9级9个月、10级7个月）。③工伤职工经评残并确认需要护理的，应按月发给生活护理费。按照生活完全不能自理、生活大部分不能自理或者生活部分不能自理3个不同等级发给生活护理费，其标准分别为统筹地区上年度职工月平均工资的50%、40%或者30%。④工伤职工因日常生活或辅助就业需要，安装假肢、矫形器、假眼、假牙和配置轮椅等辅助器具的，按国内普及型标准报销费用。

3）因工死亡待遇：职工因工死亡，其近亲属按照下列规定从工伤保险基金中领取丧葬补助金、供养亲属抚恤金和一次性工亡补助金。①丧葬补助金为6个月的统筹地区上年度职工月平均工资。②供养亲属抚恤金按照职工本人工资的一定比例发给由因工死亡职工生前提供主要生活来源、无劳动能力的亲属。标准为配偶每月40%，其他亲属每人每月30%，孤寡老人或者孤儿每人每月在上述标准的基础上增加10%。核定的各供养亲属的抚恤金之和不应高于因工死亡职工生前的工资。供养亲属的具体范围由国务院社会保险行政部门规定。③一次性工亡补助金标准为上一年度全国城镇居民人均可支配收入的20倍。

4）因工外出期间发生事故或者在抢险救灾中下落不明的待遇：从事故发生当月起3个月内本人工资照发，第4个月起停发工资，对其供养亲属按月发给亲属抚恤金。生活有困难的，可预支一次性工亡补助金的50%。人民法院宣告死亡的，发给丧葬补助金和其他待遇。

（3）工伤保险相关规定。

1）用人单位分立、合并、转让的，承继单位应当承担原用人单位的工伤保险责任；原用人单位已经参加工伤保险的，承继单位应当到当地经办机构办理工伤保险变更登记。用人单位实行承包经营的，工伤保险责任由职工劳动关系所在单位承担。职工被借调期间受到工伤事故伤害的，由原用人单位承担工伤保险责任，但原用人单位与借调单位可以约定补偿办法。企业破产的，在破产清算时优先拨付依法应由单位支付的工伤保险待遇费用。

2）职工被派遣出境工作，依据前往国家或者地区的法律应当参加当地工伤保险的，参加当地工伤保险，其国内工伤保险关系中止；不能参加当地工伤保险的，其国内工伤保险关系不中止。

3）工伤职工有下列情形之一的，停止享受工伤保险待遇：丧失享受待遇条件的；拒不接受劳动能力鉴定的；拒绝治疗的。

4. 我国现行的失业保险

（1）覆盖范围。我国现行的失业保险覆盖城镇企事业单位及其职工。

（2）保险缴费。我国实行的是劳动者和用人单位分担失业保险费的制度。城镇企事业单位按照本单位工资总额的2%缴纳失业保险费。城镇企事业单位职工按照本人工资的1%缴纳失业保险费。城镇企事业单位招用的农民合同制工人本人不缴纳失业保险费。自2017年1月1日起，失业保险总费率已阶段性降至1%。

（3）支付条件。具备下列条件的失业人员，可以领取失业保险金：①按照规定参加失业保险，所在单位和本人已按规定缴纳失业保险费满1年；②非因本人意愿中断就业；③已办理失业登记，并有求职要求。

失业人员在领取失业保险金期间有下列情形之一的，停止领取失业保险金：①重新就业的；②应征服兵役的；③移居境外的；④享受基本养老保险待遇的；⑤被判刑收监执行或者被劳动教养的；⑥无正当理由、拒不接受当地人民政府指定的部门或者机构介绍的工作的；⑦有法律、行政法规规定的其他情形的。

（4）保险支付水平。失业保险金的标准，按照低于当地最低工资标准、高于城市居民最低生活保障标准的水平，由省、自治区、直辖市人民政府确定。

（5）保险支付期限。对于城镇职工，失业保险支付期限长短与缴费时间长短挂钩：失业人员失业前用人单位和本人累计缴费满1年不足5年的，领取失业保险金的期限最长为12个月；累计缴费满5年不足10年的，领取失业保险金的期限最长为18个月；累计缴费10年以上的，领取失业保险金的期限最长为24个月。重新就业后，再次失业的，缴费时间重新计算，领取失业保险金的期限与前次失业应当领取而尚未领取的失业保险金的期限合并计算，最长不超过24个月。

对于单位招用的农民合同制工人，连续工作满1年，本单位并已缴纳失业保险费，劳动合同期满未续订或者提前解除劳动合同的，由社会保险经办机构根据其工作时间长短，向其支付一次性生活补助。

5. 我国现行的生育保险

现行生育保险的法律依据是1995年1月1日起试行的《企业职工生育保险试行办法》。

（1）生育保险基金的筹集。生育保险基金实行社会统筹，由企业按工资总额的一定比例向社会保险经办机构缴纳生育保险费。提取比例由地方根据收支平衡情况确定，但最高不得超过工资总额的1%。职工个人不缴纳生育保险费，生育保险基金应存入生育保险基金专户。2019年3月国务院办公厅发布《关于全面推进生育保险和职工基本医疗保险合并实施的意见》,提出"生育保险基金并入职工基本医疗保险基金,统一征缴,统筹层次一致。按照用人单位参加生育保险和职工基本医疗保险的缴费比例之和确定新的用人单位职工基本医疗保险费率"。

(2) 支付项目。女职工产假期间的生育津贴由生育保险基金支付。女职工生育的检查费、接生费、手术费、住院费和药费由生育保险基金支付。超出规定的医疗服务费和药费(含自费药品和营养药品的药费)由职工个人负担。女职工生育出院后,因生育引起的疾病的医疗费,由生育保险基金支付;其他疾病的医疗费,按医疗保险待遇的规定办理。

(3) 支付标准。女职工生育或流产后,由本人或所在企业持当地计划生育部门签发的计划生育证明,婴儿出生、死亡或流产证明,到当地社会保险经办机构办理手续,领取生育津贴和报销生育医疗费。

(三) 不履行社会保险义务的法律后果

用人单位不办理社会保险登记的,由社会保险行政部门责令限期改正;逾期不改正的,对用人单位处应缴社会保险费数额1倍以上3倍以下的罚款,对其直接负责的主管人员和其他直接责任人员处500元以上3 000元以下的罚款。

用人单位未按时足额缴纳社会保险费的,由社会保险费征收机构责令限期缴纳或者补足,并自欠缴之日起,按日加收万分之五的滞纳金;逾期仍不缴纳的,由有关行政部门处欠缴数额1倍以上3倍以下的罚款。

 **技能要求**

工伤认定

(一) 工伤认定的情形

《工伤保险条例》第十四条规定,职工有下列情形之一的,应当认定为工伤:①在工作时间和工作场所内,因工作原因受到事故伤害的；②工作时间前后在工作场所内，从事与工作有关的预备性或者收尾性工作受到事故伤害的；③在工作时间和工作场所内，因履行工作职责受到暴力等意外伤害的；④患职业病的；⑤因工外出期间，由于工作原因受到伤害或者发生事故下落不明的；⑥在上下班途中，受到非本人主要责任的交通事故或者城市轨道交通、客运轮渡、火车事故伤害的；⑦法律、行政法规规定应当认定为工伤的其他情形。

另外，还有三类视同工伤的情形：①在工作时间和工作岗位，突发疾病死亡或者在48小时之内经抢救无效死亡的；②在抢险救灾等维护国家利益、公共利益活动中受到伤害的；③职工原在军队服役，因战、因公负伤致残，已取得革命伤残军人证，到用人单位后旧伤复发的。

（二）工伤认定的程序

职工发生事故伤害或者按照职业病防治法规定被诊断、鉴定为职业病，所在单位应当自事故伤害发生之日或者被诊断、鉴定为职业病之日起30日内，向统筹地区社会保险行政部门提出工伤认定申请。遇有特殊情况，经报社会保险行政部门同意，申请时限可以适当延长。

用人单位未按规定提出工伤认定申请的，工伤职工或者其近亲属、工会组织在事故伤害发生之日或者被诊断、鉴定为职业病之日起1年内，可以直接向用人单位所在地统筹地区社会保险行政部门提出工伤认定申请。

职工或者其近亲属认为是工伤，用人单位不认为是工伤的，由该用人单位承担举证责任。社会保险行政部门应当自受理工伤认定申请之日起60日内作出工伤认定决定，出具《认定工伤决定书》或者《不予认定工伤决定书》。

延伸阅读

本人指数化月平均缴费工资

本人指数化月平均缴费工资是我国现行城镇企业职工养老保险制度的重要概念,是基础养老金、过渡性养老金的计发基数。其计算公式为:

$$S = [X_1 \times (C_1/C_1) + X_2 \times (C_1/C_2) + \cdots X_i \times (C_1/C_i) \times \cdots X_j \times (C_1/C_j)]/n$$

上式中,X_1、$X_2 \cdots X_i \cdots X_j$ 为参保人员退休前1年、2年、……、j 年本人缴费工资额;C_1、$C_2 \cdots C_i \cdots C_j$ 为参保人员退休前1年、2年、……、j 年全国/省/地市职工平均工资或称社会平均工资;n 为企业和职工实际缴纳基本养老保险费的月数合计(等于 $12N$,N 为企业和职工实际缴纳基本养老保险费的年限)。

特别地,(C_1/C_1)、$(C_1/C_2) \cdots (C_1/C_i) \cdots (C_1/C_j)$ 为(基于参保人员退休前1年的)社会平均工资指数;$X_1 \times (C_1/C_1)$、$X_2 \times (C_1/C_2)$、$\cdots X_i \times (C_1/C_i)$、$\cdots X_j \times (C_1/C_j)$ 为(基于参保人员退休前1年的)指数化缴费工资。参保人员 i 年度的本人缴费工资 X_i 通过工资指数 (C_1/C_i) 得到指数化缴费工资 $X_i \times (C_1/C_i)$,从而使各年度不可比的 X_i 换算为相当于参保人员退休前1年社会平均工资 C_1 水平的、可比的各年度指数化缴费工资 $X_i \times (C_1/C_i)$,各年度指数化缴费工资 $X_i \times (C_1/C_i)$ 加总再除以参保人员实际缴费月数和 n,进而得到本人指数化月平均缴费工资 S。由此,该指标能够反映参保人员在整个缴费年限的缴费工资平均水平。

资料来源:http://www.xiangrikui.com/shehuibaoxian/20120317/198139.html.

第二节 劳动标准的应用

第一单元 劳动标准监察

知识要求

一、我国劳动保障监察概述

劳动保障监察制度是监督检查劳动基准实施情况、保障劳动者基本权利的主要方式。根据国际劳工组织《劳动监察公约》的规定，劳动监察包括职业卫生、劳动安全和劳动关系三个方面的监督检查职能。目前在我国，上述三项职能分别由职业卫生监察部门、安全生产监察部门和劳动保障监察部门三个机构行使。

自 1993 年以来，我国逐步建立健全了劳动保障监察制度。2004 年 11 月，国务院发布了《劳动保障监察条例》，劳动保障监察的法律依据从部门规章上升为行政法规，标志着我国的劳动保障监察进入了一个新的发展阶段。《劳动保障监察条例》的颁布实施确立了劳动保障监察工作在维护劳动者合法权益、构建社会主义和谐社会方面的重要地位，规范了劳动保障监察程序，提升了劳动保障监察能力，推动了劳动保障监察工作的制度创新，促进了劳动保障法律法规和国家劳动标准的贯彻落实。

（一）劳动保障监察的实施者

1. 劳动保障监察机构

我国各层级劳动保障监察机构包括中央、省级、地（市）级和县（区）级四级架构，县以下为分支机构，一般不再设立单独的劳动保障监察机构。

中央一级是在人力资源和社会保障部下设劳动保障监察局，其主要职责为：制定劳动保障监察制度并组织实施；组织实施与培训就业、人力资源市场、劳动关系、劳动标准、社会保险等业务相关的劳动保障监察；依法查处和督办重大劳动保障违法案件，参与处理由劳动保障违法行为引发的突发事件；协调有关部门组织开展侵害劳动者权益问题综合治理；指导劳动保障监察机构和队伍建设，指导地方开展劳动保障监察工作。

各省、自治区、直辖市在该级政府人力资源和社会保障厅（局）下设劳动保障监察处或劳动保障监察局。在劳动保障监察行政机构之外，有些省还设立了事业单位性质的劳动保障监察总队作为受委托的劳动保障监察执法机构，具体负责监察执法工作。

各县（区）级人民政府的人力资源和社会保障行政部门一般不设立独立的劳动保障监察部门，而是将劳动保障监察和法制等相关职能放在一个部门内。具体的劳动保障监察执法活动则委托事业单位性质的劳动保障监察大队执行。目前全国有些地区在县以下设立了分支机构，即在街道、乡镇依托于劳动保障所设立劳动保障监察中队。

2. 劳动保障监察员

劳动保障监察员分为专职劳动保障监察员和兼职劳动保障监察员两类，此外，还有法律监督员和劳动保障监察协管员作为监察工作的辅助力量。专职劳动保障监察员是人力资源和社会保障行政部门专门从事劳动保障监察工作的人员，依法能够行使法律赋予劳动保障监察人员的全部监督检查职权。兼职劳动监察员是人力资源和社会保障行政部门内部非专门从事劳动监察工作的人员，即人力资源和社会保障行政部门中劳动关系、社会保险、就业管理、职业培训等其他职能机构的工作人员，主要负责与其业务有关的单项监察。须对用人单位处罚时，兼职监察员应会同专职监察员进行。劳动保障法律监督员是指县级以上人力资源和社会保障行政部门，从有关政府部门和工会、妇联、共青团、新闻媒体、企业等单位的工作人员中聘请的，对劳动保障法律法规贯彻实施情况进行监督的人员。劳动保障监察协管员是指各地协助劳动保障监察机构进行监督管理的非正式人员。这些人员通常是利用公益性岗位招用的就业困难人员或大中专毕业生，其主要工作职能通常是街道乡镇或社区村组等劳动保障监察机构未能完全覆盖的区域，从事用人单位信息采集、法律宣传和提供咨询服务等工作，是劳动保障监察员了解用人单位执行劳动法律、法规情况最基础、最直接的信息来源。

（二）劳动保障监察的职责与范围

按照依法行政的要求，劳动保障监察必须做到职权法定，这是劳动保障监察合法有效的基本保证之一。各级人力资源和社会保障行政部门都必须在《劳动法》《劳动保障监察条例》等规定的范围内履行以下职责：①宣传劳动保障法律、法规和规章，督促用人单位贯彻执行；②检查用人单位遵守劳动保障法律、法规和规章的情况；③受理对违反劳动保障法律、法规或者规章的行为的举报、投诉；④依法纠正和查处违反劳动保障法律、法规或者规章的行为。

劳动保障监察事项包括：①用人单位制定和执行内部劳动保障规章制度的情况；②用人单位与劳动者订立劳动合同的情况；③用人单位遵守禁止使用童工规定的情况；④用人单位遵守女职工和未成年工特殊劳动保护规定的情况；⑤用人单位遵守工作时间和休息休假规定的情况；⑥用人单位支付劳动者工资和执行最低工资标准的情况；⑦用人单位参加各项社会保险和缴纳社会保险费的情况；⑧职业中介机构、职业技能培训机构和职业技能考核鉴定机构遵守国家有关职业介绍、职业技能培训和职业技能考核鉴定的规定的情况；⑨法律、法规规定的其他劳动保障监察事项。

（三）劳动保障监察的方式

劳动保障监察的方式主要有主动监察、投诉举报和特别监察三种。主动监察是指人力资源和社会保障行政部门按照其职权，根据工作计划安排，对用人单位遵守劳动保障法律、法规和规章情况进行检查的行政执法活动。主动监察包括日常巡视检查、书面审查和专项检查等方式。投诉举报是我国劳动保障监察发现用人单位违法行为的重要方式之一。特别监察是指基于案件性质、社会影响等因素而按照专门工作要求实施的劳动保障监察方式，主要是对于重大劳动保障违法案件的查处和报告制度。重大劳动保障违法案件一般是指违法性质恶劣、情节严重、社会危害性极大、社会影响极坏的重大违反劳动保障法律、法规的案件。上一级人力资源和社会保障行政部门会参与下级劳动保障监察机构的重大案件查处。对在全国范围有重大影响的重大案件，人力资源和社会保障部负责指导、协调和监督。

（四）劳动保障监察处理程序

1. 立案

劳动保障监察立案是人力资源和社会保障行政部门决定对劳动保障监察案件进行调查处理的活动，是案件调查处理开始的标志，是每个案件处理都应经过的法定阶段。

劳动保障监察立案的案件来源主要有三个渠道：一是人力资源和社会保障行政部门在开展日常巡视检查、专项执法检查和审查用人单位报送的书面材料等主动执法时发现的违法行为；二是接受举报投诉获得的违法线索；三是上级机关交办、有关部门移送、下级机关报送的用人单位违反劳动保障法律、法规或者规章行为的材料反映的违法问题。

2. 调查与检查

违反劳动保障法律、法规或者规章行为立案后，人力资源和社会保障行政部门应按规定指派监察人员对案件进行调查和检查。

3. 处罚与处理

人力资源和社会保障行政部门在法律规定期限内调查完成后，应当根据调查的事实和相关的法律规定，对案件作出相应的行政处罚和处理。

4. 执行

根据《中华人民共和国行政处罚法》的规定，行政处罚决定依法作出后，当事人应当在行政处罚决定的期限内予以履行。当事人对行政处罚决定不服申请行政复议或者提起行政诉讼的，行政处罚不停止执行，法律另有规定的除外。

根据最高人民法院的司法解释，如果用人单位不服行政处理决定和行政处罚决定，在法定期限内不申请行政复议或不起诉，又不履行的，人力资源和社会保障行政部门可根据有关规定，在决定起诉期限届满之日起 180 日内向人民法院申请强制执行。

5. 相对人的权利保护与救济措施

相对人的权利保护与救济措施包括申请听证、申请行政复议和提起行政诉讼。

二、劳动安全卫生监察

劳动安全卫生监察也称职业安全卫生监察，是指对企业遵守各项劳动安全卫生法律、法规和规章进行的监督检查，主要由以下三部分组成。

（一）安全生产监督管理及煤矿安全监察

安全生产监督管理及煤矿安全监察是针对安全生产方面的行政执法活动，主要是依法监督检查工矿商贸生产经营单位、煤矿企业贯彻执行安全生产法律法规情况及其安全生产条件和有关设备（特种设备除外）、材料、劳动防护用品的安全生产管理工作，负责作业场所职业卫生的监督检查工作，负责职业卫生安全许可证的颁发管理，组织查处职业危害事故和有关违法违规行为。我国设立国家安全生产监督管理总局，并单设由国家安全生产监督管理总局管理的国家煤矿安全监察局；地方各级政府结合实际，相继设置了安全生产监督管理（煤矿安全监察）部门，履行安全生产监察和矿山安全监察等职责。[①] 2018 年，国家安全生产监督管理总局的职责整合，应急管理部组建。

（二）职业卫生监督管理

职业卫生监督管理是指卫生行政部门开展职业病危害监测、化学品毒性鉴定和建设项目职业病危害评价工作以及对用人单位职业病防治制度落实情况进行的监督检查。我国的职业卫生监督管理体制经历了从职业卫生监管与职业安全监管相互独立到职业

---

① 张健明，王宇熹，尹乃春. 劳动标准与劳动监察：政策与实务 [M]. 北京：北京大学出版社，2008.

安全卫生监管体制统一的转变过程。新中国成立至 20 世纪 90 年代末由劳动部门承担职业卫生的监督管理职能；20 世纪 90 年代末至 21 世纪初由卫生部门承担职业卫生监察（包括矿山卫生监察）职能；2003 年至 2008 年，卫生部门和国家安全生产监督管理部门按照职责分工，共同负责职业卫生监察工作；2008 年 7 月起，原来由卫生部门承担的职业卫生监察执法职责交由国家安全生产监督管理部门承担；2010 年 10 月开始，卫生部门负责职业病的诊断、鉴定、防治以及职业卫生标准的制定发布等工作，国家安全生产监督管理部门负责国家职业卫生标准中的用人单位职业危害因素工程控制、职业防护设施、个体职业防护等相关标准的拟定和用人单位职业卫生监督检查以及职业危害事故和违法违规行为查处等工作。至此，职业卫生与安全的监察职责由安全生产监督管理部门（现应急管理部门）承担。

（三）特种设备安全监察

根据《特种设备安全监察条例》等法规和规章，特种设备安全监察主要是指对锅炉、压力容器、压力管道、电梯、起重机械、客运索道、大型游乐设施、场（厂）内机动车辆等特种设备的安全监察，对特种设备的设计、制造、安装、改造、维修、使用、检验检测等环节和进出口的监督检查。由于特种设备涉及公共安全、人身健康及生命财产安全，危险性较大，我国专门设置特种设备安全监督管理部门，履行特种设备安全监督管理职责。安全生产监督管理部门、卫生行政部门、特种设备安全监督管理部门按照各自职责开展监督检查时，会与人力资源和社会保障行政部门实施的劳动保障监察存在工作衔接、协调关系。

三、劳动保障监察的原则

（一）重在保护劳动者权益的原则

用人单位掌握招收录用权、岗位分配权、工资报酬决定权，劳动者处于相对弱势地位。各级政府及人力资源和社会保障行政部门有责任对弱势群体提供法律保护，使他们享有的劳动保障权益得到有效落实，切实保护好劳动者的合法权益。

（二）合法原则

劳动保障监察执法主体及权限必须符合法律法规规定，违反规定的主体或超越权限实施监察都是无效的。实施监察必须正确适用有关法律、法规和规章，适用法律错误将会构成实体上的违法，劳动保障监察执法程序也必须符合《劳动保障监察条例》及有关法律规定。实体违法与程序违法都将导致劳动保障监察执法行为无效。

（三）公开原则

公开原则要求劳动保障监察执法活动除法律有特殊规定外，应当向社会公开。一是劳动保障监察依据的法律、法规和规章都应当公布，未经公布不得作为监察执法依据。二是劳动保障监察的职责及内容应当公开，监察机构的举报、投诉电话、地址等也都应向社会公开。三是监察执法的程序和处理时限要公开。坚持公开原则使劳动保障监察工作不断提高透明度，通过全社会的监督，有助于预防和减少工作中的失误和偏差，规范监察执法行为。

（四）公正原则

坚持公正原则主要体现在劳动保障监察执法必须以事实为依据，以法律为准绳，并注意权利与义务、个人利益与国家利益、集体利益之间的平衡。实施监察时应当平等地对待所有行政相对人，不能因地域、性质不同而对行政相对人采取不同的标准。合理行使自由裁量权，严格按照违法情节和损害后果等因素确定具体罚款数额。

（五）高效、便民原则

高效便民原则主要是在劳动保障监察执法活动中创造条件，为用人单位和劳动者提供方便快捷的服务，尽可能不影响用人单位正常的生产和经营活动，及时处理违法行为。劳动保障监察机构和人员应广泛开辟和畅通举报投诉渠道，提供优质服务，方便劳动者；以属地管辖为主，既便于用人单位报送资料、接受监察，又便于劳动者维权；严格在法定时限内完成监察事项，并尽量缩短时间，提高工作效率。

（六）教育与处罚相结合原则

一是不能只处罚不教育。明确处罚的目的是促使用人单位认清违法后果，自觉地遵守法律法规。处罚是手段不是目的，不能为处罚而处罚，也不能以罚代管、以罚代教，更不得为个人和小团体利益以处罚牟取私利。对发现用人单位存在违法行为，应予处罚的，也要贯彻说服教育原则，告知违法者违法行为和处罚的法律依据，使其吸取教训。二是不能只教育不处罚。在监察执法活动中，大力开展法律、法规的宣传和普及活动，帮助公民、法人和其他组织知法懂法和自觉守法。但不能用教育代替处罚，只教育不处罚不能产生制止违法行为的理想结果。

（七）保障行政相对人权利原则

人力资源和社会保障行政部门作出行政处罚或者行政处理决定前，应当听取行政相对人的陈述和申辩，保障其充分行使权利；对依法需要听证的事项，必须依法告知行政相对人有权提出听证；作出行政处罚决定或者行政处理决定后，应当告知行政相对人依法享有申请行政复议或者提起行政诉讼的权利。人力资源和社会保障行政部门和劳动保障监察员违法行使职权，侵犯用人单位、个人合法权益造成损害的，依法承担赔偿责任。保障行政相对人的权利，能够对行政权力起到制约作用，有助于劳动保障监察依法行政。

（八）监察执法与社会监督相结合的原则

在贯彻实施劳动保障法律、法规的过程中，需要人力资源和社会保障行政部门与政府有关部门及社会组织相互支持、密切配合，共同推进劳动保障法律监督制度建设。加强工会、妇联、共青团等组织的监督，充分发挥这些组织的监督作用；加强新闻监督，曝光违法侵权的用人单位和有关组织，宣传全面落实法律规定、维护职工权益的先进典型，营造守法光荣、违法可耻的社会氛围；发挥群众监督作用，建立举报奖励制度，鼓励劳动者和广大群众举报违法行为，以便及时纠正并依法处理。①

 **技能要求**

检查用人单位劳动标准实施情况的基本方法
一、自查
用人单位检查本单位劳动标准的实施情况，首先是自查。自查既是用人单位应尽的义务，又是降低执法部门处罚风险的有效途径。

（一）自查的形式

自查的形式包括报告和报表两种。用人单位开展自查，既可以报告的形式进行，又可以报表的形式进行，或者两种形式同时使用。

自查报告，就是以书面报告的形式，针对劳动保障监察、安全生产监督管理、社会保险征缴和社会保险稽核制度的要求，对本单位落实以劳动法律法规为核心的劳动标准的情况进行自我检查和总结。撰写自查报告，首先应该收集本单位劳动标准的执行情况及存在的问题。其次，在此基础上对有关情况和问题进行分类和总结。最后是撰写自查报告。自查报告一般包括三部分，一是存在的问题，二是产生问题的原因，三是解决问题的对策措施。

自查报表，就是以报表的形式，针对劳动保障监察、安全生产监督管理、社会保险征缴和社会保险稽核制度的要求，对本单位落实劳动标准的情况进行自我检查和总结。自查报表一般以对比的形式反映本单位落实劳动标准的情况，包括三类栏目，一是劳动标准，二是本单位情况，三是劳动标准和本单位情况的对比（结果一般以达标或基本合格、基本达标或基本合格和未达标或不合格表示）。

（二）自查的方法

按照不同划分方式，自查的方法可以分为不同种类。从检查

---

① 张健明，王宇熹，尹乃春. 劳动标准与劳动监察：政策与实务［M］. 北京：北京大学出版社，2008.

范围来看，可以分为普查和抽查两种；从检查时间来看，可以分为事前自查和事后自查两种；从主动性来看，可以分为主动自查和被动自查。

1. 普查

普查就是全面检查，包括对普查资料的收集、数据汇总、资料评价、分析研究、报告等全过程，是当今收集资料时广泛采用的最基本的科学方法，是提供基本数据的主要来源。普查应统一筹划和部署，统一内容、时间和调查方法，以保证资料的准确性和可靠性。为保证结果的真实性，普查结果不应该作为奖惩依据。普查工作的基本步骤，大致可划分为普查准备阶段、实地普查阶段和普查总结阶段三个阶段。

2. 抽查

抽查即抽样检查，是指检查人员在执行检查程序时，从被查对象总体中按照一定的方法有选择地抽选一定数量的样本进行测试，并根据测试结果推断总体特征的一种方法。

抽查法避免了普查法一律检查造成大量繁重工作的弊端，具有高效率、低费用、省时省力的优点，能够收到事半功倍的效果。但由于抽查时间和范围的局限性，如果抽查法运用不当，样本选取不当或缺乏代表性，就将导致抽查结果不能代表总体，以致得出错误的结论。

抽查法的应用程序包括以下几个阶段：①确定检查总体的范围。检查总体指被检查对象的所有项目的集合。检查人员在进行抽查时，首先要确定检查总体的范围，即确定要检查哪些资料，或被检查的总体应包括哪些项目。检查人员在确定检查总体范围时，应注意：项目相关性（即被检查的总体范围应与检查目标密切相关）；项目的同质性（即总体中的所有项目要有相同或类似的特性），不同性质的项目不应包括在同一总体之内；项目的可辨性（即所有项目都要有能够识别的标志），否则不能正确地确定总体范围。②样本的设计与选取。样本设计是指围绕样本的性质、样本量、抽样组织方式、抽样工作质量要求所进行的计划工作。

选取已设计确定的样本水平有多种方法可供选择，如随机选样、系统选样等。但无论采用哪种方法都应保证被查对象总体内所有项目均有被选取的机会，以使样本能代表总体。③检查评价样本项目。检查人员抽取样本项目后，要对每个样本项目进行仔细检查，并将检查结果记录下来。在检查过程中，如果发现问题的样本占比重较高或问题性质较严重，应扩大样本的数量和抽查范围。④作出检查结论。检查人员在检查样本项目的基础上，应根据所取得的证据，确定检查证据是否足以证实某一被检查对象总体的特征，从而得出检查结论。

3. 事前自查和事后自查

事前自查是在人力资源和社会保障行政部门检查之前进行自我检查。事前自查的优点在于，可以及时自我纠正违反劳动标准的问题，从而避免处罚的风险。但同时，事前检查也存在缺乏目标、工作量大的缺点。

事后自查是在人力资源和社会保障行政部门检查之后进行自我检查。事后自查的优点在于，针对性强、工作量小，可以高效率地查明问题。但同时，由于主要问题已经被执法机关检查出来，事后自查无法弥补已经造成的声誉损失和经济损失。

4. 主动自查和被动自查

主动自查是用人单位为了提高社会声誉、避免行政执法处罚及减少劳动争议等而采取的主动性自我检查。用人单位出于维护自身形象、避免经济损失的考虑，应该制订主动自查计划，定期或不定期地进行主动自查。

被动自查是用人单位根据劳动用工年检工作制度要求及其他法律法规和政策规定所进行的自我检查。被动自查程序包括领取年检资料及其他有关资料，进行自查自纠，以及按要求提供本单位遵守有关劳动法律法规的情况。

二、配合人力资源和社会保障行政部门检查

本单位除了自查外，还应该配合人力资源和社会保障行政部门关于劳动标准实施情况的检查，包括填写相关年检报表、报送书面材料、配合报送劳动保障监察相关材料及配合劳动保障监察的其他工作。

(一)填写相关年检报表

建立劳动用工年检工作制度是人力资源和社会保障行政部门对用人单位遵守劳动法律法规情况进行全面监督检查的一项重要措施,是劳动保障监察执法的一项有效形式。通过开展劳动用工年检工作,变被动接受检查为主动自查,可以督促用人单位自觉遵守劳动法律法规,规范劳动管理,主动纠正违法行为;同时也便于人力资源和社会保障行政部门全面了解用人单位劳动管理状况,对暴露出的问题及时进行处理。因此,劳动用工年检对于人力资源和社会保障行政部门非常重要,用人单位也应该积极配合,认真填写相关年检报表。

用人单位在领取年检报表后,应该在自查的基础上,尽快准确无误地填写年检报表。填写年检报表应该实事求是,既要填写合乎规定的情况,又要填写存在的问题,同时要报告自纠措施。

(二)报送书面材料

报送书面材料是配合年检及其他有关检查的主要工作。劳动用工年检书面材料的内容主要是用人单位遵守劳动法律法规的情况,重点是用人单位制定劳动管理规章制度的情况、使用劳动者签订和履行劳动合同的情况、遵守最低工资和工资支付规定的情况、遵守工作时间和休息休假规定的情况以及遵守社会保险规定的情况。其他有关检查所需书面材料的内容则根据具体要求确定,这可能是某个具体方面(如工资标准),也可能包括多项标准。

(三)配合劳动保障监察报送相关材料

劳动保障监察需要报送的材料一般包括以下内容:①用人单位制定直接涉及劳动者切身利益的规章制度及其执行的情况;②用人单位与劳动者订立和解除劳动合同的情况;③用人单位遵守禁止使用童工规定的情况;④用人单位遵守女职工和未成年工特殊劳动保护规定的情况;⑤用人单位遵守工作时间和休息休假规

定的情况；⑥用人单位支付劳动者工资和执行最低工资标准的情况；⑦用人单位参加各项社会保险和缴纳社会保险费的情况。

如果是职业介绍机构、职业技能培训机构或职业技能考核鉴定机构，还要报送关于遵守国家有关职业介绍、职业技能培训或职业技能考核鉴定规定的情况的资料；如果涉及劳务派遣，还要报送关于劳务派遣单位和用工单位遵守劳务派遣有关规定的情况。

（四）配合劳动保障监察的其他工作

配合劳动监察的其他工作主要包括为劳动保障监察员进入劳动场所进行检查提供方便；提供有关人员的情况，以便劳动保障监察员就调查、检查事项询问；提供与调查、检查事项相关的文件资料，并作出解释和说明；为劳动保障监察员采取记录、录音、录像、照相或者复制等方式收集有关情况和资料提供便利等。

示例

企业劳动标准实施情况检查表

企业名称					
法定代表人（负责人）		人力资源管理部门负责人		联系电话	
组织建设	劳动管理机构	有□无□	专职劳动管理人员配备		
	劳动关系协调组织	有□无□	劳动关系协调人员		
	管理责任落实情况				
职工基本情况	职工总数		其中外来职工人数		签订劳动合同人数
	落实禁止使用童工和招用无合法证件人员规定情况				
	招用未成年工情况				

续表

工作时间	工作时间和休息休假规定执行情况	
	综合工时制度审批实施情况	
	考勤制度建立情况	
工资社保	工资标准制定情况	
	工资结算支付情况	
	加班超时工资支付情况	
	职工社会保险参保情况	
劳动保护	劳动安全卫生落实情况	
	女职工特殊保护落实情况	
	未成年工特殊保护落实情况	
其他		

第二单元　用人单位劳动标准及其实施

知识要求

一、用人单位劳动标准的概念

用人单位劳动标准是指用人单位以规章制度或集体合同的形式，在国家标准、地方标准、行业标准的基础上，根据用人单位的自身特点和经营管理需要确立的仅适用于用人单位范围内的劳动标准。用人单位劳动标准是劳动关系双方共同遵守的劳动方面的办事规程或行为规则。用人单位劳动标准是国家、行业、地方劳动标准的延伸和细化，是用人单位和劳动者双方或用人单位单方以国家、行业、地方劳动标准为基础，针对本单位实际情况而制定的劳动标准。用人单位劳动标准仅适用于用人单位范围内的全体劳动者。

二、用人单位劳动标准与劳动规章制度、人力资源开发和管理标准之间的关系

用人单位的规章制度是用人单位制定的组织劳动过程和进行劳动管理的规则和制度的总和,也称为内部劳动规则。规章制度内容广泛,涵盖用人单位经营管理的各个方面。劳动规章制度主要包括劳动报酬、工作时间、休息休假、劳动安全卫生、保险福利、职工培训、劳动纪律以及劳动定额管理等直接涉及劳动者切身利益的规章制度。用人单位劳动规章制度的有关具体内容将在本教程第四章详细介绍。用人单位规章制度是用人单位设立劳动标准的重要方式。

用人单位人力资源开发和管理标准是用人单位基于人力资源战略规划和人力资源管理的需要而确立的一系列与企业人力资源规划、开发、管理有关的标准,包括用人单位人力资源的各个方面,内容非常广泛,主要内容包括人力资源规划标准、人力资源配置标准、人力资源开发标准、薪酬福利标准、绩效考核标准、劳动安全卫生标准和劳动关系管理标准等。用人单位人力资源开发和管理标准很大程度上是用人单位基于经营管理自主权,结合事业发展需要而建立的人力资源开发和管理规范,其内容包括用人单位劳动标准,但远比用人单位劳动标准的范围要宽泛得多。用人单位的劳动规章制度也是用人单位人力资源开发和管理标准的构成部分。

用人单位劳动标准与劳动规章制度、人力资源开发和管理标准之间的关系是:用人单位劳动标准可以由规章制度、集体合同、劳动合同确定,因此用人单位劳动标准和用人单位规章制度互有重叠的部分。规章制度中包含部分劳动标准,但并不全是劳动标准。用人单位人力资源开发和管理标准则包括用人单位劳动规章制度和部分以规章制度形式确立的用人单位劳动标准,因为用人单位以集体合同形式确立的用人单位劳动标准不包括在用人单位人力资源开发和管理标准之内。

 **技能要求**

一、用人单位实施劳动标准的流程

（一）确立企业战略和目标

企业战略描述了企业的发展目标，是企业行动的向导，引领企业制定劳动标准的方向。而劳动标准实质上是企业战略顺利实施、目标得以实现的重要工具。企业战略是随着企业所处的发展阶段的不同而变化的，在企业不同的发展阶段，需要制定与之相适应的劳动标准。因此，在制定和实施企业的劳动标准之前，要首先明确目前企业的战略和目标，为制定和实施劳动标准确立核心思想。

（二）贯彻执行上级劳动标准

由于法律法规的约束，企业在实施本单位劳动标准前，要首先保证已经全面实施了国家和地方制定的基本劳动标准，贯彻执行了国家标准和行业、地方标准。否则，企业很容易面临法律风险。

（三）制定和实施本单位劳动标准

企业处于市场微观范畴，面对的是各种纷繁琐碎的工作，不同企业的具体情况也存在很大差异，因此在贯彻国家、行业、地方劳动标准的基础上，要结合实际制定并执行本单位劳动标准，使劳动标准更具有可操作性。

二、确定用人单位应当实施的劳动标准范围的考虑因素

（一）劳动标准的适用范围

劳动标准具有不同分级，用人单位在贯彻时要注意该劳动标准适用的空间范围。同时不同行业有不同的行业劳动标准，用人单位在贯彻时还要注意该劳动标准适用的行业范围。

（二）劳动标准的实施方式

按照强制执行效力进行划分，劳动标准可以划分为强制性劳动标准、指导性劳动标准和约束性劳动标准。对于指导性劳动标准，用人单位可以选择不执行，只要参考即可，但是强制性劳动

标准是指国家和地方制定的劳动法律法规和其他规范性文件中规定的劳动标准，具有强制性和普遍适用性，对所有符合要求的用人单位都是有法律约束力的。

 **延伸阅读**

制定企业薪酬福利标准

薪酬福利标准包括工资制度方案、报酬待遇管理规定、中高层管理人员薪酬管理制度、新员工工资核准办法、奖金管理制度、福利制度等，其核心是薪酬设计的原则和方法。

一、薪酬设计的原则

1. 战略导向原则。设计薪酬时，从企业战略的角度进行分析，制定的薪酬政策和制度体现企业发展战略的要求。

2. 经济性原则。设计薪酬时，充分考虑企业自身发展的特点和支付能力。它包括两个方面的含义：从短期来看，企业的销售收入扣除各项非人工（人力资源）费用和成本后，要能够支付企业所有员工的薪酬；从长期来看，企业在支付所有员工的薪酬及补偿所用非人工费用和成本后，要有盈余。

3. 体现员工价值原则。设计薪酬时，充分体现员工的价值，使员工的发展与企业的发展充分协调起来，保持员工创造与员工待遇之间短期和长期的平衡。

4. 激励作用原则。设计薪酬时，充分考虑薪酬的激励作用，即薪酬的激励效果。

5. 相对公平（内部一致性）原则。该原则强调企业在设计薪酬时要一碗水端平。它包括几个方面的含义：一是横向公平，即企业所有员工之间的薪酬标准、尺度应该是一致的；二是纵向公平，即企业设计薪酬时必须考虑到历史的延续性，一个员工过去的投入产出比和现在乃至将来都应该基本上是一致的，而且还应该是有所增长的；三是相对外部公平，即企业的薪酬设计与同行业的同类人才相比具有一致性。

6. 外部竞争性原则。外部竞争性原则强调企业在设计薪酬时必须考虑同行业薪酬市场的薪酬水平和竞争对手的薪酬水平，保证企业的薪酬水平在市场上具有一定的竞争力，能充分地吸引和留住企业发展所需的战略性、关键性人才。

二、薪酬设计的方法

1. 提供有竞争力的薪酬。为员工提供有竞争力的薪酬，使他们珍惜这份工作，竭尽全力，把自己的本领都使出来。一个结构合理、管理良好的绩效付酬制度，应能留住优秀的员工，淘汰表现较差的员工，即使这要求公司付出可观的成本。

2. 重视内在报酬。内在报酬是和外在报酬相对而言的，它是基于工作任务本身的报酬，如对工作的胜任感、成就感、责任感、受重视、有影响力、个人成长和富有价值的贡献等。企业可以通过工作制度、员工影响力、人力资本流动政策来实行内在报酬，让员工从工作本身中得到最大的满足。这样，企业减少了对良好的薪酬制度的依赖，转而使员工更多地依靠内在激励，也使企业从仅靠金钱激励员工和加薪再加薪的循环中摆脱出来。

3. 实行基于技能的工资。基于个人或技能的评估制度以员工的能力为基础确定其薪酬，工资标准按技能从低到高划分出不同级别。基于技能的制度能在调换岗位和引入新技术方面带来较大的灵活性，当员工证明自己能够胜任更高一级工作时，他们所获的报酬也会相应提高。

4. 参与报酬制度的设计与管理。让员工参与报酬制度的设计与管理非常令人满意且能长期有效。参与报酬制度的设计与管理是在报酬的激励作用减弱时能够恢复其作用的一种重要方式，员工在报酬制度设计与管理方面的更多参与无疑有助于建立更适合员工需要和更符合实际的报酬制度。

 **相关法律法规**

1. 《中华人民共和国劳动法》
2. 《最低工资规定》
3. 《劳动保障监察条例》
4. 《国务院关于职工工作时间的规定》
5. 《关于企业实行不定时工作制和综合计算工时工作制的审批办法》
6. 《全国年节及纪念日放假办法》
7. 《职工带薪年休假条例》
8. 《女职工劳动保护特别规定》
9. 《未成年工特殊保护规定》
10. 《禁止使用童工规定》
11. 《中华人民共和国社会保险法》
12. 《中华人民共和国劳动合同法》
13. 《集体合同规定》
14. 《关于职工全年月平均工作时间和工资折算问题的通知》
15. 《中华人民共和国安全生产法》
16. 《生产安全事故报告和调查处理条例》

 **复习思考题**

1. 简述劳动标准的概念和分类。
2. 简述不同层级劳动标准的效力。
3. 简述最低工资标准的内容。
4. 简述工作时间和休息休假标准的内容。
5. 简述劳动安全卫生标准的内容。
6. 简述女职工、未成年工特殊劳动保护标准的内容。
7. 简述基本社会保险标准的内容。

8. 简述用人单位实施劳动标准的流程。

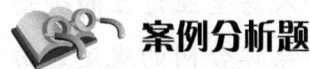

案例分析题

"工间休息"引发的劳动争议

某工业企业有三个生产车间，在职工的反复呼吁下，企业和职工代表经过反复磋商，签订了企业有史以来的第一份集体合同。集体合同主要包含两项内容：一项是工作日的上下午各增加15分钟的工间休息，此休息时间计入工作时间；二是企业职工的工资不得低于1 500元。

后来，企业因生产需要增设一个车间，并新招收了30余名职工，与每名职工都签订了劳动合同，约定月工资1 800元。由于新车间刚成立，职工都是新手，工作任务更显繁重，企业没有给新车间的职工安排工间休息。久而久之，新车间的职工产生了疑惑，为什么别的车间职工可以工间休息，新车间的车间职工却没有呢？

当新车间职工了解到集体合同内容后，向企业提出了工间休息的要求。企业的解释是：不能孤立看待集体合同的条款，集体合同除了约定了工间休息的内容外，还约定了1 500元的工资，新车间的员工工资都超过了1 500元的标准，就是考虑到不再安排工间休息。企业表示，如果新车间职工非要要求工间休息，那只能把每名职工的工资降为1 500元。

新车间的职工对此说法不认可，表示要去申请仲裁解决。

新车间的职工的诉求是合法的，理由如下：

第一，按照《劳动法》的规定，依法签订的集体合同对企业和企业的全体职工具有约束力。因此，集体合同的条款不但适用于老职工，还适用于新职工。新车间的职工虽然没有参与集体协商，但从他们入职第一天开始，就享受集体合同约定的权利，即和其他车间职工一样享受每个工作日上下午各15分钟的工间休息，企业不应该"厚此薄彼"。

第二，按照《劳动法》的规定，职工个人与企业订立的劳动合同中劳动条件和劳动报酬等标准不得低于集体合同的规定。由此可见，集体合同具有确定劳动条件和劳动报酬最低标准的效力，职工个人与企业之间签订的劳动合同中关于劳动条件和劳动报酬的标准不得低于集体合同的规定，但是可以高于集体合同规定的标准。新车间职工的工资为1 800元，高于集体合同规定的1 500元，是完全符合法律规定的。

按照集体合同的规定，新车间职工应当享受工间休息，工间休息不能作为降薪的理由，即工间休息不能置换为劳动报酬的一部分，企业应当无条件满足新车间职工提出的享受工间休息的要求。

请思考：用人单位在制定劳动标准时应注意哪些问题？

第二章 劳动合同管理

学习目标

1. 了解员工背景调查的意义和实施，了解劳动合同订立的原则。

2. 掌握劳动合同的法定条款和约定条款，熟悉劳动合同专项协议的内容。

3. 了解劳动合同履行的标准和劳动合同变更的常见原因，熟悉劳动合同中主要履行事项的要求。

4. 了解协商解除劳动合同的特点，掌握协商解除劳动合同的程序，掌握解除和终止劳动合同经济补偿和赔偿金的计算。

5. 熟悉劳动合同终止的特殊程序。

第一节 劳动合同的订立

知识要求

一、员工背景调查

员工背景调查是指在基本确定录用人选后，签订劳动合同之前，对应聘者与工作和签订劳动合同有关的一些背景信息进行查证核实，目的在于核实应聘者的任职资格以及确认其所提供信息的真实性。

用人单位通过员工背景调查，掌握员工工作履历和情况，了解员工的诚信程度，降低用人单位在资金、商业机密、人员流动等方面的潜在风险，可以避免给用人单位造成不必要的损失，并且为用人单位劳动关系管理提供人才保障方面的资料支持。

二、工作分析在用工管理中的作用

工作分析也称岗位分析、职务分析、职位分析，是对各类职务工作的性质、任务、职责、条件和环境，以及员工承担本岗位工作应该具备的资格、能力进行系统分析，并制定出工作说明书和工作规范等人力资源管理文件的活动。

工作分析在用工管理中发挥着重要作用。科学的工作分析为用人标准的确定、招聘信息的发布、面试工具的选择和设计以及人员配置提供了重要的参考和基础信息，为客观公正的绩效评估体系提供标准和依据，是确定岗位价值、设计薪酬体系的基础，使培训与开发工作更具针对性，为个人职业发展规划提供帮助。用人单位通过工作分析，能明确工作任务和工作职责，建立规范化的工作程序，确定明确的胜任资格和条件，也为员工调动、晋升或降级提供重要依据。这些为劳动关系管理的合法性提供了支撑，也能够促使管理者作出更为客观的决策，提高员工的认同感和工作满意度，从而促进和谐的劳动关系。

三、劳动合同订立的原则

《中华人民共和国劳动合同法》（以下简称《劳动合同法》）第三条第一款规定："订立劳动合同，应当遵循合法、公平、平等自愿、协商一致、诚实信用的原则。"

（一）合法原则

合法原则的含义，既包括劳动合同当事人在订立和履行中必须遵守法律，又包括劳动合同当事人必须遵守社会公德，不得违背社会公德和公序良俗。当然，由于劳动合同主要体现的仍是当事人意思，所以合法主要是指合乎法律中的强行性规范，对于任意性规范劳动合同当事人则可以选择适用。

(二) 平等原则

平等原则是指劳动合同当事人在合同关系中的法律地位平等，用人单位不得将自己的意志强加给劳动者。与民法、合同法相比，劳动合同法的平等是一种实质意义上的平等，而非形式意义上的平等。所谓形式意义上平等，表现在民法、合同法的具体制度设计中，就是给予合同双方当事人一视同仁的保护，力图使两者的均衡态势不被人为的制度设计而打破；相反，劳动合同法的平等原则所追求的则是实质意义上的平等，是基于现实中劳动者与用人单位之间的失衡态势，在劳动合同法中的制度设计往往体现出对弱势方劳动者的偏重保护，尽量从制度上避免用人单位将其意志强加给劳动者。

(三) 自愿原则

自愿原则强调劳动合同的订立与劳动关系的建立取决于双方当事人的合意，是意思自治原则的体现。在我国计划经济时期，劳动关系的确立并不取决于劳动者和用人单位的合意，而取决于行政指令。在经济体制市场化改革过程中，随着劳动合同制度的全面推行，劳动关系的确立多取决于劳动者与用人单位的合意。自愿原则以承认合同当事人的独立人格、意思自由为前提。实行劳动合同制，意味着确认劳动者对其劳动力享有所有权，用人单位享有用人自主权。

四、劳动合同的法定条款

劳动合同的法定条款，又称必备条款，是指法律规定的劳动合同中必须具备的条款。我国《劳动法》和《劳动合同法》对法定条款都作了详细规定，但两者有关劳动合同条款的规定并不完全相同（见表2-1）。根据后法优于前法的原则，目前以《劳动合同法》规定的法定条款为准。

表 2-1 《劳动法》与《劳动合同法》有关劳动合同条款的规定比较

《劳动法》第十九条	《劳动合同法》第十七条
劳动合同应当以书面形式订立，并具备以下条款： （一）劳动合同期限； （二）工作内容； （三）劳动保护和劳动条件； （四）劳动报酬； （五）劳动纪律； （六）劳动合同终止的条件； （七）违反劳动合同的责任。 劳动合同除前款规定的必备条款外，当事人可以协商约定其他内容。	劳动合同应当具备以下条款： （一）用人单位的名称、住所和法定代表人或者主要负责人； （二）劳动者的姓名、住址和居民身份证或者其他有效身份证件号码； （三）劳动合同期限； （四）工作内容和工作地点； （五）工作时间和休息休假； （六）劳动报酬； （七）社会保险； （八）劳动保护、劳动条件和职业危害防护； （九）法律、法规规定应当纳入劳动合同的其他事项。 劳动合同除前款规定的必备条款外，用人单位与劳动者可以约定试用期、培训、保守秘密、补充保险和福利待遇等其他事项。

（一）用人单位基本信息

为了明确劳动合同中用人单位一方的主体资格，确定劳动合同当事人，法律规定劳动合同中必须具备用人单位的基本信息。这些基本信息包括用人单位的名称、住所和法定代表人或者主要负责人。其中，用人单位的名称必须准确，不得使用简称，须与营业执照或登记证书的名称一致。

（二）劳动者基本信息

为了明确劳动合同中劳动者一方的主体资格，确定劳动合同当事人，法律规定劳动合同中必须具备劳动者的基本信息。这些基本信息包括劳动者的姓名、住址和居民身份证或者其他有效身份证件号码。

在实践中，为了简练地表述劳动合同的内容，劳动合同条款通常以"甲方""乙方"来指代劳动合同的当事人。一般情况下，

"甲方"指代用人单位,"乙方"指代劳动者。事实上,法律并未对劳动合同当事人谁应当是"甲方"、谁应当是"乙方"作出专门规定,但需要注意的是,劳动合同所有条款中"甲方"和"乙方"所指的对象应当前后一致,避免出现混淆。

(三) 劳动合同期限

劳动合同期限是劳动合同当事人享有权利、履行义务的时间界限,是劳动合同起始到终止的时段。劳动合同的期限分为固定期限、无固定期限和以完成一定工作任务为期限。

固定期限合同是指用人单位与劳动者约定合同终止时间的劳动合同。签订固定期限劳动合同,劳动合同的履行有明确的起点和终点。

无固定期限劳动合同是指用人单位与劳动者约定无确定终止时间的劳动合同。相比固定期限劳动合同而言,无固定期限劳动合同的履行有明确的起点,但是没有明确的终点。

以完成一定工作任务为期限的劳动合同是指用人单位与劳动者约定以某项工作的完成为合同期限的劳动合同。这种劳动合同与固定期限劳动合同的区别在于,固定期限劳动合同的有效期限是明确、具体的,而以完成一定工作任务为期限的劳动合同的有效期限则是相对的,一般以某项工作任务的进行期间为合同的相对有效期限。

(四) 工作内容和工作地点

工作内容主要包括劳动者的工种和岗位以及该工作岗位应当完成的工作任务。工作内容是劳动合同的核心条款之一,它是用人单位使用劳动者的目的,也是劳动者通过自己劳动取得劳动报酬的原因,因此是必不可少的。

工作地点是劳动合同的履行地,是劳动者从事劳动合同中所规定的工作内容的地点,它关系到劳动者的工作环境、生活环境以及劳动者的就业选择。劳动者有权在与用人单位建立劳动关系时知悉自己的工作地点。因此工作地点也是劳动合同必不可少的内容。

（五）工作时间和休息休假

工作时间是指法律规定劳动者必须用来完成生产工作任务的时间；休息休假是指劳动者可以自由支配的时间。我国目前的标准工作时间是每日工作 8 小时，每周工作 40 小时，另外对于不能实行标准工作时间的岗位，用人单位可实施不定时工作制和综合计算工时工作制，但需报人力资源和社会保障行政部门批准。国家规定了法定休假日，用人单位还可以根据实际情况自行增加假期。由于工作时间和休息休假比较复杂，劳动合同中可以只作原则性规定，具体内容由用人单位劳动规章制度加以规定。

（六）劳动报酬

劳动报酬是劳动者付出劳动后的所得，包括但不限于工资。需要指出的是，劳动合同中关于劳动报酬的约定必须明确，如果约定不明，《劳动合同法》第十八条规定："劳动合同对劳动报酬和劳动条件等标准约定不明确，引发争议的，用人单位与劳动者可以重新协商；协商不成的，适用集体合同规定；没有集体合同或者集体合同未规定劳动报酬的，实行同工同酬；没有集体合同或者集体合同未规定劳动条件等标准的，适用国家有关规定。"

（七）社会保险

社会保险是国家通过立法建立的一种社会保障制度，目的是使劳动者在市场经济条件下因年老、患病、工伤、失业、生育等原因，丧失劳动能力或者中断就业，本人和家属失去工资收入时，能够从国家和社会获得物质帮助。社会保险由国家成立的专门性机构进行资金的筹集、管理和发放。我国职工社会保险具有强制性，即在职的职工必须参加养老保险、医疗保险、失业保险、工伤保险和生育保险，劳动合同当事人无法作出逾越社会保险法律制度的约定，用人单位按照当地规定参保即可。

（八）劳动保护、劳动条件和职业危害防护

劳动保护是指用人单位为防止劳动过程中的事故，减少职业危害，保障劳动者的生命安全和身体健康而采取的各种措施。在工作中，劳动者往往身处各种不安全、不卫生的环境中，如果不采取措施加以保护，将会发生工伤事故或者职业病。如劳动者在矿井下工作有可能发生矿难事故，劳动者长期在粉尘环境中作业可能患尘肺病等。为了保障劳动者的身体健康和生命安全，通过劳动合同约定强化用人单位应当向劳动者提供的劳动保护义务。

劳动条件是指用人单位为保障劳动者履行劳动义务、完成工作任务而提供的必要的物质技术条件，如必要的工作场所、工具、设备、仪器和技术资料等。

职业危害是指劳动者在职业活动中，因接触职业性有害因素（噪声、有毒有害物质等）而对生命健康所引起的危害。我国《职业病防治法》第三十三条规定，用人单位与劳动者订立劳动合同时，应当将工作过程中可能产生的职业病危害及其后果、职业病防护措施和待遇等如实告知劳动者，并在劳动合同中写明，不得隐瞒或者欺骗。

（九）法律、法规规定应当纳入劳动合同的其他事项

如《劳动法》规定的"违反劳动合同的责任"条款，这是指在劳动合同履行过程中，当事人一方故意或过失违反劳动合同，致使劳动合同不能正常履行，给对方造成经济上的损失而应承担的法律后果。需要指出的是，这里违反劳动合同的责任不能等同于"违约责任"，违约责任属于约定条款。违反劳动合同的责任，对于用人单位而言，提前解除劳动合同除按照规定支付经济补偿外，给劳动者造成损失的，应当承担赔偿责任。对于劳动者而言，劳动者违反法律规定的条件解除劳动合同，对用人单位造成损失的，应当依法承担赔偿责任。因此，当事人在劳动合同中约定违反劳动合同的责任，应当符合法律的基本精神和原则，公平合理。

五、劳动合同的约定条款

劳动合同的约定条款是指劳动者和用人单位在法律规定的必备条款之外，根据双方具体情况，经过协商认为需要约定补充的条款。

《劳动合同法》第十七条第二款规定："劳动合同除前款规定的必备条款外，用人单位与劳动者可以约定试用期、培训、保守

秘密、补充保险和福利待遇等其他事项。"约定条款的存在与否并不影响劳动合同的效力，但这也并不意味着条款可以随意约定。常见的约定条款有试用期条款、服务期条款、竞业限制条款等，如果劳动合同中要约定这些条款，也要遵守法律的相关规定。

试用期是指包含在劳动合同期限内的，劳动关系处于不稳定状态，用人单位对劳动者是否合格进行考核，同时劳动者对用人单位是否适合自己也进行了解的期限。试用期包含在劳动合同期限内。劳动合同仅约定试用期的，试用期不成立，该期限为劳动合同期限。不同种类和期限劳动合同的试用期见表2-2。

表2-2　　　　　　　　　　劳动合同的试用期

劳动合同种类和期限		试用期
固定期限劳动合同	合同期限不满三个月	不得约定试用期
	合同期限三个月以上不满一年	试用期不超过一个月
	合同期限一年以上不满三年	试用期不超过二个月
	合同期限三年以上	试用期不超过六个月
无固定期限劳动合同		试用期不超过六个月
以完成一定工作任务为期限的劳动合同		不得约定试用期

除试用期条款以外，劳动合同还可以约定培训服务期、保密事项、竞业限制以及其他事项，当然这些内容也可以通过专项协议的方式进行约定。

六、劳动合同专项协议的内容

劳动关系双方除订立劳动合同以外，也可以就劳动合同未涉及但仍需约定的情况订立更为详尽的专项协议。专项协议仅为劳动合同的补充，不能替代劳动合同。常见的专项协议有培训服务期协议、保密协议和竞业限制协议。

（一）培训服务期协议

1. 约定培训服务期协议的前提

服务期是指用人单位与劳动者在劳动合同签订之时或劳动合同履行过程中，用人单位出资对劳动者进行培训后，经双方协商一致的一个服务期限。《劳动合同法》第二十二条第一款规定："用人单位为劳动者提供专项培训费用，对其进行专业技术培训的，可以与该劳动者订立协议，约定服务期。"值得注意的是，我国《劳动合同法》将用人单位出资对劳动者进行专业技术培训设定为可以约定服务期的唯一前提，也就是说，除此以外，用人单位不可以再以别的理由和劳动者约定服务期，从而避免用人单位利用自身优势地位限制人力资源的合理流动。

2. 劳动者违反服务期协议的后果

为劳动者提供专项培训并非用人单位的法定义务，因此用人单位出资为劳动者提供专项培训，为了保护自己的合法权益，要求劳动者履行一定的服务期，法律并不禁止。如果劳动者违反了服务期的约定，就要支付相应的违约金。对于违约金的计算，《劳动合同法》第二十二条第二款规定："劳动者违反服务期约定的，应当按照约定向用人单位支付违约金。违约金的数额不得超过用人单位提供的培训费用。用人单位要求劳动者支付的违约金不得超过服务期尚未履行部分所应分摊的培训费用。"同时，《中华人民共和国劳动合同法实施条例》（以下简称《劳动合同法实施条例》）第十六条进一步规定："劳动合同法第二十二条第二款规定的培训费用，包括用人单位为了对劳动者进行专业技术培训而支付的有凭证的培训费用、培训期间的差旅费用以及因培训产生的用于该劳动者的其他直接费用。"

3. 服务期协议和劳动合同期限的关系

在实践中，如果服务期短于劳动合同期限，通常不会引发纠纷，但是如果服务期长于劳动合同期限，往往就会产生歧义，为此《劳动合同法实施条例》第十七条规定："劳动合同期满，但是用人单位与劳动者依照劳动合同法第二十二条的规定约定的服务期尚未到期的，劳动合同应当续延至服务期满；双方另有约定的，从其约定。"

（二）保密协议

保密协议是指用人单位与劳动者之间就保守用人单位的商业

秘密和与知识产权相关的保密事项所达成的协议。

商业秘密是指不为公众所知悉，能为权利人带来经济利益，具有实用性并经权利人采取保密措施的技术信息和经营信息。与知识产权相关的保密事项，是指那些尚未纳入知识产权法保护范围，又不构成商业秘密，但对用人单位仍具有一定保密价值的事项或信息。

是否签订保密协议往往是用人单位根据本单位的具体情况以及劳动者所在岗位的特点决定的。保密协议中可以约定如下主要事项：①保密义务人，即应当限于由于职务或工作原因而知悉用人单位商业秘密和与知识产权相关的保密事项的劳动者，一般情况下，用人单位只应当要求涉密岗位的劳动者承担保密义务；②保密内容和范围，在立法中，对商业秘密和与知识产权相关的保密事项的内容和范围缺少明确规定，故在实践中只能由当事人约定；③保密措施，包括劳动关系存续期间的兼职限制、脱密措施以及劳动关系解除或终止后的竞业限制等；④违反保密义务的责任，包括赔偿损失、竞业限制违约金等。

（三）竞业限制协议

竞业限制是指用人单位与劳动者约定，限制劳动者在离职后一定期限内不得在生产同类产品、经营同类业务或有其他竞争关系的用人单位任职，也不得自己生产与原单位有竞争关系的同类产品或经营同类业务。

1. 订立竞业限制协议的人员范围

《劳动合同法》规定，竞业限制的人员限于用人单位的高级管理人员、高级技术人员和其他负有保密义务的人员。这些人员知悉用人单位的商业秘密，其离职可能会对用人单位造成不利影响，而对于并不知悉用人单位商业秘密的一般员工，则没有约定竞业限制条款的必要。

2. 竞业限制的期限

竞业限制的期限由用人单位和劳动者约定。但是，竞业限制条款毕竟限制的是劳动者再就业的权利，影响了劳动者的生活，因此不宜过长。我国《劳动合同法》将竞业限制的最长期限设定为两年，任何用人单位和劳动者约定的竞业限制都不能超过这个期限。

3. 竞业限制的范围

《劳动合同法》规定竞业限制的范围是"与本单位生产或者经营同类产品、从事同类业务的有竞争关系的其他用人单位"和劳动者"自己开业生产或者经营同类产品、从事同类业务"。需要注意的是，竞业限制条款由于关系到用人单位和劳动者双方的合法权益，所以在范围上应当以劳动者所从事的特定业务为限，不宜扩大至整个行业。

4. 竞业限制的补偿

竞业限制条款是对劳动者再就业权利的限制，劳动者因此会遭受损失，用人单位却因此而获益，所以应当承担补偿的义务。《劳动合同法》规定，用人单位在解除或者终止劳动合同后，在竞业限制期限内应当按月给予劳动者经济补偿。对于经济补偿的具体数额，法律并没有予以明确，由双方协商确定。

《最高人民法院关于审理劳动争议案件适用法律若干问题的解释（四）》第六条规定："当事人在劳动合同或者保密协议中约定了竞业限制，但未约定解除或者终止劳动合同后给予劳动者经济补偿，劳动者履行了竞业限制义务，要求用人单位按照劳动者在劳动合同解除或者终止前十二个月平均工资的30%按月支付经济补偿的，人民法院应予支持。"

5. 劳动者违反竞业限制的责任

《劳动合同法》第二十三条规定，劳动者违反竞业限制约定的，应当按照约定向用人单位支付违约金。同时，《劳动合同法》第九十条还规定，劳动者违反本法规定解除劳动合同，给用人单位造成损失的，应当承担赔偿责任。

6. 用人单位违反竞业限制的责任

（1）用人单位招用违反竞业限制的劳动者。对于用人单位招用违反竞业限制的劳动者是否应当承担责任，法律并没有明确规定。参照《劳动合同法》第九十一条"用人单位招用与其他单位尚未解除或者终止劳动合同的劳动者,给其他用人单位造成损失的,应当承担连带赔偿责任"的规定,用人单位招用违反竞业限制的劳动者,如果给原单位造成损失,也应当承担相应责任。

（2）用人单位不支付竞业限制补偿。用人单位应当在竞业限制期限内按月向劳动者支付经济补偿,如果用人单位违反约定,没有按时足额支付给劳动者竞业限制补偿,则应当向劳动者承担违约责任。

技能要求

一、员工背景调查的实施

用人单位招用劳动者时,应当如实告知劳动者工作内容、工作条件、工作地点、职业危害、安全生产状况、劳动报酬,以及劳动者要求了解的其他情况;同时用人单位有权了解劳动者与劳动合同直接相关的基本情况,劳动者应当如实说明。

（一）员工背景调查的渠道

用人单位应当合理运用知情权对劳动者进行背景调查,调查的渠道主要有五种:①通过公安部门、街道办事处、居委会等机构查询核实求职者的身份信息;②通过教育部门、学校查询核实求职者的学历信息;③通过求职者以前的工作单位了解核实求职者的工作表现、离职原因等;④通过医疗机构进行录用前体检,了解求职者的健康状况;⑤对于关键岗位,必要时可以委托专业机构完成背景调查。

（二）员工背景调查的内容

1. 劳动者的身份、学历、资格、工作经历等信息是否真实

如果用人单位在招聘时,对应聘人员的身份、学历、资格、工作经历等审查不严,而应聘人员的相关信息有弄虚作假情形的,对导致应聘人员无法胜任其工作,虽然用人单位可以与其解除劳动合同,但也会大大增加用人单位的管理成本。

2. 劳动者是否存在潜在的疾病、职业病等

　　劳动者在职期间患病，应享受相应的医疗期，在此期间停止工作，用人单位不得随意解除劳动合同；劳动者如果患职业病，除非新用人单位有证据证明此职业病是先前用人单位的职业危害造成的，由先前用人单位承担责任外，新的用人单位就应当承担责任。由此可见，对于用人单位而言，入职前的健康体检非常重要，如果用人单位忽略健康体检，招用身体不合格的员工，就有可能付出较大的成本。

3. 劳动者是否年满 16 周岁

　　禁止使用童工是国际社会的普遍做法，我国也明确规定，禁止用人单位录用未满 16 周岁的未成年人。如果用人单位录用童工，除了要接受人力资源和社会保障行政部门罚款的行政处罚外，童工患病或受伤的，用人单位还应当负责送到医疗机构治疗，并负担治疗期间的全部医疗和生活费用。强迫童工劳动、童工伤残或死亡的，用人单位除了承担民事赔偿责任外，还有可能承担刑事责任。

4. 劳动者是否与其他用人单位签订有未到期劳动合同

　　为了防止招用尚未与其他用人单位解除劳动关系的劳动者，导致对原用人单位造成经济损失从而承担赔偿责任，用人单位在招聘时，除新参加工作的劳动者外，一定要查验劳动者与原单位解除或终止劳动关系的证明，以及其他能够证明该劳动者与任何用人单位不存在劳动关系的证明，才可以与其签订劳动合同。用人单位只有严格执行此项措施，才能有效地避免招用未解除劳动关系的劳动者及因此而承担连带责任的情况。

5. 劳动者是否与其他用人单位签订有竞业限制协议

　　对于一些知识型、技术型或者从事高级管理岗位工作以及掌握一定商业秘密的员工，原用人单位通常会与其签订竞业限制协议，或者在劳动合同中约定竞业限制条款。用人单位在招用此类员工时，应当对其是否与其他用人单位签订有竞业限制协议进行审查，确认拟招用的劳动者不履行竞业限制义务时，才可以与其

签订劳动合同。审查确认的方法包括审阅劳动者与原单位签订的劳动合同，或者向原单位致电、致函查询。

6. 外籍劳动者是否得到了就业许可

用人单位聘用外国人，须为该外国人申请就业许可，经获准并取得《中华人民共和国外国人就业许可证书》后方可聘用。如果用人单位没有按照要求办好有关手续就擅自招用外国人就业，就属于非法就业。

员工背景调查的内容详见表2-3。

表2-3　　　用人单位对应聘人员调查事项一览表

序号	审查内容	可能导致的风险	应对措施
1	学历、工作经历等信息是否真实	招聘失败	查验相关证书，让应聘人员签订承诺书
2	是否存在潜在的疾病	解除劳动合同受限制	入职健康检查
3	年龄是否达到16周岁	行政处罚、刑事责任	查验身份
4	是否与其他用人单位仍存在劳动关系	承担连带赔偿责任	查验与其他用人单位解除或终止劳动关系的证明
5	是否对其他单位负有竞业限制义务	承担赔偿责任	向原单位查验，让应聘人员签订承诺书
6	外国人是否有就业许可	非法用工，劳动合同无效	查验相关证书

案例

员工入职提交虚假身份信息，发生工伤谁负责？

A公司是一家生产型企业，某日，员工张某入职，A公司与其签订了劳动合同，并为其缴纳了社会保险费。入职两个月后的某日，张某在工作场所摔倒造成骨折，A公司立即送张某就医，并为其申请了工伤认定。后来，A 公司在为张某办理工伤赔偿的过程中被告知，张某的个人信息与社会缴费信息不符，无法获得工伤赔偿。A 公司经调查发现，张某入职时提供的身份证是别人的，因此办理社会保险也是用别人的信息办理的，张某本人并未参加社会保险，因此工伤保险基金拒绝支付张某相关待遇。

员工使用他人的身份证或虚假的身份证明入职，一旦发生工伤事故，即使用人单位为员工缴纳了社会保险，但由于受伤员工的身份与参加社会保险的员工身份不一致，工伤保险基金也不能支付相应的待遇。由于员工发生工伤的客观事实已经存在，因此最后相应的待遇应由用人单位来支付。为了防范此类风险，用人单位在规范用工的同时，还应对员工做好入职审查，确保员工提供真实的信息。

二、岗位说明书的制定

制定岗位说明书的主要方法为工作分析。工作分析一般包括两个步骤，首先将岗位分解为岗位职责，然后进行职责描述。职责是指一项或多项相互联系的任务集合。一般来说，将 1 个岗位分解为 3~8 个岗位职责较为适宜。如果一个岗位的岗位职责数量太多或者太少，则可以采用取消、合并、重排、简化的"四技巧改进法"来进行调整。

一份优秀的岗位说明书应当对以下内容进行清晰的界定：①职责范围，体现了该岗位需要负责的工作内容，通俗地讲，就是"上什么岗位就干什么活"。②任职资格条件，体现了该岗位所要求的知识和能力。通俗地讲，就是"有什么能力上什么岗"。任职资格条件是招聘广告的主要来源和渠道。③考核标准，是绩效考核说明书的主要来源，是对该岗位如何进行考核的说明。④薪酬，体现了该岗位根据考核结果支付薪酬的信息。

三、办理用工备案手续

用人单位应根据当地人力资源和社会保障部门的要求，自与新招用职工签订劳动合同或与职工续订劳动合同之日起 30 日内或劳动合同解除或终止后 7 日内，到人力资源和社会保障部门进行用工备案。单位名称、法定代表人、经济类型、组织机构代码发生变更后30日内应当到当地人力资源和社会保障部门办理劳动用工备案变更手续。需要进行用工备案的员工包括：①签订固定期限劳动合同、无固定期限劳动合同、以完成一定工作任务为期限的劳动合同的员工；②非全日制用工。

第二节 劳动合同的履行和变更

 **知识要求**

一、劳动合同履行的标准

劳动合同的履行是指合同当事人双方履行劳动合同所规定义务的法律行为，即劳动者和用人单位按照劳动合同的要求，共同实现劳动过程和各自合法权益。劳动合同依法订立就必须履行，这既是劳动法赋予合同当事人双方的义务，又是劳动合同对合同当事人双方具有法律约束力的主要表现。

在实践中，经常会出现用人单位所在地与劳动合同履行地不统一的情形。如北京某建筑公司所招录的工人全部都在上海的工地施工，实际履行劳动合同时，北京、上海两地在最低工资、劳动保护、劳动条件等方面都不相同，因此，面临着相应的履行标准的确定问题。

《劳动合同法实施条例》第十四条规定："劳动合同履行地与用人单位注册地不一致的，有关劳动者的最低工资标准、劳动保护、劳动条件、职业危害防护和本地区上年度职工月平均工资标准等事项，按照劳动合同履行地的有关标准执行；用人单位注册地的有关标准高于劳动合同履行地的有关标准，且用人单位与劳动者约定按照用人单位注册地的有关规定执行的，从其约定。"根据该规定，劳动合同履行地与用人单位注册地不一致的，劳动合同履行标准应当按照以下原则来确定：第一，优先适用劳动合同履行地的有关标准；第二，如果用人单位注册地的有关标准高于劳动合同履行地的有关标准，可以适用用人单位注册地的有关标准，即较高的标准。但是，必须是用人单位与劳动者在劳动合同中约定按照用人单位注册地的有关规定执行；如果没有约定的，则依然执行劳动合同履行地的有关标准。

二、劳动合同变更的常见原因

（一）客观条件发生变化

在劳动合同履行过程中，由于客观条件的变化，依法允许劳动合同发生变更。引起劳动合同变更的原因是多方面的。例如，用人单位因转产、劳动组合改变、劳动定额变动、生产设备及生产工艺更新、市场急剧变化引起严重亏损或者发生重大突发事件，都可能引起劳动合同的变更。又如，劳动者掌握了新技术、因病或负伤丧失部分劳动能力、因自身原因要求调换工作岗位或地点等，也能引起劳动合同内容的变更。还有就是国家法律、法规的因素，如最低工资标准发生变化，也可能引起劳动合同的变更。

（二）劳动者和用人单位的合意

即使客观情况并没有发生变化，劳动合同的履行没有受到影响，劳动者和用人单位双方通过协商形成合意，也可以变更劳动合同的内容。

 **技能要求**

一、劳动合同中劳动报酬事项的履行

（一）用人单位应当及时足额支付劳动报酬

《劳动合同法》第三十条规定："用人单位应当按照劳动合同约定和国家规定，向劳动者及时足额支付劳动报酬。用人单位拖欠或者未足额支付劳动报酬的，劳动者可以依法向当地人民法院申请支付令，人民法院应当依法发出支付令。"对于非全日制劳动者而言，《劳动合同法》第七十二条第二款规定："非全日制用工劳动报酬结算支付周期最长不得超过十五日。"

所谓劳动报酬及时足额支付,是指劳动报酬的支付严格依照劳动合同约定和国家规定的时间、方式、数额支付。与此对应的,未在劳动合同约定和国家规定的时间内支付劳动报酬,即为拖欠;支付数额少于劳动合同约定和国家规定所要求的数额,即为未足额发放。

还应当注意的是,用人单位不得随意扣发劳动者的工资。有些用人单位通常将随意扣发工资作为处理劳动者的一种手段,这种手段应当慎用。如果用人单位没有正当理由不支付或者未足额支付劳动报酬的,则构成无故"克扣"和"拖欠"劳动者工资的行为,依法应当承担相应的责任。

(二)用人单位欠薪,劳动者可以申请支付令

用人单位拖欠或者未足额发放劳动报酬的,劳动者可以依法向当地人民法院申请支付令,人民法院应当依法发出支付令。支付令是民事诉讼法中的概念,是人民法院根据债权人的申请,向债务人发出限期履行给付金钱或有价证券的法律文书。它属于民事诉讼中的督促程序,存在于起诉之前,是一种快捷和低成本的法律救济方式。债权人对于拒不履行义务的债务人,可以直接向有管辖权的基层人民法院申请支付令,通知债务人履行债务。债务人在收到支付令之日起15日内不提出异议又不履行支付令的,债权人可以直接向人民法院申请强制执行。

《劳动合同法》将支付令制度引入欠薪规定中,赋予劳动者快捷进入司法救济程序的途径。根据我国民事诉讼法的有关规定,具体包括以下步骤:

1. 用人单位拖欠或者未足额发放劳动报酬的,劳动者与用人单位之间没有其他债务纠纷且支付令能够送达用人单位的,劳动者可以向有管辖权的基层人民法院申请支付令。

2. 劳动者提出申请后,人民法院应当在5日内通知其是否受理;人民法院受理申请后,经审查劳动者提供的事实和证据,对工资债权债务关系明确、合法的,应当在受理之日起15日内向用人单位发出支付令;人民法院经审查认为劳动者的申请不成立的,

可以裁定予以驳回。

3. 用人单位应当自收到支付令之日起 15 日内清偿债务，或者向人民法院提出书面异议；用人单位在规定的期间内不提出异议又不履行支付令的，劳动者可以向人民法院申请强制执行。

4. 人民法院收到用人单位提出的书面异议后，应当裁定终结支付令这一督促程序，支付令自行失效，劳动者可以依法申请劳动争议调解、仲裁和诉讼。

需要注意的是，申请支付令不需要经过法院的审理程序，所以更快速便捷。这种程序引入欠薪案件中，增加了劳动者实现工资权益的司法救济途径，不过也仅限于用人单位在接到支付令之日起 15 日内不向法院提出书面异议的情形。用人单位对欠薪事实没有异议，但对支付能力、支付方式、支付期限提出不同意见的，不影响支付令的效力。若人民法院裁定终结督促程序，支付令自行失效，劳动者可以提起诉讼。

二、劳动合同中劳动定额标准事项的履行

《劳动合同法》第三十一条规定："用人单位应当严格执行劳动定额标准，不得强迫或者变相强迫劳动者加班。用人单位安排加班的，应当按照国家有关规定向劳动者支付加班费。"

根据本条规定，用人单位应当严格执行劳动定额标准，不得强迫或者变相强迫劳动者加班。如果用人单位劳动定额标准过高，正常情况下劳动者无法在 8 小时的工作时间内完成的，用人单位应当调整劳动定额，否则即是单方面强迫劳动者加班。

在实践中，用人单位变相强迫劳动者加班主要表现为通过制定不合理、不科学的劳动定额标准，使得该单位大部分劳动者在 8 小时的标准工作时间内不可能完成生产任务；而劳动者为了完成生产任务，获得足以维持其基本生活的劳动报酬，则不得不在标准工作时间以外延长工作时间，从而被迫加班。针对上述现象，《劳动合同法》才强调用人单位应当严格执行劳动标准。

用人单位有权自主确定实行计件工资制的劳动者的劳动定额和计件劳动报酬标准，但其制定的劳动定额或者计件报酬标准应

当遵循科学合理的原则。劳动定额、计件报酬标准确定后应当保持稳定，用人单位可以根据生产经营的需要予以适当调整，但是同样应当以大多数劳动者可以在法定工作时间内完成的实际数额为限度，不得随意调整。在此基础上科学合理地制定的劳动定额标准，用人单位应当严格予以执行。

另外，根据《劳动合同法》第四条的规定，用人单位在制定、修改或者决定劳动定额标准管理制度时，应当经职工代表大会或者全体职工讨论，提出方案和意见，与工会或者职工代表平等协商确定。在劳动定额标准的实施过程中，工会或者职工认为用人单位劳动定额标准不适当的，有权向用人单位提出，通过协商作出修订完善。

三、劳动合同中劳动保护事项的履行

用人单位应当保护劳动者的生命安全和身体健康。《劳动合同法》第三十二条规定："劳动者拒绝用人单位管理人员违章指挥、强令冒险作业的，不视为违反劳动合同。劳动者对危害生命安全和身体健康的劳动条件，有权对用人单位提出批评、检举和控告。"

本条是关于安全生产的规定。用人单位有义务为劳动者提供劳动安全卫生条件。劳动安全条件是指保护劳动者在劳动过程中免遭职业危害因素的急性伤害的劳动条件；劳动卫生条件是指保护劳动者在劳动过程中免遭职业危害因素的慢性伤害的劳动条件。

现实中，有些用人单位为了追求经济效益，忽视安全生产，甚至强令劳动者违章冒险作业，严重危及劳动者的生命安全和身体健康。用人单位强令劳动者违章冒险作业，指用人单位的管理人员明知违反国家安全卫生规程，对劳动者的生命安全和身体健康具有危险性，仍然违章指挥、强令劳动者违反有关操作规程进行冒险作业。劳动者在劳动过程中，劳动权仍属于劳动者自己，所以在用人单位管理人员违章指挥、强令冒险作业时，劳动者可以不服从其指挥命令，有权拒绝执行。这是劳动安全卫生权利受到侵害、生命健康权受到威胁时，法律赋予劳动者的紧急处置权。

第三节　劳动合同的解除、终止和续订

第一单元　劳动合同的解除

知识要求

一、协商解除劳动合同的特点

《劳动法》第二十四条规定："经劳动合同当事人协商一致，劳动合同可以解除。"《劳动合同法》第三十六条规定："用人单位与劳动者协商一致，可以解除劳动合同。"这两条规定的意思是相同的，即劳动合同可以在协商一致的情况下解除。从法律规定来看，并没有严格的限制条件，只需要当事人的合意。从实践中看，协商解除劳动合同具有以下三个特点。

（一）双方当事人可以平等地提出解除动议

劳动者和用人单位享有平等的解除劳动合同请求权。任何一方都可以主动向对方提出解除劳动合同的动议。当然不同当事人提出动议的法律后果还是有区别的。

（二）必须基于平等自愿、协商一致的原则

协商解除劳动合同，必须在平等自愿的基础上协商一致，一方不可以将自己的意志强加给另一方。对于提出解除动议的一方来说，在另一方没有同意之前，劳动合同是无法解除的。

（三）协商解除没有严格的限制条件

协商解除劳动合同并没有严格的限制条件，只要不违反法律法规的规定，不损害他人合法权益，劳动者和用人单位就可以协商解除劳动合同。

二、协商解除劳动合同的程序

协商一致解除劳动合同是劳动合同解除的常见形式，由于双方当事人能够就解除劳动合同达成一致意见，通常不易发生纠纷。

但是，双方就解除劳动合同协商一致，可能是用人单位首先提出动议，也可能是劳动者首先提出动议，而这两种方式产生的法律后果是不一样的，因此必须加以区分。

按照现行法律规定，用人单位向劳动者提出解除劳动合同并与劳动者协商一致解除劳动合同的，用人单位需要按照法律规定向劳动者支付解除劳动合同的经济补偿。而如果是劳动者首先提出动议，与用人单位协商一致解除劳动合同，用人单位则无需向劳动者支付经济补偿。由于法律后果差异巨大，因此通过协商一致解除劳动合同时，应明确究竟由哪一方首先提出动议，并保留好相关证据，或者在解除劳动合同的协议中予以明确，避免产生纠纷。

具体而言，协商解除劳动合同的程序包括：

1. 有解除劳动合同意向的一方向对方发出解除劳动合同的意向书。虽然法律并没有明确规定解除劳动合同的意向书必须采用书面形式，但是如果没有其他证据的话，解除劳动合同意向书就成为证明哪一方首先提出解除劳动合同的证据。

2. 接受解除劳动合同动议的一方及时作出反馈，双方就解除劳动合同事项协商一致，签订解除劳动合同协议书。解除劳动合同协议书也不属于法律规定的必备条件，但在管理实践中却有着非常重要的意义，它将双方约定事项记载下来，起到了定纷止争的作用。

3. 用人单位为劳动者办理解除劳动合同的手续，向劳动者出具解除劳动合同证明书。如果需要支付经济补偿的话，用人单位应在办理工作交接时向劳动者支付。用人单位还应当在协商解除劳动合同后15日内为劳动者办理档案和社会保险转移手续。

技能要求

一、避免协商解除劳动合同纠纷的措施

（一）优先采用协商解除方式

由于法律对协商解除劳动合同的限制较少，解除程序方面也无硬性规定，因此，在法定解除理由不充分的情况下，用人单位可以尽量采用协商的方式与劳动者解除劳动合同。

（二）尽量签订书面协议

用人单位和劳动者协商解除劳动合同，尽量签订书面的解除劳动合同协议，避免出现一方反悔的情况。解除劳动合同的协议，应当明确规定解除时间、工作交接、经济补偿的数额和支付方式等内容。

（三）平等诚信、避免欺诈

用人单位和劳动者协商解除劳动合同时，应当遵循平等自愿、诚实守信的原则，避免采用欺诈或胁迫手段，否则签订的解除协议是无效的。

二、解除劳动合同的经济补偿

解除劳动合同的经济补偿是按照法律的规定，在法定情况下解除劳动合同时，由用人单位依法支付给劳动者的经济补助。经济补偿一般以货币的形式支付给劳动者。

（一）用人单位应当支付经济补偿的情形

按照法律规定，并非任何情况下解除劳动合同用人单位都应支付经济补偿，是否支付见表2-4。因此，区分劳动合同解除的方式和原因对于确定用人单位是否支付经济补偿非常关键。

表2-4　　解除劳动合同是否支付经济补偿一览表

解除劳动合同方式	解除劳动合同理由	是否有经济补偿
协商解除	劳动者提出动议	无
	用人单位提出动议	有
劳动者单方解除	提前30天通知解除	无
	在试用期内解除	无
	因用人单位违法行为而解除	有
用人单位单方解除	即时解除（过失性解除）	无
	预告解除（非过失性解除）	有
	经济性裁员	有

(二) 经济补偿的计算

1. 工作年限的计算

劳动者在用人单位的工作年限是计算经济补偿的必不可少的要件。劳动者在本单位的工作年限,应当从劳动者向该单位提供劳动之日起计算。如果由于各种原因,用人单位与劳动者未及时签订劳动合同的,不影响工作年限的计算。

2. 经济补偿的计算标准

经济补偿按照劳动者在本单位工作的年限,每满1年支付1个月工资的标准向劳动者支付。6个月以上不满1年的,按1年计算;不满6个月的,向劳动者支付半个月工资的经济补偿。

3. 工资基数

计算经济补偿的基数是劳动者的月工资,具体来说,是指劳动者在劳动合同解除或者终止前12个月的平均工资。

4. 计算封顶

《劳动合同法》对部分高薪劳动者在计算经济补偿时实行了"双封顶"的限制。具体规定为:劳动者月工资高于用人单位所在直辖市、设区的市级人民政府公布的本地区上年度职工月平均工资3倍的,向其支付经济补偿的标准按职工月平均工资3倍的数额支付,向其支付经济补偿的年限最高不超过12年。

5. 分段计算

《劳动法》及其配套规章与《劳动合同法》存在一些差异,因此《劳动合同法》第九十七条第三款规定:"本法施行之日存续的劳动合同在本法施行后解除或者终止,依照本法第四十六条规定应当支付经济补偿的,经济补偿年限自本法施行之日起计算;本法施行前按照当时有关规定,用人单位应当向劳动者支付经济补偿的,按照当时有关规定执行。"这里就明确了经济补偿的分段计算原则。

分段计算的时间节点为2008年1月1日,劳动者在同一用人单位的工作时间跨越了这一时间节点的,计算经济补偿时就要采用分段计算的方法。具体来说,就是2008年1月1日以前的工作年限及经济补偿按《劳动法》及其配套规章计算，2008年以后的工作年限及经济补偿按《劳动合同法》计算，再把两者相加，得出劳动者最终应得的经济补偿。对于某些情形，如劳动合同终止，《劳动法》及其配套规章的规定是不需要支付经济补偿，而《劳动合同法》规定需要支付经济补偿的，那么则从2008年1月1日起计算劳动者的工作年限，从而算出劳动者应得的经济补偿。

6. 支付时间

《劳动合同法》规定，用人单位依照法律有关规定应当向劳动者支付经济补偿的，在办结工作交接时支付。可见，经济补偿是在办结工作交接的时候支付，而不是解除或终止劳动合同时支付，这里为用人单位提供了一个约束劳动者及时办理工作交接的机制，避免劳动者消极办理工作交接而影响用人单位正常的工作秩序。

7. 经济补偿征缴个人所得税的计算

根据《财政部 税务总局关于个人所得税法修改后有关优惠政策衔接问题的通知》（财税〔2018〕164号）的规定：个人与用人单位解除劳动关系取得一次性补偿收入（包括用人单位发放的经济补偿、生活补助费和其他补助费），在当地上年职工平均工资三倍数额以内的部分，免征个人所得税；超过三倍数额的部分，不并入当年综合所得，单独适用综合所得税率表，计算纳税。

三、解除劳动合同的赔偿金

解除劳动合同的赔偿金是指用人单位或者劳动者不当解除劳动合同给对方造成损失时，给付对方一定数量的金钱作为赔偿。

（一）用人单位承担的赔偿金

根据我国法律规定，用人单位存在下列情形之一的，需承担向劳动者支付赔偿金的责任：

1. 用人单位违法解除劳动合同的，应当按照《劳动合同法》规定的经济补偿标准的两倍向劳动者支付赔偿金；

2. 用人单位解除劳动合同，未依法向劳动者支付经济补偿的，先由劳动行政部门责令用人单位限期支付，如逾期不支付的，劳动行政部门可以责令用人单位按应付金额50%以上100%以下的标准向劳动者加付赔偿金；

3. 劳动者依法解除劳动合同，用人单位扣押劳动者档案或者其他物品，给劳动者造成损害的，应当承担赔偿责任；

4. 用人单位违法未向劳动者出具解除劳动合同的书面证明，给劳动者造成损失的，应承担赔偿责任。

（二）劳动者承担的赔偿金

依据《劳动合同法》的规定，劳动者承担向用人单位支付赔偿金的情形有：

1. 劳动者违法解除劳动合同，给用人单位造成损失的，应当承担赔偿责任；

2. 劳动者违反劳动合同中约定的保密义务或者竞业限制，给用人单位造成损失的，应当承担赔偿责任。

四、劳动合同解除的手续办理

（一）对从事有职业危害作业劳动者的健康检查

对于从事有职业危害的劳动者进行健康检查前，劳动合同是不可以解除的。因此，对于从事有职业危害的劳动者在劳动合同解除前进行健康检查，是用人单位的法定义务。此外，进行健康检查也有利于分清责任。劳动者离职后，如果发生了职业病，就可以根据劳动合同解除前的健康检查来区分责任。

（二）办理工作交接

在实践中，由于一些离职劳动者不配合工作交接，或者用人单位不重视工作交接，从而造成损失的情况时有发生。因此工作交接对于用人单位来说十分重要，用人单位应当要求离职的劳动者做好两方面的工作：一是离职劳动者应当向接任劳动者介绍本岗位的职责、工作范围、工作方法和业务运作程序；交代本岗位的各种设备、设施情况，并让设备、设施在正常运转的状态下由接任劳动者接手。二是向接任劳动者或者用人单位指定的其他劳动者交代尚未完成的工作任务，如与客户之间未履行完的合同，需要继续催要的债务以及其他与工作职责有关的尚未完成的事宜。

对于工作交接的问题，《劳动合同法》第五十条规定，劳动者应当按照双方的约定办理工作交接，用人单位依照本法有关规定应当向劳动者支付经济补偿的，在办结工作交接的时候支付。因此，如果劳动者拒绝办理或者不积极配合用人单位办理工作交接的，用人单位可以不支付劳动者经济补偿，待工作交接完成时再支付。此外，如果劳动者不办理工作交接给用人单位带来损失，用人单位可以进行追偿。

（三）物品归还、文件清理和债务清偿

劳动者在工作期间，因工作需要由其保管或者配备给劳动者个人使用的、属于用人单位的办公用品和其他财物，都应在劳动合同解除时交还给用人单位。用人单位应当指定专人接收，并且办理接收手续，如果发现物品有损坏的，用人单位可以要求劳动者按照规章制度进行赔偿。

劳动合同解除时，用人单位应当对劳动者在职期间保管和使用的文件资料进行清理，如各种图表、图纸、备忘录、客户名单、财务账目、工作记录、技术资料等，该收回的予以收回，该销毁的应尽快销毁。

劳动者如果负有对用人单位的欠款，用人单位应当要求在劳动合同解除时予以清偿。具体的清偿办法，可以由劳动者一次性支付，也可以由用人单位从劳动者的薪资或者经济补偿中扣除。

（四）退还劳动者有关证件

在劳动关系存续期间，用人单位因工作需要会使用到劳动者的相关证件，如劳动者的职业资格证书、职称证书、学历证书等，这些证件应当在劳动合同解除时退还给劳动者。对此《劳动合同法》第八十四条作了明确规定，劳动者依法解除或者终止劳动合同，用人单位扣押劳动者档案或者其他物品的，由劳动行政部门责令限期退还劳动者本人，并以每人五百元以上二千元以下的标准处以罚款；给劳动者造成损害的，应当承担赔偿责任。

（五）薪资结算

劳动合同解除时，用人单位应当与劳动者结清工资。劳动合同解除时，劳动者的首要权利就是要求用人单位结清工资，但在实践中，很多用人单位以财务制度规定为由，直到解除劳动合同后的下一个工资支付日才发放工资。很多用人单位认为，所谓工资拖欠，是指在一个工资支付周期内没有发放工资才为拖欠，所以这种做法并无不妥。其实不然，劳动者与用人单位解除劳动合同，他们之间的劳动关系不复存在，为了保护劳动者的合法权益，用人单位应当在解除劳动合同时结清劳动者的工资，不应等到下一个工资支付日，而且应当一次性付清，不能拖欠或者克扣。

1994年劳动部《工资支付暂行规定》第九条规定："劳动关系双方依法解除或终止劳动合同时，用人单位应在解除或终止劳动合同时一次性付清劳动者工资。"《劳动合同法》第五十条第二款也规定，用人单位应当向劳动者支付经济补偿的，在办结工作交接的时候支付。对于用人单位在解除劳动合同时拖欠薪资的行为，《劳动合同法》也规定了相应的责任：由劳动行政部门责令限期支付劳动报酬、加班费或者解除、终止劳动合同的经济补偿，逾期不支付的，责令用人单位按应付金额50%以上100%以下的标准向劳动者加付赔偿金。

（六）出具解除劳动合同证明

劳动合同解除后，劳动者和用人单位双方仍然负有通知、协助、保密等附随义务。劳动合同解除时，如果劳动者有要求，用人单位应当及时为劳动者出具解除劳动合同证明。1996年劳动部《关于实行劳动合同制度若干问题的通知》第十五条规定："在劳动者履行了有关义务终止、解除劳动合同时，用人单位应当出具终止、解除劳动合同证明书，作为该劳动者按规定享受失业保险待遇和失业登记、求职登记的凭证。证明书应写明劳动合同期限、终止或解除的日期、所担任的工作。如果劳动者要求，用人单位可在证明中客观地说明解除劳动合同的原因。"《劳动合同法》第五十条也规定了用人单位应当在解除或终止劳动合同时，出具解除或终止劳动合同的证明。

（七）转移社会保险关系、人事档案

劳动合同解除后，用人单位应当在15日内为劳动者办理档案和社会保险关系转移手续。用人单位不得以劳动者没有结清欠款或者没有支付赔偿金为由扣留劳动者人事档案或者不办理社会保险关系的转移，这种做法是不明智的，也是违法的。《劳动合同法》为用人单位办理档案和社会保险关系的转移设定了时间表，如果因用人单位的行为直接导致劳动者无法就业或者无法享受相应的失业保险待遇，用人单位应当承担赔偿责任。《最高人民法院关于审理劳动争议案件适用法律若干问题的解释（二）》第五条规定："劳动者与用人单位解除或者终止劳动关系后，请求用人单位返还其收取的劳动合同定金、保证金、抵押金、抵押物产生的争议，或者办理劳动者的人事档案、社会保险关系等转移手续产生的争议，经劳动争议仲裁委员会仲裁后，当事人依法起诉的，人民法院应予受理。"最高人民法院如此规定的理由在于，法律规定因履行劳动合同产生的争议属于受案范围，劳动合同解除和解除合同后产生的附随义务纠纷也应当属于劳动合同履行争议的延伸。

在实践中，有些用人单位在解除劳动合同时，故意刁难劳动者，不办理人事档案的转移，也不办理社会保险关系的转移，这样既影响劳动者求职，也可能影响劳动者享受相应的社会保险待遇。法律和司法解释对此都作出了明确规定，用人单位应当引起注意，在解除劳动合同的时候，要积极妥善地履行相关义务。

第二单元　劳动合同的终止和续订

知识要求

一、特殊劳动者的劳动合同终止

劳动合同期限届满是劳动合同终止最常见的情形，除此以外，仍有一些其他情形可能导致劳动合同终止。在这些情形下，劳动合同终止的程序会有所不同。

(一) 劳动者开始依法享受基本养老保险待遇而终止劳动合同

劳动者因开始依法享受基本养老保险待遇而终止劳动合同的，用人单位有义务为劳动者办理退休手续。关于劳动者退休手续办理较多涉及社会保险的业务经办，各地规定有所不同，大致包含以下一些事项：

1. 社保减员并报送审批。用人单位应当在达到退休年龄参保职工的生日当日办理社保减员，并报送当地社会保险经办机构审批。

2. 协助社会保险经办机构计算核准养老金。用人单位应当整理退休职工的参加工作时间、基本养老保险费缴费年限、历年的缴费基数等信息，由社会保险经办机构进行养老金计算。对计算结果有异议的，用人单位可以向社会保险经办机构申请复查。

3. 退休审核与备案。社会保险经办机构完成退休审核后，用人单位将退休劳动者的身份由在职转为退休，并对退休人员做好备案登记，将相应材料进行存档保管。

(二) 劳动者死亡（含宣告失踪和宣告死亡）而终止劳动合同

1. 用人单位向劳动者的直系亲属出具劳动合同终止通知书，并要求劳动者亲属提交死亡证明、宣告失踪或宣告死亡的法律文件存档备查。

2. 因工死亡或因公被宣告死亡的，用人单位协助劳动者亲属向当地劳动行政部门申请工伤认定及工伤保险待遇。

3. 因工宣告失踪的劳动者，用人单位协助劳动者亲属向当地社会保险经办机构申请按月向劳动者的亲属支付供养亲属抚恤金。待劳动者被宣告死亡后，用人单位可以再协助劳动者亲属申请因工死亡待遇。

4. 非因工或患病死亡的劳动者，用人单位协助劳动者亲属向当地社会保险经办机构申请丧葬补助金和抚恤金。

5. 非因工宣告失踪或宣告死亡的劳动者，用人单位可以在宣告失踪或宣告死亡前，以劳动者连续旷工违反用人单位规章制度为由解除劳动合同。

（三）劳动者拒绝签订书面劳动合同而终止劳动关系

劳动者如果拒绝签订书面劳动合同，用人单位应当在建立劳动关系之日起一个月内向劳动者送达书面的《签订劳动合同通知书》，通知劳动者在规定的时间内与用人单位签订劳动合同。《签订劳动合同通知书》原件及相关送达手续进行存档保管。劳动者在规定的时间内仍拒绝签订劳动合同，用人单位应当终止劳动关系并向劳动者出具书面的劳动合同终止通知书，对劳动合同终止通知书原件及送达手续进行存档备案。

二、用人单位主体资格消灭而终止劳动合同

这种情形是指用人单位依法宣告破产或用人单位被吊销营业执照、责令关闭、撤销或者用人单位决定提前解散。终止劳动合同时，用人单位向劳动者出具书面的劳动合同终止通知书，对劳动合同终止通知书原件及送达手续进行存档备案，并且向劳动者支付经济补偿。

 **技能要求**

一、劳动合同终止的经济补偿

（一）用人单位应当支付经济补偿的情形

和签订劳动合同一样，续订劳动合同需要劳动者和用人单位平等自愿、协商一致。双方可以进行双向选择，自由决定是否续订劳动合同，但是其法律后果有区别。劳动者主动选择不续订，离开用人单位，当然也无法得到用人单位的经济补偿。用人单位除了维持或者提高劳动合同约定条件续订劳动合同，劳动者不同意续订的情形外，应该向劳动者支付经济补偿。也就是说，无论用人单位主动选择不续订，还是以降低条件迫使劳动者选择不续订，用人单位都要支付经济补偿。

同时，如果因为用人单位被依法宣告破产，用人单位被吊销营业执照、责令关闭、撤销或者用人单位决定提前解散而导致劳动合同终止的，用人单位仍然要支付经济补偿。终止劳动合同用人单位是否支付经济补偿的情形见表2-5。

表2-5　终止劳动合同是否支付经济补偿情形一览表

终止劳动合同理由	是否有经济补偿
劳动合同期限届满的（除用人单位维持或者提高劳动合同约定条件续订劳动合同，劳动者不同意续订的情形外）	有
劳动者开始依法享受基本养老保险待遇的	无
劳动者死亡，或者被人民法院宣告死亡或者宣告失踪的	无
用人单位被依法宣告破产的	有
用人单位被吊销营业执照、责令关闭、撤销或者用人单位决定提前解散的	有

（二）经济补偿的计算

关于终止劳动合同的经济补偿，在工作年限的确定、计算标准、工资基数、计算封顶、支付时间以及个人所得税的缴纳方面，与解除劳动合同的经济补偿都没有区别。唯一不同的是，在《劳动合同法》施行前，我国法律没有关于终止劳动合同支付经济补偿的相关规定，因此对于在同一用人单位工作时间跨越2008年1月1日的劳动者，计算终止劳动合同经济补偿时，只根据2008年以后的工作年限来计算。

二、工伤职工伤残补助金和伤残津贴

根据《工伤保险条例》的规定，职工因工致残被鉴定为一级至四级伤残的，保留劳动关系，退出工作岗位，享受以下待遇：①从工伤保险基金按伤残等级支付一次性伤残补助金，标准为：一级伤残为27个月的本人工资，二级伤残为25个月的本人工资，三级伤残为23个月的本人工资，四级伤残为21个月的本人工资。②从工伤保险基金按月支付伤残津贴，标准为：一级伤残为本人工资的90%，二级伤残为本人工资的85%，三级伤残为本人工资的80%，四级伤残为本人工资的75%。伤残津贴实际金额低于当地最低工资标准的，由工伤保险基金补足差额。③工伤职工达到退休年龄并办理退休手续后，停发伤残津贴，按照国家有关规定享受基本养老保险待遇。基本养老保险待遇低于伤残津贴的，由工伤保险基金补足差额。职工因工致残被鉴定为一级至四级伤残的，由用人单位和职工个人以伤残津贴为基数，缴纳基本医疗保险费。

职工因工致残被鉴定为五级、六级伤残的，享受以下待遇：①从工伤保险基金按伤残等级支付一次性伤残补助金，标准为：五级伤残为18个月的本人工资，六级伤残为16个月的本人工资。②保留与用人单位的劳动关系，由用人单位安排适当工作。难以安排工作的，由用人单位按月发给伤残津贴，标准为：五级伤残为本人工资的70%，六级伤残为本人工资的60%，并由用人单位按照规定为其缴纳应缴纳的各项社会保险费。伤残津贴实际金额低于当地最低工资标准的，由用人单位补足差额。经工伤职工本人提出，该职工可以与用人单位解除或者终止劳动关系，由工伤保险基金支付一次性工伤医疗补助费，由用人单位支付一次性伤残就业补助金。一次性工伤医疗补助金和一次性伤残就业补助金的具体标准由省、自治区、直辖市人民政府规定。

职工因工致残被鉴定为七至十级伤残的，享受以下待遇：①从工伤保险基金按伤残等级支付一次性伤残补助金，标准为：七级伤残为13个月的本人工资，八级伤残为11个月的本人工资，九级伤残为9个月的本人工资，十级伤残为7个月的本人工资。②劳动、聘用合同期满终止，或者职工本人提出解除劳动、聘用合同的，由工伤保险基金支付一次性工伤医疗补助金，由用人单位支付一次性伤残就业补助金。一次性工伤医疗补助金和一次性伤残就业补助金的具体标准由省、自治区、直辖市人民政府规定。

 **相关法律法规**

1. 《劳动法》
2. 《劳动合同法》
3. 《劳动合同法实施条例》
4. 《最高人民法院关于审理劳动争议案件适用法律若干问题的解释（二）》
5. 《财政部 税务总局关于个人所得税法修改后有关优惠政策衔接问题的通知》

 **复习思考题**

1. 为什么要进行员工背景调查？
2. 员工背景调查如何实施？
3. 劳动合同的法定条款和约定条款各包括哪些内容？
4. 劳动合同专项协议主要包括哪些内容？
5. 劳动合同变更的常见原因是什么？
6. 劳动合同中的主要履行事项分别有哪些要求？
7. 协商解除劳动合同有什么特点？
8. 简述协商解除劳动合同的程序。
9. 劳动合同解除的经济补偿与赔偿金有何区别？
10. 劳动合同终止的经济补偿如何计算？

 **案例分析题**

辞职可任性，但要求支付经济补偿须合法有据

周某于2015年6月5日入职某商贸公司，双方订立了为期3年的劳动合同，约定周某的岗位为销售员，月工资为4 000元。2017年7月，周某晋升为店长，月工资调整为10 000元。2018年

3月，周某所负责的店铺在盘点中发现丢失货品达6万余元。商贸公司的员工手册规定，员工在岗期间，对公司销售的产品有看管义务，凡盘点发现账实不符且不能分清责任的情况下，均需由当月在岗的全体员工共同承担赔偿责任，按照损失货品零售价格的50%赔偿。故商贸公司在3月底发放工资时，从周某的工资中扣款5 000元作为赔偿，当月实发工资为4 000余元。次日，周某即以未足额支付劳动报酬为由提出辞职，并要求支付解除劳动合同经济补偿。

仲裁委审理后认为，商贸公司的工资支付情况一贯良好，其向周某支付的2018年3月工资不低于北京市最低工资标准，扣除的5 000元系因周某所在店铺丢货而产生的损失赔款，双方对此存在争议，商贸公司并不存在明知应支付此5 000元而不支付的情况，不构成未及时足额支付劳动报酬，故裁决驳回周某的仲裁请求。

用人单位与劳动者在行使权利、履行义务时都应遵守诚实信用原则。《劳动合同法》第三十八条赋予了劳动者单方即时解除权，但劳动者不应滥用该权利。确因用人单位主观恶意未及时足额支付劳动报酬的，劳动者提出解除劳动合同要求支付经济补偿的，应当支持。因客观存在劳动报酬计算标准不清楚、有争议等情形，导致用人单位未能及时足额支付劳动报酬的，一般不应作为劳动者解除劳动合同要求支付经济补偿的依据。本案中，周某作为店长对货品丢失负有相应责任，虽然商贸公司从其工资中扣款5 000元缺乏充分的依据，但并无拖欠劳动报酬的主观恶意。周某虽可"任性"辞职，但其要求支付解除劳动合同经济补偿不符合合法、合理、公平原则，故未能得到支持。

资料来源：北京市人力资源和社会保障局发布2019年劳动人事争议仲裁十大典型案例 http://rsj.beijing.gov.cn/bm/ztzl/dxal/201912/t20191206_880144.html.

请思考：用人单位在哪些情形下应当向劳动者支付解除劳动合同的经济补偿？

第三章 集体协商与集体合同管理

学习目标

1. 了解集体协商的主体和集体协商代表的确定规则。
2. 熟悉集体协商的程序。
3. 掌握集体协商的原则。
4. 熟悉集体合同订立的程序。
5. 熟悉集体协商会议的过程。
6. 了解集体合同报送审查流程。
7. 掌握集体合同的变更、解除和终止。

第一节 集体协商的组织开展

第一单元 集体协商概述

知识要求

一、集体协商的主体

集体协商不是职工方个体和企业方的协商,而是一种团体行为,即企业方及其组织与职工方组织的协商。下面根据我国《集体合同规定》,介绍集体协商的主体。

企业方主体分为三种:一是具有法人资格的企业和实行企业化管理的事业单位,或企业法人根据情况授权委托的分支机构;

二是企业或企业代表组织；三是以进行集体协商为目的的区域性、行业性企业代表组织。

职工方主体是与企业方主体相对应的全体职工或全体职工依照法定程序推举产生的职工代表。在集体协商制度实践中，建立工会组织单位的职工协商代表一般由本单位工会经相应的民主程序认定后选派，或由工会提名候选人，经工会会员代表大会或职工代表大会民主选举产生。首席代表由工会主席担任，未建立工会组织单位的职工协商代表由本单位职工民主推举，并须经本单位半数以上职工同意。区域性行业性职工协商代表，由所在的乡、镇、街道、社区、村工会组织所覆盖的辖区内企业的职工代表会议民主选举产生或从该职工代表会议的职工代表中推荐，经该职工代表会议审议通过后予以确认。

除此之外，政府、社会组织、法律服务机构等"第三方"在集体协商中也扮演着重要角色。

政府"第三方"角色主要体现在：第一，政府是集体协商制度和规则的制定者；第二，政府是劳动关系纠纷的调停者和仲裁者。

社会组织参与有助于增强集体协商的社会性、专业性，有助于普及协商相关的法律政策和规章制度，推动进行和谐协商、合理协商。

律师等法律服务机构能够提供法律专业知识，可以参与集体协商和集体合同签订的全过程，有利于规范集体协商行为，保证集体协商过程的合法性，使集体协商行为纳入法治轨道。

二、集体协商代表的确定规则

（一）集体协商代表的产生

集体协商代表（以下统称协商代表），是指按照法定程序产生并有权代表本方利益进行集体协商的人员。集体协商双方的代表人数应当对等，每方至少3人，并各确定1名首席代表。

1. 职工一方的协商代表

职工一方的协商代表由本单位工会选派。未建立工会的，由本单位职工民主推荐，并经本单位半数以上职工同意。职工一方的首席代表由本单位工会主席担任。工会主席可以书面委托其他协商代表代理首席代表。工会主席空缺的，首席代表由工会主要负责人担任。未建立工会的，职工一方的首席代表从协商代表中民主推举产生。

2. 用人单位一方的协商代表

用人单位一方的协商代表，由用人单位法定代表人指派，首席代表由单位法定代表人担任或由其书面委托的其他管理人员担任。

3. 其他事项

（1）协商代表履行职责的期限由被代表方确定。

（2）集体协商双方首席代表可以书面委托本单位以外的专业人员作为本方协商代表。委托人数不得超过本方代表的三分之一。

（3）首席代表不得由非本单位人员代理。

（4）用人单位协商代表与职工协商代表不得相互兼任。

（5）部分省份规定女职工较多的，职工方协商代表中应当有女代表。工会女职工委员会负责人应当是协商代表。

（二）集体协商代表的职责和义务

按照相关规定，协商代表应履行下列职责：

1. 参加集体协商。这是集体协商代表最重要的职责。在协商过程中，协商代表有责任真实反映本方意愿和维护本方的合法权益。

2. 接受本方人员质询，及时向本方人员公布协商情况并征求意见。协商代表在协商前、协商中应当与己方人员积极沟通交流，以便获得相应的信息，更好地代表和反映他们的利益诉求。

3. 提供与集体协商有关的情况和资料。也就是协商代表负有向协商对方以及向本方人员提供有关资料的职责。

4. 代表本方参加集体协商争议的处理。在要约阶段、协商阶段、合同草案审议通过阶段以及集体合同履行实施阶段，都有可能发生各类争议。协商代表有责任参与争议的处理过程，努力促进矛盾化解，保障集体合同的顺利履行。

5. 监督集体合同或专项集体合同的履行。协商代表是监督检查集体合同或专项合同履行状况的重要成员。作为集体合同监督检查工作小组的成员，定期或不定期对履行集体合同的情况进行监督检查，发现问题，及时通知相关各方协商解决。

6. 法律法规和规章规定的其他职责。

协商代表除了履行上述职责，还有两个方面的重要义务：

一是保守商业秘密。协商代表应当保守在集体协商过程中知悉的用人单位的商业秘密。由于各方协商代表在协商过程中会接触到单位经营的有关信息或相关的商业秘密，因此法律规定，协商代表应当遵守保密法律法规，保守企业商业秘密。协商代表履行对其在集体协商过程中知悉的用人单位的商业秘密的保密义务，不但限于其担任协商代表期间，还包括其卸任后商业秘密存续期间。保密义务对于企业外部委托代表也同样适用。

二是协商代表的行为规范。《集体合同规定》要求协商代表应当维护本单位正常的生产、工作秩序，不得采取威胁、收买、欺骗等行为。

协商代表的权利和义务是对等的。协商代表既不能只履行义务而不行使权利，又不能只行使权利而不承担应尽的义务。只有把权利和义务统一起来，才能正确而有效地发挥协商代表的作用，保证集体协商的顺利进行。

（三）对职工方协商代表的保护

对职工协商代表合法权益的保护，是保证集体协商公正、公平、顺利进行的重要前提。在企业劳动关系的双方之间，职工一方与企业一方相比处于弱势地位。职工代表是企业员工，需要与企业签订劳动合同，由企业支付工资等劳动报酬，在生产活动中接受企业的管理和指挥。因此，当他们担任职工协商代表以后，保障其合法权益就显得十分重要。为了解除职工代表的后顾之忧，有必要对协商代表的保护给予特别的关注。

为了使职工方协商代表大胆履行职责，维护职工方协商代表

的合法权益,应从以下几方面对职工方协商代表进行保护:

1. 不能打击报复。用人单位不得以任何借口,对职工方协商代表进行打击报复。

2. 合同期保护。职工方协商代表在其履行协商代表职责期间劳动合同期满的,劳动合同期限自动延长至完成履行协商代表职责之时,除个人严重过失外,用人单位不得与其解除劳动合同。

3. 不得做不利调整。职工方协商代表履行协商代表职责期间,用人单位无正当理由不得调整其工作岗位,尤其是不得作出不利调整。

4. 参加集体协商视为提供正常劳动。企业内部的协商代表参加集体协商视为提供了正常劳动。

《工资集体协商试行办法》第十四条规定:"由企业内部产生的协商代表参加工资集体协商的活动应视为提供正常劳动,享受的工资、奖金、津贴、补贴、保险、福利待遇不变。其中,职工协商代表的合法权益受法律保护。企业不得对职工协商代表采取歧视性行为,不得违法解除或变更其劳动合同。"《集体合同规定》第二十七条规定:"企业内部的协商代表参加集体协商视为提供了正常劳动。"第二十八条规定,职工一方协商代表在其履行协商代表职责期间劳动合同期满的,劳动合同期限自动延长至完成履行协商代表职责之时,除出现下列情形之一的,用人单位不得与其解除劳动合同:①严重违反劳动纪律或用人单位依法制定的规章制度的;②严重失职、营私舞弊,对用人单位利益造成重大损害的;③被依法追究刑事责任的。职工一方协商代表履行协商代表职责期间,用人单位无正当理由不得调整其工作岗位。各地方法规也作出了类似的、详细的对职工方协商代表的保护性规定。

另外,工会主席往往担任集体协商中职工方的首席协商代表,因此对工会主席合法权益的保护更为重要。企业的工会主席、工会委员会委员直接受雇于企业,这种"双重身份"使他们容易在协商过程中顾虑重重。在实践中,有的工会干部在和企业"讨价还价"时担心"得罪企业，要丢饭碗"，"老总一不愿谈，工会就不敢谈"是一些企业工会的共同处境。

我国《工会法》中有关于基层工会专兼职干部劳动合同期限保护的规定：

1. 对基层工会专职主席、副主席或者委员的劳动合同期限保护

《工会法》规定，除非个人严重过失或者达到法定退休年龄的情况，"基层工会专职主席、副主席或者委员自任职之日起，其劳动合同期限自动延长，延长期限相当于其任职期间"。

这就是说，当选为专职工会主席、副主席或者委员时，其原来与用人单位签订的劳动合同有关期限的约定自动延长，专职工会干部的任期就是延长期；如果能够连选连任，劳动合同延长的期限也连续累加。当专职工会干部任期届满后，其原来尚未履行的劳动合同期限再继续履行。例如，某用人单位的职工原劳动合同期限是5年，已履行3年后当选为专职工会主席，任期5年。那么，担任工会主席职务的这5年是追加的劳动合同期间，劳动合同期间自然按任期延长，直至其任职届满。任职届满后，任职前尚未履行完的2年劳动合同继续履行，即劳动合同自动延长为10年期。

2. 对基层工会委员会非专职主席、副主席或者委员的劳动合同期限保护

《工会法》规定，"非专职主席、副主席或者委员自任职之日起，其尚未履行的劳动合同期限短于任期的，劳动合同期限自动延长至任期期满"。

这个规定的意思是说，当职工被会员民主选举为兼职工会主席、副主席或者委员时，如果自任职之日起，该职工与用人单位签订的劳动合同还未履行的期限短于其任职期限的，劳动合同期限就自动延长至任期期满。

3. 工会组织对工会干部的保护

现有的法律机制为工会主席提供了必要的保护，但是实际的

保护还存在不足，不属于合同期限问题的其他的不公正待遇行为时有发生。例如，某市开发区某企业工会主席因积极为职工维权，遭受经营者的打击报复，企业方试图不通过工会会员大会或会员代表大会就罢免该工会主席。企业方擅自在年终考核中给工会主席过低评价，又将专职工会主席职务转为兼职，最后将其停职。面对这种情况，该企业工会干部和职工代表报告了某市开发区总工会，区总工会出面干预，最后，企业方恢复了该工会主席的职务，停止了对他的侵害，并受到了相应的处罚。在此案例中，我们看到了上级工会组织在保护企业工会干部中的重要作用。

2007年，中华全国总工会印发了《企业工会主席合法权益保护暂行办法》，对上级工会保护基层工会干部的内容与措施、保护机制与责任等方面作出了详细规定，并要求设置基层工会干部权益保障金。

4. 借助集体协商机制进行保护

除法规规范和制度保障之外，还可以借助集体协商机制，进一步细化保护规定。如在集体协商中纳入一些对职工代表、工会干部的保护性条款，经过协商写入集体合同之中，通过集体合同对职工方协商代表进行保护。

（四）集体协商代表的更换

工会可以更换职工一方协商代表；未建立工会的，经本单位半数以上职工同意可以更换职工一方协商代表。用人单位法定代表人可以更换用人单位一方协商代表。协商代表因更换、辞任或遇有不可抗力等情形造成空缺的，应在空缺之日起15日内按照规定产生新的代表。

 **技能要求**

一、企业方集体协商代表的确定

（一）企业方集体协商代表的构成

在集体协商准备阶段，企业方首先要确定牵头部门，指定专人负责推进，推选集体协商代表。企业一方的协商代表，由企业法定代表人指派，首席代表由单位法定代表人担任或由其书面委托的其他管理人员担任。首席代表可以书面委托本单位以外的专业人员作为本方协商代表，但委托人数不得超过本方代表的三分之一，并且首席代表不得由非本单位人员代理。

一般来说，企业方的协商代表团队应该包括单位主要领导、人力资源管理和劳动关系管理主要负责人、业务部门主要负责人、法务负责人、财务负责人等关键决策者和管理者，必要时聘请1~2名外部专家。协商代表团队背后还应该有一个支撑团队，支撑团队由各部门主要负责人组成，在协商开始前和进行过程中，随时负责整理提供信息、商议预设方案、评估协商结果等工作。

（二）企业方协商代表的权限

企业方要注意赋予协商代表恰当的权限，这是让协商具备可操作性的保证。协商中可能出现的情况是：代表们只能在接到指示后才能就所协商的内容作出决定，于是一方面要在协商会议上与工会或者职工代表协商，另一方面还要尽力说服幕后的决策者作出或改变决定。在各类谈判中，当某个谈判方在谈判桌上的人员没有足够的决定权、无法作出能在自己的组织通过的承诺时，另一方会觉得他们是在进行"表面谈判"，这会大大增加谈判陷入僵持的可能性。因此协商代表的权限问题很重要，建议首席代表由管理决策层成员之一担任，协商代表团队在准备阶段将协商方案、初步协议等内容与管理决策层反复沟通修改并获得批准，确保其为大多数人所接受，同时管理决策层要赋予协商代表团队适当的决定权。

二、职工方集体协商代表的确定

（一）职工方协商代表的条件

在开展集体协商时，什么人可以担任职工方的协商代表？什么人适合担任职工方的协商代表？这要从集体协商的目的和要求进行统筹考虑。首先，作为职工方的协商代表，应该出自职工群体，并且是有一定代表性的成员；其次，进行集体协商是一项专业性、政策性非常强的工作，对代表的素质能力也有一定的要求。一般来说，职工协商代表应具备以下素质和能力：

1. 品德修养

职工方集体协商代表应当品行端正、廉洁奉公、正直无私；知晓相关政策法规，工作责任心强，办事公道，热爱工会工作，奉献敬业；有较强的亲和力和密切联系群众的作风，在职工群体中具有较高威信和影响力，在关键时刻能挺身而出。要特别注重把那些无私无畏、勇于为职工说话办事，同时对企业的发展有责任感和事业心的职工确定为职工方协商代表。

2. 专业知识

集体协商是一项专业性、政策性非常强的工作。协商代表应该努力掌握一些经济学、管理学、心理学、谈判学以及相关法律政策方面的知识。在实践中，有的地方在推选职工方协商代表时就要求：担任协商代表必须具备高中以上文化程度。丰富扎实的专业知识，往往成为保证协商质量、提高协商水平的重要基础。职工方协商代表的专业知识素养需要通过理论学习和实践锻炼不断培养和提高。

3. 协商沟通能力

协商能力包括思维能力、观察能力、沟通能力、反应能力和表达能力等。细心观察，冷静思考，反应灵敏，善于表达和沟通，这些对于协商代表来说格外重要。在实践中，仅有表达能力还不够，还需要以专业的知识为依托，善于倾听分析对方发言，保持临危不乱的冷静头脑，这样才能在协商中最大限度地争取职工利益。

4. 代表性

集体协商代表是职工参与集体协商的代表者，是职工诉求的表达者，必须注意其代表性。一线职工、企业中层管理人员都应该有一定比例。一线职工对职工诉求感同身受的直接表达，中层管理人员对企业经营管理状况的了解掌握以及能够掌控的资源，都会在集体协商过程中发挥独特作用。一般来说，职工代表中应该要有一线职工，而且是本企业中工种人数最多岗位的职工，以便把较多数职工的意愿充分表达出来；同时要考虑性别差异，一般应有女职工代表。另外，企业中处于生产线核心位置的职工，决定着整个生产线的完成性和可持续性，对企业经营发展起决定性作用。这些关键岗位的职工担任职工协商代表，会起到至关重要的作用。

（二）职工方协商代表的产生方式

由于集体协商代表需要具有一定的代表性、专业性，不同层次的协商对协商代表的要求也不一样，因此职工方协商代表的产生方式是多种多样的，在实践中主要有工会指定或组织推选、职工直接选举、"上代下"模式以及由集体协商指导员担任几种方式。

1. 工会指定或组织推选

一般情况下，职工方协商代表是从本单位职工中推选产生的。如果企业工会组织健全，应以企业工会分会或工会小组为单位，酝酿推荐职工方协商代表候选人，或由全体会员以无记名投票方式推荐，上届工会委员会、上一级工会根据多数会员的意见，提出候选人名单。进行名单公示后，最终确定职工方协商代表人选。工会组织推选职工方协商代表，其人选可能是工会干部，也可以是普通职工。

 **案例**

广州某企业进行集体协商时，工会组织工人选举协商代表。首先通过工会小组推荐，推选出16名候选人，并将候选人情况进行公示，然后，召开职工（会员）代表大会，民主投票选举产生10名协商代表，由10名工会委员会委员和选举出来的10名代表共同组成20人的职工方协商代表团，代表团再选举正式协商代表5名。这样既保证了工会作用的发挥，又利于职工的广泛参与和民意表达。

2. 职工直接选举

在未建工会的企业，可以由全体职工按照一定程序直接选举产生协商代表。具体方式一般为：首先，制定职工方协商代表的条件、人数、比例方案；其次，由全体职工推选出候选人名单；再次，通过一定的民主形式选举产生协商代表，获全体职工半数以上同意方能当选；最后，对选举结果进行公示。

3. "以上代下"模式

即由上级工会指导下级工会推选协商代表、开展集体协商。各地各级工会均有丰富的"以上代下"实践，多见于行业性集体协商以及基层工会组织不健全的情况。

案例

在某市餐饮行业的集体协商中，由于中小企业工会组织不健全且缺乏协商能力，市总工会成立了工资集体协商指导小组，由市商贸金融烟草工会联合会代表餐饮行业职工进行集体协商。职工方协商代表的产生方式是：由协商指导小组提出代表候选人数和结构要求，市商贸烟草金融工会和各区、街道工会按照民主性、广泛性、群众性原则，推荐了39名代表候选人。指导小组对39名候选人进行了工资集体协商工作政策和知识培训，并听取了他们的意见建议。在交流过程中，指导小组从39名候选人中挑选了9名作为职工方正式协商代表。首席代表由市商贸烟草金融工会常务副主席担任，其他代表均为企业工会主席，其中3名来自规模以上企业，2名来自外资企业，还有3名来自中小企业。9名代表的身份不仅具有企业性质代表性，而且具有企业规模代表性；既有集体企业代表，又有民营企业和外资企业代表；既有中心区企业代表，又有远城区企业代表；既有大型餐饮企业代表，又有中小餐饮企业代表，还有街道小餐饮企业代表。经指导小组排选出的代表人选，交由各行业、企业召开工会委员会全体会议通过，之后填写正式代表表格报市总工会。

4. 集体协商指导员

我国目前已经建立了一支有几万人的专兼职集体协商指导员队伍。这些集体协商指导员大都具有较丰富劳动关系领域的工作经验，熟悉相关法律法规，具有一定的理论政策水平，接受过集体协商的专业培训。各地实践证明，集体协商指导员作为职工方协商代表加入集体协商过程中，可以有效提升集体协商团队的能力，特别是在收集专业数据、分析相关指标、起草合同文本以及化解处理协商分歧方面，集体协商指导员通过自己的专业素质与能力弥补了职工方的短板与不足。专兼职集体协商指导员，受委托担任职工方协商代表，他们在集体协商过程中可以发挥非常重要的作用，但在职工方协商代表中所占比例不应超过代表人数的三分之一。

(三) 组建职工方协商团队

集体协商代表选举出来之后，需要根据集体协商的具体情况，组建协商代表团队。在此过程中，需要特别注意以下三个问题。

1. 代表的人员结构

协商代表中有工会干部、一线职工，也可以包括企业中低层管理人员。各层级人员的加入，有利于协商过程中发挥各方人员独特的作用，形成协商成功的合力。另外，要充分考虑企业职工的性别、年龄、层次等要素的分布状况，特别注意女职工、一线职工、农民工、少数民族职工等所占的比例，在选举职工协商代表时兼顾职工群体的多样性。例如，《贵州省企业集体合同条例》第十一条第三款规定："企业中女职工和少数民族职工较多的，职工方协商代表中应当有女代表和少数民族代表。"《江西省企业工资集体协商条例》第八条第二款规定："女职工人数达到企业总人数十分之一以上的，应当至少有一名女职工代表。"另外，也要注意吸纳工作年限较长的职工担任协商代表，一方面这类职工对企业情况有较为深入的了解，在人际关系、收集资料、征集意见方面占一定优势；另一方面，这类职工对企业责任感和归属感较强，往往更能够从劳资合作共赢的大局出发考虑问题。

在一些规模较大的企业、区域、行业开展集体协商，为了使协商代表更具代表性，最大限度地反映全体职工的利益诉求，职工方集体协商代表人数相应会有所增加。例如，某市餐饮行业涉及4万多家餐饮企业，从业人员45万多人，因此在行业工资集体协商中筛选了9名职工方协商代表。同时，要照顾到覆盖企业的性质、规模、地域等各方面的代表性，保证集体协商代表团队能够具有较强的代表性。

2. 代表的知识结构

为了更好地反映职工诉求，代表职工的利益，职工方协商代表需要掌握相关的专业知识，包括法律政策知识和企业管理方面的专业知识。具备不同知识背景与特长的代表可以各显其长：了解财务知识的代表，主要负责收集整理企业、行业相关财务信息；知晓劳动法规的代表，负责收集相关的法规政策；擅长职工调查的代表，负责深入调查整理职工意见等。此外，必要时还可以吸纳企业以外的专家和协商高手加入团队中。集体协商往往涉及一些非常专业的领域与议题，如一些劳动安全技术标准、工时工价的计算、法律法规的适用等，协商双方可以委托企业外的专业人员参加协商。《集体合同规定》第二十三条规定："集体协商双方首席代表可以书面委托本单位以外的专业人员作为本方协商代表。委托人数不得超过本方代表的三分之一。"

3. 科学的分工合作

集体协商中职工方协商代表要合理分工，相互配合。一般而言，首席协商代表负责掌控全局，适时进行归纳、整合，引领协商方向，有效推进协商进程。另外，他还需要根据团队成员的性格、能力、专长、责任心等，对团队成员进行分工；辅谈人员应具备特定领域的专业知识，与主谈人默契配合，分担主谈人的压力；智囊角色应该具备审时度势的能力，领会主谈人意思，及时提供协商所需数据、资料及相关信息，协助整个团队达到目标。

示例

××××建筑安装公司第八届第一次职工代表大会代表团长联席会议关于通过工资集体协商工会方代表名单的决议

公司第八届第一次职工代表大会代表团长联席会议于2019年6月25日上午召开。会议由68处、69处、72处、73处、92处、7处、公司机关七个代表团的团长及列席代表团长共10人参加。公司工会主席陈××同志主持会议。

全体与会人员在认真听取公司工会有关推荐工资集体协商工会方代表过程及5名代表的基本情况的说明后，一致同意陈××等同志为公司工资集体协商工会方代表，其中陈××同志为首席代表，并认为这5名同志符合集体协商代表资格要求，能够代表和维护广大职工的利益。

附：1. 协商代表名单
  2. 协商代表职责

2019年6月25日

1. 协商代表名单（略）
2. 协商代表职责

依据《××省企业职工工资集体协商条例》第十二条的规定，协商代表履行以下职责：

（1）参加职工工资集体协商；

（2）及时向本方人员公布协商情况并征求意见，解答本方人员的询问；

（3）提供与职工工资集体协商有关的真实情况和资料；

（4）代表本方参加职工工资集体协商争议的处理；

（5）监督工资专项集体合同的履行；

（6）法律、法规和规章规定的其他职责。

第二单元 集体协商的程序和原则

知识要求

一、集体协商的程序

开展集体协商的程序可以分为三个阶段,即准备阶段、集体协商阶段和签订生效阶段。

(一)准备阶段

1. 推选协商代表,组建各方协商小组

劳动关系双方的代表人数应当对等,每方至少3人,并各确定1名首席代表。职工方协商代表一般包括工会主席、工会各工作委员会代表、女工委员会代表以及一线职工的代表;企业方代表一般包括企业法人代表和财务部门、人事部门、生产销售部门的代表。如果有必要,双方都可以书面委托本单位之外的专业人员担任本方协商代表,但委托人数不得超过本方代表的三分之一。需要特别注意的是,企业协商代表与职工协商代表不得互相兼任。

2. 收集资料和信息

收集资料和信息具体包括三个方面的内容:一是掌握并熟悉与集体协商内容和程序有关的法律、法规、规章和制度,如《劳动法》《工会法》《劳动合同法》《集体合同规定》以及企业的相关规章制度;二是收集与集体协商内容有关的情况和权威数据,如政府统计部门、人力资源和社会保障行政部门以及工会系统公布的经济环境状况指标、劳动领域的指标及数据、企业所在地区及行业的各种必要资料等;三是收集用人单位和职工对协商议题所持的意见。

3. 确定协商议题

对所收集的资料进行分析整理后,应确定几个主要事项:

(1)集体协商议题。根据企业的不同情况,集体协商议题可以是多项的综合议题,也可以是集中一两个主要问题的专项议题。

集体协商议题可由协商一方起草，也可由双方指派代表共同起草。

（2）集体协商的时间。集体合同草案需要经过职工代表大会讨论通过，所以可在职工代表大会召开之前进行集体协商。

（3）集体协商的地点。综合考虑协商会议的规模以及所需使用的设备状况，选择合适的场所进行集体协商。

4. 发出要约

在拟订集体合同草案后，任何一方可以就签订集体合同向对方提出集体协商的要求。多数情况下，要约是由职工一方代表发出。集体协商要约的内容应包括集体协商的议题、集体协商的时间和地点等事项。

收到要约的一方应及时签收并在法定的期限内即收到要约 20 日内作出回复。如果在具体细节上有不同意见，可以与对方沟通进行必要的调整。

5. 起草集体合同草案

在准备阶段，双方可以围绕相关议题进行非正式沟通，交换意见，了解对方想法与目标，为正式协商奠定基础。集体合同草案可以由工会起草也可以由企业方起草，或双方共同起草。集体合同草案起草小组应从企业实际出发，把握集体合同应当具备的法定要件，合同草案的内容应具体、明确并具有针对性、可操作性。

（二）集体协商阶段

第一，确定协商代表后，双方共同确定一名非协商代表担任集体协商记录员。

第二，集体协商会议的主持工作由双方首席代表轮流担任或按双方约定进行。

第三，召开集体协商会议。集体协商是一场劳资双方的利益的协商过程，协商过程中出现不同意见，甚至发生激烈争议都在所难免。在协商会议之前应确保协商代表知晓协商过程中的纪律和要求。

第四，集体协商贯穿始终的是平等原则，在协商过程中，一方代表提出协商的具体内容和要求，另一方代表应该作出回应。协商双方代表都有权就商谈事项发表各自意见，同意或反对对方的意见，开展充分讨论。任何一方代表都无权阻止或限制对方发表自己的意见。

第五，若集体协商未达成一致意见或出现事先未预料的问题时，经双方协商，可以中止协商。中止期限及下次协商时间、地点、内容由双方商定。

第六，若经协商双方充分讨论达成一致的，首席代表应该总结归纳意见，形成集体合同草案，并由双方首席代表签字。

（三）签约生效阶段

1. 审议签字

将集体合同草案提交职工代表大会或职工大会讨论审议，如有需要修改的内容，要及时进行修改完善；职工代表大会或职工大会表决通过后，双方首席代表应在集体合同上签字。

2. 报送备案

自双方首席代表签字之日起10日内，将合同文本报送人力资源和社会保障行政部门审查。同时，工会一方还要将集体合同文本报送上级工会备案。

3. 生效

人力资源和社会保障行政部门对报送的集体合同15日内未提出异议的，集体合同正式生效；如果人力资源和社会保障行政部门对报送的集体合同提出意见，集体协商双方要按照要求共同对集体合同进行修改完善，并于10日内重新报送人力资源和社会保障行政部门审查。

4. 公布

集体合同一旦生效，用人单位就应该将生效的集体合同以适当的形式向全体人员公布。具体方式可以是张榜公布，也可以在企业的刊物上刊登，还可以将集体合同印成手册发至每个职工。无论采用什么方式，目的都是要让用人单位全体人员了解本单位集体合同的具体内容，为集体合同的履行实施奠定广泛的群众基础。

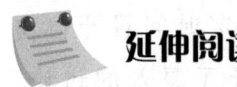 **延伸阅读**

集体协商工作的总体方案示例

某省某高科技股份有限公司成立于 2011 年 12 月，拥有职工 106 人。作为一家高科技企业，技术人员队伍稳定至关重要，公司技术人员多为外地人，要留住这部分人才，薪酬起决定性作用。为进一步稳定职工队伍、保障职工合法权益，促进企业经济效益再上新台阶，公司同意与工会进行集体协商。具体协商过程如下：

一是通过民主程序产生职工方协商代表。

二是工会走访各部门、车间，广泛听取职工意见，通过民主推荐的方式产生了以工会主席为首席协商代表的 7 名职工方协商代表，并于 2016 年 3 月 5 日至 2016 年 3 月 12 日进行了公示。职工方协商代表包含了工会委员会代表、女职工委员会代表、生产部门代表、技术部门代表和基层一线代表，基本能够代表各层级、各部门职工，充分表达职工群众的诉求。

三是广泛收集资料，做好协商准备。工会在职工方协商代表产生后，就集体协商事项组织代表进行了多层次的座谈讨论，深入各部门、各车间了解职工对工资福利的期盼；对本地区同行业职工收入水平、本年度物价指数、居民消费水平等进行了了解和对比；在充分收集职工的意见、诉求，做好协商准备工作后，确定协商内容，制定协商预案，明确协商代表的分工，力求通过协商达到预期效果。

四是启动要约应约。工会代表职工方于 2016 年 3 月 14 日以书面形式向公司总经理发出了集体协商要约，提出了职工方协商代表名单、协商的主要内容，要求公司方提供的相关材料，并就协商会议的时间安排给出了建议。总经理收到职工方的要约书后立即召开行政办公会议研究职工方提出的要约事宜，确定公司方协商代表，于 2016 年 3 月 15 日就职工方提出的要约事项作出书面应约，商定于 2016 年 3 月 25 日下午召开集体协商会议。

五是展开协商,形成集体合同草案。按照约定时间召开协商会议,就职工方代表会前拟定的 7 个议题,展开了深入的讨论,在平等合作的气氛中,充分表达双方的意见和诉求。经过共同努力,最终达成 6 项协商成果:2016 年普通职工工资增幅不低于 6%,技术人员工资增幅不低于 8%;今年安排特殊岗位职工体检,明年所有职工参加体检;改善职工生活,将职工的免费午餐标准提高至 12 元/人;为符合条件的职工报销探亲假路费。

六是未达成一致的协商内容:加班工资核算基数标准,待下次会议再行协商。会议结束后,双方代表在会议纪要上签字确认。

七是大会审议,签订合同。协商会议结束后,工会将双方协商会议达成的一致意见充实到集体合同文本中,就集体合同文本(草案)的形成做了书面情况说明。2016 年 4 月 1 日的职工代表大会上提请职工代表对公司的集体合同(草案)进行审议,票决通过后双方首席代表在职工代表的见证下签订了集体合同。

职工代表大会闭会后公司按规定将一式三份集体合同报送人力资源和社会保障部门审查。

集体合同生效后,公司及时向全体职工进行了公示。

资料来源:国际劳工组织.集体协商职工方代表培训教材,2019.

二、集体协商的目标与原则

在中国特色社会主义基本经济制度下,我们开展集体协商、签订集体合同的总目标和原则应该是一致的,维护职工权益,促进企业发展,构建和谐劳动关系。为此,应倡导劳动关系双方遵守如下四项原则。

(一)合法原则

集体协商集体合同制度作为一项重要的调整劳动关系的法律制度,在实施过程中必须遵守国家相关的法律、法规和规章。集体协商的主体、协商的内容、订立集体合同的程序、集体合同的履行和监督都不得违反法律、法规和规章的规定。

（二）相互尊重、平等信任原则

集体协商中劳动关系双方是独立的，工会和用人单位之间不存在隶属的关系，在协商过程中的法律地位是平等的。因此，在协商过程中，双方应该相互尊重，相互信任，享有平等的权利，任何一方不得指使命令甚至威胁另一方。

（三）诚实守信、公平合作原则

劳动关系既有对抗性又有合作性，还具有长期性，因此在其存续期间主要体现的是合作性，劳动关系双方应当相互信赖、相互理解。集体协商就是劳动关系双方之间的商讨、沟通过程，目的是求同存异、寻求共识。因此，双方必须本着诚实守信、公平合作的原则确定双方的权利和义务，明确劳动条件，这样才能实现劳动关系的稳定和谐。

（四）合作共赢原则

合作共赢原则应该贯穿集体协商的全过程。劳动关系双方协商不是"一决雌雄"的决战，而是通过相互的磋商和影响，在双方之间寻求共识。在集体协商过程中，要取得令双方满意的结果，既要考虑职工方的利益诉求，又应兼顾企业管理方的发展要求，从企业实际出发，通过有效协商使双方共同受益。

 **技能要求**

一、集体协商会议的信息准备

（一）熟悉有关法律法规和规章制度

协商代表应当掌握与集体协商有关的国家和所在地区的法律法规和规章制度，包括《劳动法》《工会法》《劳动合同法》《集体合同规定》《工资集体协商试行办法》等。法律法规和规章制度是协商的依据，将在协商过程中始终作为指导，也是最具有说服力的论据支撑，因此在协商开始前应当做好充分的学习准备，必要时应当对协商代表进行培训。各级人力资源和社会保障部门、工会以及有关高校、科研机构和国际劳工组织都有许多培训资源，可以充分利用这些资源进行学习。

此外，协商代表还要熟悉所在行业和所在地区的集体协商情况，掌握相关政策和实践情况，充分了解劳动争议发生状况和劳动争议处理统计数据，从中知晓当前劳动争议发生、变化的规律，尽量避免发生集体协商争议。初次开展集体协商的企业，可以求助于人力资源和社会保障行政部门协助指导，也可以前往其他集体协商开展较为成熟的企业进行调研学习，提前积累经验。

（二）收集相关资料

与集体协商密切相关的资料可分为外部资料和内部资料两大类。

外部资料包括：①综合性经济指标，主要包括国内生产总值、居民消费价格指数、职工平均工资等，这些数据显示了整个国家的经济状况、年度经济增长水平以及在此背景下的职工平均工资水平和物价水平，是确定集体协商过程中是否提出工资增长以及增长幅度的重要依据；②劳动力市场状况，主要包括劳动力供求状况、劳动者就业状况、劳动者素质状况和教育水平以及国家的培训就业目标等，尤其是在涉及职工培训议题时，可以帮助确定比较明确的任务和方向；③劳动报酬状况，主要包括劳动力市场工资指导价位、行业人工成本信息、最低工资标准、工资指导线等，这些对进行工资类的集体协商至关重要；④有关政策规定，如国家和地方有关经济社会发展的目标措施、人力资源和社会保障方面的政策规定、企业改制的政策规定和要求、安全生产的劳动标准和劳动条件等；⑤同行业和同地区其他企业的相关情况和同类案例等，要意识到周边企业的工资调整情况、工作条件等对本企业职工的期望值和情绪有很大影响。

内部资料包括：①企业经营情况，包括经营业绩、业务调整、投资计划、投资回报率等；②企业财务状况，除资产、负债、收入、成本、利润等绝对值外，还应包括劳动生产率、人工成本、劳动成本占生产成本的比例等；③人力资源情况，如职工数量、岗位设置、绩效管理、晋升体系、培训政策等；④薪酬情况，如工资总额、工资结构、工资增长率、社会保险费用缴纳情况、职工福利等；⑤劳动条件，如劳动标准、工作场所健康与安全设施等；⑥单位现行规章制度，特别是涉及职工民主权利和经济利益方面的规定。

（三）企业方预设协商方案

第一，明确想要通过集体协商达到的目标。对企业方来说，通过集体协商达到的目标一般包括：①保持企业的市场竞争力和财务平衡；②保持高效率的职工队伍；③避免出现集体行动危机；④培育良性循环的职工参与模式。

第二，各部门密切配合，提前统计准备好各类信息，保证每条信息都有据可查、确凿可信；收集整理好信息后，对各类数据进行仔细的研究分析。

第三，提前与工会或职工代表交换意见，可以用书面的形式，也可以派代表进行小范围面谈。提前沟通有助于双方建立信任、增进了解，探寻双方立场。

第四，根据目标、数据研究、交换意见的结果，预先拟定若干解决方案，比较各方案的优劣势，包括成本、收益、可操作性、影响范围等；预期对方对不同方案的反应和接受程度，预设各个方案的调整方式，确定底线。

第五，将方案与管理决策层、相关管理团队反复沟通修改，确保方案能够被大多数人接受，并在组织内部获得通过；协商代表团队内部要对方案进行充分沟通和统一认识。

二、集体协商会议流程的制定

劳动关系协调员应当按照下列程序制定集体协商的会议流程：

第一，宣布议程和会议纪律，集体协商会议由双方首席代表轮流主持；

第二，一方首席代表提出协商的具体内容和要求，另一方首席代表就对方的要求作出回应；

第三，协商双方就商谈事项发表各自意见，开展充分讨论；

第四，双方首席代表归纳意见。达成一致的，应当形成集体合同草案或专项集体合同草案,由双方首席代表签字。

集体协商过程中的临时提议,取得对方同意后,可以列入协商程序。

第二节　集体合同的订立和履行

第一单元　集体合同的订立

知识要求

一、集体合同订立的程序

（一）集体合同的订立生效程序

经过集体协商的集体合同草案的生效,必须经历三个法定程序：一是经职工代表大会审议通过。集体合同草案必须提交职工代表大会或者全体职工讨论通过。职工代表大会通过的草案,双方协商代表才能签字。二是签署。集体合同经职工代表大会审议后,由集体协商双方首席代表签字。三是报人力资源和社会保障行政部门审查及生效。签字后的集体合同必须报送人力资源和社会保障行政部门审查。

（二）集体合同订立的关键点

集体合同订立过程中有几个方面需要特别关注：第一,经双方协商代表协商一致的集体合同草案或专项集体合同草案应当提交职工代表大会或者全体职工讨论。第二,职工代表大会或者全体职工讨论集体合同草案或专项集体合同草案,应当有三分之二以上职工代表或者职工出席,且须经全体职工代表半数以上或者全体职工半数以上同意,集体合同草案或专项集体合同草案方获通过。第三,集体合同草案或专项集体合同草案经职工代表大会或者职工大会通过后,由集体协商双方首席代表签字。第四,集体合同或专项集体合同期限一般为1~3年,期满或双方约定的终止条件出现，即行终止。第五，集体合同或专项集体合同期满前3个月内，任何一方均可向对方提出重新签订或续订的要求。

二、集体协商会议

（一）集体协商会议的过程

1. 提出议案

协商双方在集体协商会议的初期提出议案，这个阶段是整个协商进程的开始。在这个阶段中，双方都应当清晰地认识到，各自仅仅开始表明观点和态度，随后随着协商的深入，彼此都会作出修改和让步，这种修改和让步，是在自身先前确定的可议价区间之内的，所以，整体氛围相对融洽和谐。在这个阶段，可以提出将某些议题撤出此次会议的协商范围，以图在有限时间集中解决矛盾议题。这么做可以让协商双方更好地意识到争议的主要问题所在，以及对方可能持有的态度。这个阶段大多是单一方的立场宣告，并没有多少直接的语言交流，因此也被称为"聋子的对话"，双方并没有对对方的议案进行内容上的自我思考，而是一种最初己方信息和态度的公示行为。

2. 反馈对对方议案的态度

在充分了解对方议案后，需要及时对对方议案进行反馈，并表明自己的态度和立场，采取倾听、提问、协商等方式进行有效磋商。这一阶段是双方在会议场上的第一次严肃的回应。协商双方都想以一定的让步来谋取对方相应的回应。但问题可能在于，双方都过低估计了对方要求自己所作的让步，同样过高估计了对方所能作出的让步。一方采取的策略在对方看来可能完全不能被理解。而在一些关键性的实质议案上，特别是一方认为该议案是原则性的不可撼动时，难以作出实质性让步，这将使协商陷入第一次争议和纠纷中。

在实际操作中，双方为了获得对己方比较有利的局面，都会进行大量的说服工作，或可能采取各种方式（如"虚张声势"、强烈反对等），争取让对方重新调整期望值，并最终愿意作出让步，实现自身的目的。若双方都想达成协议，最终双方或者一方还是会在一些比较重要的议案上作出让步。这个阶段实质上是对对方协商底线的第一次挑战和己方议价在可协商区间内的第一次调整。

3. 讨价还价

通常来说，在反馈对对方议案的态度和观点后，就要进入相对漫长的讨价还价环节。在这一环节，协商双方会从一些争议较少或期望值不高的问题入手，从已经达成一致的某些条款开始，努力达成全部协议。这是因为，针对争议较少的议案，双方的议价空间会相对较大，便于达成一定的共识，营造良好的协商氛围。当双方逐渐认识到无法获得最初所期望的条件时，需要不断修改一些问题的议价，以逼近自身的可议价底线。在这一过程中，任何一方都不太可能再回到最初的起点，这也是彼此所不希望看到的。取而代之的是选择劝说自身委托人改变预期，或至少帮助他们探讨进一步让步的可能性。

这一环节也是最需要协商技巧和策略的环节。技巧和策略的使用是为了让己方在协商过程中的议价更有利、更贴近对方的协商底线。换句话说，这一环节就是协商双方对对方底线的试探和攻略。所有的讨价还价中的"价"是在双方底线区间内的合理预估，一旦脱离双方底线的区间，协商将会陷入僵持，甚至走向失败。

4. 最后议价与敲定

由于最有争议的议题往往到最后也难以决策，因此在最后期限即将来临之时（会议终止时或协商双方背后群体的态度发生改变），需要进行最后的议价与敲定。在较为理想的情况下，协商双方都能够接受对方的条件及愿意作出的让步，并且协商结果满足自己和其委托人所能够接受的条件。如果议案能被接受，双方只需要就协议的措辞进行最后的商讨；若议案明显不能被接受，则双方在这一阶段仍需进一步尝试促使对方改变预期，或尝试改变自身委托人的预期。这个阶段可能会存在一些"哗众取宠"的表演，一方会停止正式的协商，攻击对方"没有诚意"；也可能会扮"红脸白脸"，以期表明自身作出了最大限度的让步并有协商的诚意。但同时双方又一直保持着各种非正式的接触，暗示他们在面对委托人时可能面临的问题，寻求对方的耐心和合作。如果存在一个积极的协商区间，而且双方都清楚知晓对方的意图，那么双方会在最后期限到来之前达成协议，签署协议备忘录，包括已经达成一致的所有内容，反馈给委托人。

(二) 集体协商会议的结果

1. 集体协商达成一致的集体合同草案或专项集体合同草案应当提交职工代表大会或者全体职工讨论。

2. 集体协商未达成一致意见或出现事先未预料的问题时，经双方协商，可以中止协商。中止期限及下次协商时间、地点、内容由双方商定。中止期限最长不宜超过30天。①

3. 因签订集体合同发生争议，当事人协商解决不成的，当地人力资源和社会保障部门可以组织有关各方面协调处理。上级工会应当积极代表职工参与争议的处理，也可请有关专家参与争议的处理。

延伸阅读

集体协商工作的总体方案

集体协商签订集体合同是一项非常复杂且政策性很强的工作，需要制定周密的工作总体方案，以保证协商工作有步骤、有计划地进行。集体协商工作的总体方案应该包括以下几方面内容。

一、集体协商工作的总体设想

集体协商工作的总体设想主要包括：本企业进行集体协商签订集体合同工作的指导思想和目的，该项工作对于企业发展和职

---

① 中华全国总工会组织部. 全国工会工资集体协商培训教材 [M]. 北京：中国工人出版社，2011.

工权益保障的意义；进行集体协商工作的相关法律法规政策依据；本次集体协商签订集体合同工作的重点任务、基本原则和具体目标。

二、集体协商工作的具体程序安排

这主要指本企业进行集体协商签订集体合同工作的阶段划分，各阶段工作的主要内容和进度要求。在制订这部分计划时，需要注意与企业生产经营工作的协调安排，保证企业正常工作的进行与集体协商工作的有序展开；还应该考虑尽可能与企业职工代表大会的召开相衔接，因为集体协商通过的集体合同草案，必须经过职工代表大会审议通过后，才能够正式签字。另外，在每个阶段的时间安排上要留有余地。集体协商过程可能会遇到障碍，出现僵局或其他情况，协商会议就可能需要延长时间；如果发生重大争议，还需要进入调解程序。所以，在集体协商工作程序安排时应该留有回旋余地，以免被动。

三、集体协商工作的组织保障

集体协商工作牵涉到企业劳动关系双方，上至企业领导下至每个职工，集体协商的内容又是涉及各方利益的重要议题，必须予以高度重视。为保证集体协商工作的顺利展开，企业必须提供组织保障。例如，企业可以成立集体协商集体合同工作领导小组或协调小组，企业行政方代表、工会组织以及职工代表参加，共同就集体协商工作的相关问题进行总体协调和沟通。在这类机构当中，企业党组织可以发挥重要的领导协调作用，企业的党委书记可担任领导小组组长，对集体协商工作给予直接支持和推动，保证集体协商集体合同工作的顺利进行。领导小组的工作贯穿集体协商集体合同工作的整个过程，从前期筹备、集体协商会议的召开、集体合同的审议通过，到集体合同的履行与监督、检查，领导小组都承担着协调、引导的职责。

 **技能要求**

一、集体协商会议的组织

（一）会前准备

1. 会场准备

会议工作人员应先确定会场。由于集体协商会议是劳动关系双方为争取自身的利益而进行的商谈，双方都会感到压力较大。选择合适的会场能在一定程度缓和紧张的气氛。选择会场应考虑下列因素：

（1）场地应有良好的照明、通风设备和协商设备。其中协商设备包括椅子、桌子、视听器材（如投影仪等）、会议文件、纸笔等。

（2）协商会议一般选择圆桌形式，圆桌会议的座位安排没有职务高低之分，能够体现集体协商的平等性特征。会前需要制作桌签，标明双方协商人员的姓名。同时，要给会议记录人员安排合适的位置。

（3）会场应不受外界干扰。集体协商是注意力高度紧张的活动，为保证协商会议的效率，应避免室外的噪声和会场的电话铃声。

2. 会议通知

集体协商议题明确之后，要确定会议议程并通知参加人员。会议通知应简明扼要，说明协商议题，会议时间、地点，参加人员，报到地点和时间。同时，应在会议通知上写明会议工作人员的联络电话，以便及时沟通。

3. 会议资料

如果是劳动关系双方都需要的资料，可在会议之前进行分发，以便协商双方事先阅读资料，做好协商准备。这样有利于协商会议紧凑、高效。分发会议资料应有条不紊。如果资料多，需标明页码和各部分标题，同时提取形成目录，让人一目了然。会议资料一般包括两方面的内容：

（1）对议题的说明，即说明会议的目的，简明扼要地阐明提出这个议题的背景及双方协商的目的。对议题的说明在于解答协商双方可能产生的疑问。

（2）对议案的说明，即对会议中要协商的内容进行一一说明。

除此之外，协商双方还要准备一些本方需要的资料，以便为本方的意见和要求提供更加充实而有说服力的支撑。同时，还要准备一些反驳对方意见的实际数据或其他资料，以便在协商过程的关键时刻说服对方。这些资料的准备是协商各方代表根据本方的议案和要求有针对性地进行收集、准备的。能否在协商之前做好充足的准备，取决于协商代表对集体协商法律规范和实际运作的理解和熟悉程度。

（二）会中组织

会议签到一般在会议开始前完成。主持人致辞开会后，双方开始商谈。双方协商代表按照议定的会议程序逐一进行商谈。在这期间，双方代表通过掌握的资料表明自身的观点。在协商过程中，双方代表在发言时应该紧扣主题、表达清晰，其他代表则应该注意倾听对方的发言，一般不要打断对方，待别人发言结束后再发表自己的意见。需要特别注意的是，在协商过程中，任何一方都享有平等发表意见的权利，任何人不能压制或限制他人发表意见的权利，更不能以职务高低决定发言权的大小。同时，在协商过程中不能进行人身攻击。

在协商过程中，会议主持人具有非常重要的作用。会议主持人应该负责把握会议节奏与进程，随时梳理各方的意见和观点。在每个议题的讨论协商中，会议主持人应该抓住时机，及时"缩小光圈"，引导会议向议题的结论靠近；在必要的情况下，能够提出可供选择的其他方法和程序以便推动某一议题继续进行；会议主持人不应偏袒某一方或某种意见，应尽量公正、客观，鼓励所有与会人员都积极参与讨论、各抒己见，最终达成一致；要善于归纳总结协商代表所发表的意见，巧妙地综合各种观点。如果双方代表达成一致意见，会议主持人应该及时总结并重述结论性意见，得到双方认可后，要求记录员将决议记录在案。每个议题完成时都可以重复上述工作。当所有议题协商结束时，应当形成集体合同草案，由双方首席代表签字。

（三）注意事项

1. 保证合适的会议时间

会议如果没有明确的结束时间，进程容易变得松散，会降低协商效率。协商双方在规定的时间进行讨论可提高会议效率。协商会议的时间因议题、会议内容的不同而不同。会议时间应由协商代表共同确定。如果是简单的、双方容易达成一致意见的协商议题，时间可以短一些。如果是劳资双方相互争论激烈、一时难以达成一致的内容，时间就可以稍微长一些。当双方争论僵持不下，协商陷入僵局的时候，可以商量暂时休会，待双方冷静下来，与本方成员进一步沟通之后，再继续商谈。

2. 及时整理好会议记录

在整理会议记录时，要尽可能简化语句，把多余的口头禅去掉，做到语言文字的规范化。整理完成的会议记录应该交协商双方代表确认，确认无误之后及时存档。此外，会议过程中很可能会涉及企业的商业秘密，会议工作人员应严格执行保密制度，不得泄露保密信息，同时，要清点文件件数并及时归档，养成良好的保密习惯。

二、集体协商观点的理解和阐述技巧

准确理解协商代表的观点，要求劳动关系协调员认真倾听。倾听别人发言必须集中全部注意力，要避免分心的举动或手势，如看手表、翻阅文件、用笔乱写乱画等，这些动作使人难以集中精力，可能会遗漏协商代表所要表述的信息。在倾听协商代表表述观点的过程中，劳动关系协调员应认真观察，熟悉协商代表的不同特点，以准确把握协商的信息。准确理解和阐述协商观点的具体技巧包括以下几个方面。

(一) 辨析协商代表的协商风格

协商风格可以分为正式和非正式两种。正式风格下协商代表通常公事公办，坚持以对方的头衔按照次序称呼，避免涉及对方私生活，协商的氛围比较严肃、规范。而非正式风格下协商代表直接以姓氏称呼对方，希望尽快和对方建立一种私人的友好关系。协商代表风格的不同，其话语间会有不同的含义。劳动关系协调员应该了解协商代表的风格，以准确捕捉协商代表话语间所表达的真实观点。当协商代表阐述本方观点时，也可以针对不同协商风格的人采取不同的表述方式。

(二) 观察协商代表采取的沟通方式

有些协商代表善于利用资料信息，如采用圆饼图、数据表等作为论据支持自己的观点。因此劳动关系协调员应该具备辨识资料信息的能力，能够理解各种图表、数据的准确含义等，以准确理解协商代表所表达的信息。同时，善于借助这些手段表达本方观点和主张。

(三) 注意双方合意的形成方式

在协商过程中，有些协商代表倾向于一种非常细致的合同，并通过文本的方式记录在案，以确保合同的内容能够解释所有可能情况发生的结果，协商代表从而能够依据合同解释任何因素变化后应该怎样去做。而有些协商代表认为首先应该建立一种良好的关系，如果出现意想不到的情况，双方应该根据良好的关系来解决问题。对于双方合意形成方式的不同，劳动关系协调员应该能够有所区分，前者重在全面理解集体合同的内容；后者则一方面要理解集体合同的文本内容，另一方面也要思考合同外双方的关系是否能够应对特殊情况的出现。

(四) 判断协商小组的组织结构

在协商中，有些协商小组的决定往往是由领导者个人作出的；而有些协商小组则强调共同参与和群体决策。在协商中有时很难区分谁是领导者，谁有决策的权力。为准确理解阐述方的观点，劳动关系协调员应把握协商小组的发言，要注意整理所有成员的意见。

积极倾听并认真观察、判断协商代表的发言情况，随时记录协商中的重点和疑难点，可以帮助劳动关系协调员理解双方阐述的内容。由于劳动关系协调员在理解的过程中可能存在一些误解，因此必要时可以通过反馈进一步确认自己的理解是否正确。这要求劳动关系协调员向发言者阐述自己的理解，并由发言者判断其理解是否正确。

劳动关系协调员在阐述自己一方观点时，要做到概念清晰、表述准确、逻辑严谨，不要采用似是而非、模棱两可的表述，也不要使用容易产生歧义的表达方式。当发现对方的理解出现偏差时，应该马上纠正并重述自己的观点。

三、职工代表大会审议集体合同草案

职工代表大会审议是指经双方协商代表协商一致的集体合同草案提交职工代表大会或者全体职工讨论的过程。具体程序如下：

一是清点代表人数。职工代表大会讨论集体合同草案，应当有三分之二以上职工代表出席。

二是把印制好的集体合同草案发至职工代表每人一份。草案可以在会场上分发，也可以会前印发，以便职工代表事先阅读审议合同草案，避免在会议召开时由于审议时间不足而影响职工代表意见的充分表达。

三是宣读集体合同草案。宣读人可由劳动关系双方议定。

四是作出说明。由集体协商首席代表就集体合同的产生过程、主要劳动标准确定的法律依据，以及职工和管理者各自应承担的义务等作出说明。

五是分组讨论。以职工代表团（组）为一个讨论单位，各代表团（组）应认真做好记录，特别是对草案提出的意见要详细记录在案，以供讨论提出的修改之用。

六是大会主席团听取各职工代表团（组）讨论提出的修改意见。企业法定代表人根据各职工代表团（组）的意见进行必要的说明，取得大多数职工代表的认可。

七是大会表决。可以采取投票表决方式，也可以采取举手表决方式。

八是宣读表决结果。根据职工代表表决情况，由大会主席团执行主席宣读表决结果。表决以半数以上同意方为通过。

九是如果集体合同草案没有获得职工代表大会通过，就要对草案进行修改。协商代表对职工代表大会上职工代表所提意见进行认真讨论协商，对修改意见达成共识。修改后的集体合同草案仍要按照法律法规的规定提交职工代表大会讨论通过。讨论通过的集体合同草案由协商双方的首席代表签字，集体合同的协商工作完成。

审议、讨论、通过集体合同草案是《劳动法》赋予职工代表大会的权利。需要注意的是，不能以职工代表团（组）长联席会议和其他小范围协商会议代替职工代表大会行使职工代表表决通过集体合同的权利。

根据各地签订集体合同的实践，有些做法值得借鉴。例如，在集体合同文本经集体协商讨论通过后，为稳妥起见，工会方的代表可以就集体合同文本事先征求职工代表大会部分职工代表的意见，并向他们说明或介绍集体协商的过程以及在讨论中原合同文本的条款经协商发生了哪些修改和变动，以便他们了解协商的背景情况。这样可以使合同文本在职工代表有所了解的基础上，顺利通过职工代表大会的审议。

四、职工代表或全体职工对集体合同草案意见的收集整理方法

收集整理职工代表或全体职工对集体合同草案意见有多种方法，最常用的主要有三种。

1. 问卷调查法

问卷调查法是收集对集体合同草案意见的基本方法，即通过发放问卷的方式，由被调查者填写完成后交与调查员收回。问卷调查法通常是匿名调查，减轻了职工的心理压力，有利于汇总职工意见。

2. 访谈法

访谈法也称为访问法，即调查者通过口头交谈的方式了解被访谈者想法的方法。访谈方式可以分为结构式访谈和非结构式访谈。结构式访谈通常用事先统一设计、有一定结构的问卷进行访谈，访谈过程按照统一的标准和方法进行；非结构式访谈并不事先准备统一的访谈问卷，而是由访谈者与职工自由交谈，并根据情况不断调整内容和方式。

3. 意见箱法

该方法是指在职工活动比较频繁的公共地方，设立用于存放职工提出意见的信箱。在信箱上面专设一格，用于存放统一格式的征求意见表，职工可以自由抽取进行填写，并将填写好的意见表投入信箱之中，由专门人员开锁取出再进行处理。这种方法简单易行，是一种常用的征集意见形式。

第二单元　集体合同的履行

 **知识要求**

一、集体合同报送审查流程

（一）集体合同的报审

集体合同或专项集体合同签订或变更后，应当自双方首席代表签字之日起 10 日内，由企业一方将文本一式三份报送人力资源和社会保障行政部门审查。

（二）行政部门的审查

人力资源和社会保障行政部门对报送的集体合同或专项集体合同应当办理登记手续，同时应当对报送的集体合同或专项集体合同的下列事项进行合法性审查：一是集体协商双方的主体资格是否符合法律法规和规章规定；二是集体协商程序是否违反法律法规和规章规定；三是集体合同或专项集体合同内容是否与国家规定相抵触。

（三）审查的结果与处理

1. 人力资源和社会保障行政部门对集体合同或专项集体合同提出异议的情况

人力资源和社会保障行政部门对集体合同或专项集体合同有异议的，应当自收到文本之日起 15 日内将《审查意见书》送达双方协商代表。《审查意见书》应当载明以下内容：

（1）集体合同或专项集体合同当事人双方的名称、地址；

（2）人力资源和社会保障行政部门收到集体合同或专项集体合同的时间；

（3）审查意见；

（4）作出审查意见的时间。

《审查意见书》应当加盖人力资源和社会保障行政部门印章。用人单位与本单位职工就人力资源和社会保障行政部门提出异议的事项经集体协商重新签订集体合同或专项集体合同的，用人单位一方应当再次按规定将文本报送人力资源和社会保障行政部门审查。

2. 未提出异议的情况

人力资源和社会保障行政部门自收到文本之日起 15 日内未提出异议的，集体合同或专项集体合同即行生效。生效的集体合同或专项集体合同应当自其生效之日起由协商代表及时以适当的形式向本方全体人员公布。

（四）集体合同报送审查的管辖范围

集体合同或专项集体合同审查实行属地管辖，具体管辖范围由省级人力资源和社会保障行政部门规定。中央管辖的企业以及跨省、自治区、直辖市的用人单位的集体合同应当报送人力资源和社会保障部或人力资源和社会保障部指定的省级人力资源和社会保障行政部门。

二、集体合同的变更和解除

（一）集体合同变更和解除的概念

集体合同的变更是指在集体合同没有履行或没有完全履行之

前，因订立集体合同所依据的主客观情况发生某些变化，当事人依照法律规定的条件和程序对原合同中的某些条款进行修改和补充。

集体合同的变更主要是合同内容的变更。它可以是集体合同有效期限的变更，也可以是标准条件、义务性条款的变更。只要当事人双方协商一致，手续和内容合法，变更原合同关系是允许的。集体合同变更后，当事人之间的权利与义务随之发生变化。

集体合同的解除是指集体合同没有履行或没有完全履行之前，因订立合同所依据的主客观情况发生变化，致使集体合同的履行成为不可能或不必要，当事人依照法律规定的条件和程序，可以解除原集体合同法律关系。

（二）集体合同变更、解除的条件和程序

依法订立的集体合同具有法律约束力，因此，变更或解除集体合同必须符合一定的法定条件和程序。集体合同的变更或者解除应当以书面形式提出，提出变更或者解除集体合同的一方应当提供相关依据。

1. 集体合同变更、解除的条件

双方当事人在协商一致的条件下可以变更或解除集体合同。集体合同签订后，经当事人双方重新协商同意，可以变更或解除。《集体合同规定》第三十九条规定："双方协商代表协商一致，可以变更或解除集体合同或专项集体合同。"法律允许当事人经协商一致变更或解除集体合同，目的是为了使工会和企业能够根据客观情况的变化及时调整合同关系，使集体合同能够更加适应客观实际的需要，使集体合同更好地发挥其作用。

此外，根据《集体合同规定》第四十条的规定，有下列情形之一的，可以变更或解除集体合同或专项集体合同：

（1）企业因被兼并、解散、破产等原因，致使集体合同或专项集体合同无法履行的；

（2）因不可抗力等原因致使集体合同或专项集体合同无法履行或部分无法履行的；

（3）集体合同或专项集体合同约定的变更或解除条件出现的；

（4）法律法规和规章规定的其他情形。

一些地方性集体合同法规政策（如《重庆市集体合同条例》），还规定了订立集体合同所依据的法律法规和规章发生修改或者遭到废止的情况。国家法律法规和政策是订立集体合同的重要依据之一，在集体合同订立之后，如果国家有关法律法规和政策发生了变化，必须变更有关的集体合同内容或解除集体合同。

当发生以上几种情况之一时，集体合同的任何一方当事人有权提议变更集体合同，但任何变更集体合同的提议都要具备足够的说服力。如当企业被兼并时，其业务被完全地吸收或者其主体业务被吸收，后续的兼并企业仍然负有继续履行集体合同的义务。因为从其性质上来说，企业的整体业务并未发生实质变化，签订集体合同时的环境和条件也并未因企业的兼并而有实质变更。而当出现企业解散、破产等情况，或者因物价大幅波动、经济状况整体下滑等情况而需要变更集体合同时，双方应在协商合作的基础上商谈变更或解除集体合同。对提议变更集体合同的主体也有一定限制，例如，少数职工在不经大多数职工同意的情况下不能和企业进行协商变更集体合同。因为集体合同的任何变更都是对企业的全体职工产生约束力，集体合同的变更也就需要企业多数的职工同意才能进行。

2. 集体合同变更、解除的程序

变更或解除集体合同或者专项集体合同，适用集体协商程序，即按照《集体合同规定》关于集体协商的程序执行。

（1）集体协商任何一方均可就变更或者解除集体合同或专项集体合同以及相关事宜，以书面形式向对方提出集体协商的要求。一方提出集体协商要求的，另一方应当在收到集体协商要求之日起20日内以书面形式给予回应，无正当理由不得拒绝进行集体协商。

（2）集体协商会议由双方首席代表轮流主持。

（3）集体协商未达成一致意见或出现事先未预料的问题时，经双方协商，可以中止协商。中止期限及下次协商时间、地点、内容由双方商定。

集体合同或专项集体合同变更后，应当自双方首席代表签字之日起10日内，由企业一方将文本一式三份报送人力资源和社会保障行政部门审查。

3. 集体合同变更、解除的效力

集体合同变更是在原集体合同基础上所作的修改和补充，原集体合同关系并未发生改变。集体合同变更的效力不具有溯及的效力，只涉及合同未履行的部分，对已经履行的部分任何一方都不得要求对方返还。集体合同解除的法律后果具有特殊性。根据我国《合同法》第九十七条的规定，合同解除后，尚未履行的，终止履行；已经履行的，根据履行情况和合同性质，当事人可以要求恢复原状、采取其他补救措施，并有权要求赔偿损失。因为劳动关系具有人身性和财产性，劳动力的提供和使用在劳动过程中实现。劳动过程结束后，已付出的劳动不能恢复原状和返还原物。集体劳动关系解除后，补救措施主要采用损害赔偿的方式。

三、集体合同的终止

（一）集体合同终止的概念

集体合同终止是指因某种法律事实的发生而导致集体合同法律关系消灭。集体合同或专项集体合同期限一般为1~3年，期满或双方约定的终止条件出现，即行终止。集体合同或专项集体合同期满前3个月内，任何一方均可向对方提出重新签订或续订的要求。

集体合同解除与集体合同终止是两个不同的概念。前者是集体合同尚未全面履行或者根本没有履行而予以终止；后者则是指集体合同全面履行而宣告终止。当然，广义的集体合同终止也包括集体合同的解除。

集体合同终止时，其效力自动消灭，但如果双方同意延长合同的有效期限，则集体合同继续具有法律效力；双方也可以在集体合同中作出在集体合同期满未签订新的集体合同之前原合同继续有效的约定。在旧的集体合同失效后、新的集体合同生效前，依照旧的集体合同的规定所签订的劳动合同，如存续时间没有结束，劳动合同就仍然有效，但在这段时间内，经劳动合同双方当事人同意，可以变更或订立新的劳动合同。

（二）集体合同终止的条件

我国《集体合同规定》中并未对集体合同终止的条件作具体阐述，但在有关集体合同的诸多地方立法中对此作出了规定。如《北京市集体合同条例》规定，有下列情形之一的，集体合同终止：①企业依法破产、解散的；②集体合同期满或者双方约定的终止条件出现的；③集体合同期满后，一方不同意续订集体合同的。

总体而言，大多数地方立法中规定的终止情形都包括以下几种情形：集体合同期满后一方不同意续订集体合同的；双方约定的终止条件出现的；企业依法破产、解散、关闭、停产的；法律、法规、规章规定的其他终止的情形。

延伸阅读

集体合同的效力

集体合同的效力是指集体合同对什么人、在什么时间和地方具有约束力。

一、集体合同对人的效力

（一）对集体合同关系人的约束力

集体合同关系人是指在集体合同效力范围内的全体职工和企业管理人员。在一般情况下，集体合同关系人是由法律规定的。因此，只要集体合同依法订立，即使部分关系人反对该集体合同，集体合同对持反对意见的关系人也仍具有约束力。

（二）对劳动合同当事人的约束力

集体合同对劳动合同当事人是否具有约束力，历史上曾出现过三种不同的见解，即：第一，不承认集体合同对劳动合同的效力，即劳动合同当事人若无遵守集体合同的意思表示，集体合同对劳动合同及其当事人没有约束力；第二，承认集体合同对劳动合同当事人具有约束力，劳动合同内容不得违反集体合同的有关规定，否则，劳动合同无效；第三，当劳动合同违反集体合同的某些规定时，凡劳动合同当事人有变更集体合同特别约定的，集体合同对特别约定部分不发生效力，否则，集体合同对劳动合同具有约束力。在这三种见解中，只有第二种认为集体合同规范具有相对稳定性，有利于劳动秩序和社会秩序的稳定。目前，西方发达国家的集体合同立法大都采用第二种意见，并同时规定，如果劳动合同规定的条件高于集体合同的规定，劳动合同有效，否则，集体合同对劳动合同及其当事人具有约束力。我国《劳动合同法》第五十五条规定，用人单位与劳动者订立的劳动合同中劳动报酬和劳动条件等标准不得低于集体合同规定的标准。这说明我国集体合同的效力大于劳动合同，集体合同对劳动合同当事人具有约束力。

二、集体合同的时间效力

集体合同的时间效力通常以集体合同的存续时间为原则，集体合同的存续时间分定期和不定期两种。目前，世界各国大都采用定期集体合同，合同期限一般不超过三年。不定期的集体合同，当事人一方在缔约一年以后，有权要求终止集体合同，其前提是必须在要求集体合同终止前一定期限内以书面形式通知对方。我国集体合同的存续时间一般为1~3年。

集体合同发生效力的时间一般由当事人约定，通常以集体合同成立之日起发生效力。由于集体合同需履行备案手续，因此，集体合同成立之日，不能以集体合同当事人签字为准，而应以集体合同文本向集体合同管理机关报备后第15日的次日起为准。我国《劳动合同法》第五十四条规定："集体合同订立后，应当报送劳动行政部门；劳动行政部门自收到集体合同文本之日起15日内未提出异议的，集体合同即行生效。"如果当事人不以集体合同备案之日起15日的次日作为合同的生效时间，则应具体情况具体分析。当事人将集体合同生效时间定在集体合同成立之后，在一般情况下是允许的。倘若将集体合同约定的各项义务追溯至集体合同成立以前发生效力，就出现了集体合同的溯及力问题。在某些国家，当事人如有特别理由，并经集体合同管理部门认可，允许集体合同有溯及力。集体合同的消灭时间，当然以集体合同终止时间为准。在旧集体合同失效后、新集体合同生效前，依照旧集体合同的规定所签订的劳动合同，如存续时间没有结束，那么，劳动合同仍然有效。但在这段时间内，经劳动合同当事人双方同意，可以变更或订立新劳动合同。

三、集体合同的地域和产业效力

集体合同对地域的效力是指集体合同在哪些地域或场所具有约束力。这种空间范围通常以一定的行政区域或单位类型来划分。集体合同依据其适用地域的范围，可分为企业集体合同和事业集体合同、地方集体合同和全国集体合同。凡以一定的行政区域或场所为空间范围订立的集体合同，即在该区域或场所内具有约束力。由于我国集体合同是在企业和县级以下区域内签订的，因此，我国集体合同只在签订合同的企业或县级以下区域内具有约束力。

集体合同对产业的效力范围是指集体合同对同一产业的职工、企业具有约束力。例如，日本的全日本海员工会与船主团体签订的集体合同，对全日本海员和船主都有约束力。由于我国县级以上的产业工会现在尚不享有缔结集体合同的权利，因此，我国不存在集体合同的县级以上产业适用范围问题。

四、集体合同的债权效力

债是特定的当事人之间的民事法律关系，债的一方享有请求他方为一定行为或不为一定行为的权利，他方负有满足该项请求的义务。当债与所有权相提并论时，通常也称之为债权。集体合同规定的当事人之间的义务关系具有债权合同的性质。因此，市场经济国家的法律大都规定集体合同的履行除法律有特别规定的以外，可适用民法的规定。

集体合同产生的债务主要有两种：

第一，集体合同当事人的债务。集体合同当事人的债务或称集体合同当事人的义务主要有两种：一是遵守集体合同约定；二是在集体合同有效期内不得使用罢工、闭厂等争议手段。

第二，集体合同关系人的债务。按照债的一般原则，只有合同当事人才承担合同规定的义务。凡不经第三人同意而以第三人承担义务为目的订立的合同，第三人不承担义务。集体合同如果也依照这一原则订立，那么，它的效力必然是十分微弱的。因此，市场经济国家的法律大都规定，不管集体合同关系人是否同意，集体合同一经签订，就对其具有约束力。集体合同关系人对自己所属团体的对方合同当事人直接承担集体合同的义务。当集体合同义务的履行涉及集体合同关系人个人利益时，关系人个人享有请求权；当义务的履行既关系到个人利益又关系到全体或大部分关系人的共同利益时，这种请求权属于团体。我国集体合同是在经过企业全体职工和行政管理人员广泛讨论的基础上签订的，它体现了集体的意志，对企业全体人员都具有约束力。

资料来源：刘继臣. 共同的约定——集体合同与劳动合同 [M]. 北京：中国工人出版社，2010.

 **技能要求**

一、集体合同报审注意事项

集体合同签订后应报送人力资源和社会保障行政部门审查。在集体合同报审过程中，除明确应报送的人力资源和社会保障行政部门、明确行政部门的审查内容外，还应注意以下几点：

一是实践中一些企业为确保集体合同的报送能够成功通过，通常先聘请有关专业人员（如劳动法律方面的专家、集体协商顾问等）进行预审，从集体合同的主题、程序到内容进行一个初步的评估，如果发现问题，马上予以纠正。经过严格的自评，集体合同文本得以规范，报送人力资源和社会保障行政部门的审查通过率比较高。

二是确定报审时要提交的材料。目前我国对集体合同审查的材料并未作统一规定，根据人力资源和社会保障行政部门审查的内容，一般应提供下列材料：

（1）有关集体协商双方主体情况的材料，包括集体合同双方首席代表的资格证明、身份证复印件，企业法人营业执照和企业工会社团法人资格证书复印件，协商代表花名册，双方首席代表如属指派和委托应附相关证明。

（2）有关集体协商程序性的材料，如集体协商要约书和承诺方的书面答复书、职工方协商代表产生过程的书面材料、集体合同职工代表大会或职工大会讨论通过决议等。

（3）关于集体合同的内容性材料，必须提交集体合同文本一式三份，有些人力资源和社会保障部门还要求提供协商会议记录原件。

三是集体合同报送时，要注明报送时间和报送人。

四是报送工作完成后，报送人应该随时关注人力资源和社会保障行政部门的反馈意见，适时与相关部门进行必要的沟通，并及时、准确地向单位反馈情况。特别是当报送的集体合同出现问题的时候，要马上组织有关部门和相关人员，按照人力资源和社会保障行政部门《审查意见书》的要求对合同文本存在的问题进行修改。修改工作完成后，及时将集体合同再次报送人力资源和社会保障行政部门审查。

二、集体合同报审的意义

各地的规定中，对于集体合同报送人力资源和社会保障行政部门，采用了审查和备案两种表述。关于集体合同是否需要审查或者备案成为一个重要的讨论议题。从国际上看，一般大陆法系国家都要求政府部门对集体合同或集体协议进行审查备案，主要是审查是否有与现有法律规定相抵触的条款。但是基本的原则是，政府主管部门不能对报审的集体合同作出限制、废除或中止的决定,因为这是与自由和自愿集体谈判协商的原则相违背的。

审查和备案对于政府行政部门和有关方面改进完善集体合同管理有重要的意义,主要包括以下方面:

一是形成完整的集体合同信息系统。系统中记录的内容包括集体合同的数量、有效期、行业分布、合同主要内容等。

二是集体合同登记备案制度使政府主管部门可以了解、跟踪集体协商的最新发展情况并对报送的集体合同信息进行分析和宣传。这些信息使政府主管部门确定各个行业的集体协商覆盖程度,引导政府将有限资源投向未被集体协商覆盖的更加弱势的行业。政府主管部门通过这些信息能够为应对因集体合同解释或履行集体合同而发生的争议做更好的准备。这些信息也可以帮助企业和工会开展集体协商,在协调工资政策方面起到重要作用,还可以帮助政府主管部门推动建立和谐的劳动关系。

三是有助于劳动保障监察机构对集体合同的履行情况进行监督检查,对于法院处理劳动诉讼也具有重要参考作用。

目前我国集体合同审查制度作用的发挥还很不充分,主要集中于登记记录,而对于报送集体合同的分析和发掘利用还远远不够。

相关法律法规

1. 《中华人民共和国工会法》
2. 《中华人民共和国劳动法》
3. 《工资集体协商试行办法》
4. 《集体合同规定》
5. 《中华人民共和国劳动合同法》
6. 《工资支付暂行规定》
7. 《关于逐步实行集体协商和集体合同制度的通知》
8. 《最低工资规定》

 **复习思考题**

1. 简述集体协商代表的职责和义务。
2. 简述职工方协商代表的产生方式。
3. 简述集体协商准备阶段的工作内容。
4. 简述集体协商的原则。
5. 简述集体合同的订立生效程序。
6. 简述集体协商会议的流程。
7. 简述理解和阐述协商代表观点的具体技巧。
8. 简述职工代表大会审议集体合同草案的具体程序。
9. 简述集体合同报送审查流程。
10. 简述集体合同变更、解除的条件和程序。

 **案例分析题**

2014年年初,一家外资企业调来一名作风强势的总经理。同年,工人因工资水平过低引发不满,年底时企业工会要求与企业开展工资集体协商。总经理指责企业工会主席煽动工人要求涨工资,阻碍企业发展。随后企业工会主席在全体工人的支持下坚持与企业方协商工资,遭受企业方一系列打击报复:首先,企业方在年终考核中给工会主席差评,导致其年终绩效奖金为零;其次,企业方又以收到匿名举报信(声称工会主席滥用经费)为由,从工会主席工资中扣除1 000元作为处罚,并对工会主席作停职处理。上级工会在接到企业工会反映的情况后,会同相关人力资源和社会保障行政部门对企业方进行了严肃处理和处罚。

资料来源:国际劳工组织. 集体协商职工方代表培训教材,2019.

请思考:1. 企业方的上述做法违背了哪些劳动法律?
2. 如何对案例中的工会主席进行保护?

第四章 劳动规章制度管理

学习目标

1. 掌握劳动规章制度的概念、特征与意义。
2. 熟悉劳动规章制度的信息收集方法。
3. 了解劳动规章制度制定的依据与原则。
4. 掌握劳动规章制度制定的程序与效力。
5. 掌握劳动规章制度制定过程中的公示与告知技巧。
6. 了解劳动规章制度实施的基本要求。
7. 熟悉劳动规章制度实施的重要机制与必要条件。
8. 掌握劳动规章制度的生效要件。
9. 熟悉劳动纪律的概念、内容与原则。
10. 掌握违纪员工的惩戒处理程序与处理要求。

案例

用人单位解除劳动合同需有充足理由

梁小姐于2016年5月10日进入上海某物流有限公司（以下简称公司）担任部门经理，双方签订的合同终止期限为2019年5月9日，约定工资为每月10 000元。梁小姐在任职期间遵纪守法，对自己的本职工作更是认真负责，可是令她万万没有料到的事情发生了。2018年10月15日，公司突然向梁小姐发出书面解聘通知并拒绝支付经济补偿，理由是在2017年7月至9月间，梁小姐签字批准的报销费用中的大部分为假发票。公司认为梁小姐的行为已严重违反了公司的报销制度及相关规章制度，属于严重违纪，因而有权立即解除其劳动合同并无须支付任何经济补偿。梁小姐认为，其下属员工产生费用填写报销单交给自己签字后，须交财务审核，若财务审核时发现问题会通过电子邮件直接和报销人进行核实；且作为部门经理的她没有能力辨别发票真假，对员工申请报销的项目是否属于报销范围也不知晓，故认为公司对自己的辞退属于违法解除劳动合同，因而申请劳动争议仲裁，要求公司支付经济补偿金。用人单位提供了公司员工手册中关于任何涉及费用与报销的不诚实行为或者欺诈行为属于严重违纪的规定，但是未能提供公司对费用报销范围及报销流程等方面的具体规章制度。最终，劳动争议仲裁庭经过审理，裁定支持了梁小姐的仲裁请求。

第一节　劳动规章制度的制定

第一单元　劳动规章制度概述

知识要求

一、劳动规章制度的内涵

（一）企业内部劳动规则

企业内部劳动规则源于1954年政务院颁布的《国营企业内部劳动规则纲要》。当时我国正处于社会主义改造未完成的新中国建立初期，由于旧的劳动管理制度的崩溃和新的劳动管理制度尚未建立，企业中出现旷工、怠工、不服从指挥等违反和破坏劳动纪律的现象。当时我国第一部宪法尚未出台，规范国家基本秩序的是具有临时宪法性质的《中国人民政治协商会议共同纲领》。《中国人民政治协商会议共同纲领》第八条规定，中华人民共和国国民均有遵守劳动纪律的义务。而《国营企业内部劳动规则纲要》正是根据《中国人民政治协商会议共同纲领》第八条制定的。虽然该纲要中对企业行政方面也有一些义务规定（如第二条的说明义务和第七条的基本职责等），但其主要内容是强调职工的义务，主要目的是严格劳动纪律。

而《劳动法》颁布的1994年，正是中国从计划经济刚刚步入市场经济的过渡时期。在市场经济体制下，政府不再直接决定劳动条件而改为设立最低劳动标准，劳动条件只能由劳动关系当事人自主决定。在这种条件下，《劳动法》在总则中首先明确了劳动者的权利和义务（第三条），然后为了保障劳动者享有劳动权利和履行劳动义务，又赋予用人单位建立和完善规章制度的义务（第四条）。

总之，计划经济体制下的企业内部劳动规章以劳动者的义务为中心内容，其目的是为了严格劳动纪律。而市场经济体制下的企业劳动规章制度则以劳动条件为中心内容，其目的是为了保障劳动者权益。

（二）劳动规章制度

劳动规章制度又被称为雇佣制度或工作规则。1959年，国际劳工组织将劳动规章制度定义为：企业界对工作规则、企业规程、服务规则、就业规范、职场纪律的统称，供企业的全体从业人员或大部分从业人员使用，专对或主要对就业中从业人员的行动有关的各种规定。

《劳动法》第四条规定："用人单位应当依法建立和完善规章制度，保障劳动者享有劳动权利和履行劳动义务。"我国《公司法》第十八条第三款规定："公司研究决定改制以及经营方面的重大问题、制定重要的规章制度时，应当听取公司工会的意见，并通过职工代表大会或者其他形式听取职工的意见和建议。"《劳动合同法》第四条第一款规定："用人单位应当依法建立和完善劳动规章制度，保障劳动者享有劳动权利、履行劳动义务。"通常认为，企业规章制度的范围更加宽泛，不仅包括劳动规章制度，而且包括与劳动无关的其他规章制度。

本教程所称的劳动规章制度是指用人单位按照法定程序制定的，在用人单位内部对用人单位和劳动者具有约束力的劳动规章制度的总称。依据《劳动合同法》第四条第二款的规定，劳动规章制度主要包括劳动报酬、工作时间、休息休假、劳动安全卫生、保险福利、职工培训、劳动纪律以及劳动定额管理等。

二、劳动规章制度的基本特征

企业制定的劳动规章制度是针对本单位的实际情况及现实问题而制定的，也是用人单位加强管理、进行制度规范的常用手段，它反映着人与人和人与物之间的关系，体现了企业生产过程中领导与职工之间、干部与群众之间、技术人员与工人之间、工人相互之间的互相合作和分工协作关系。劳动规章制度的制定不仅仅是用人单位领导层意志的体现，同时也是全体职工意志的体现。劳动规章制度具有以下三点基本特征。

（一）调整对象和适用范围的特定性

劳动规章制度是用人单位和职工在劳动过程中的行为规则，它的调整对象仅限于劳动过程或者与劳动过程密切相关的事项，凡是与劳动过程无关的事项，都不应通过劳动规章制度来规范。另外，劳动规章制度通常以用人单位内部公开的和正式的行政文件为表现形式，仅在本单位内适用，超出本单位范围自然就失去了效力。

（二）制定过程的合意性

关于劳动规章制度的制定是用人单位的"单决权"，还是用人单位和劳动者双方的"共决权"，目前还存在不同看法。按照《劳动合同法》第四条的规定，劳动规章制度的制定应坚持"共议单决"，用人单位在制定劳动规章制度时应当充分听取职工意见，对其合理化意见和建议应当吸收采纳，对不能吸收的意见和建议，也应当予以解释和说明。劳动者虽然依法享有参与权和建议权，但是劳动规章制度的最终决定权属于用人单位。

（三）约束力的双向性

劳动规章制度的内容是基于劳动者与用人单位之间存在的劳动关系而产生的权利和义务，不单纯是用来约束劳动者的，用人单位的管理行为也要受劳动规章制度的约束，克服随意性，既要维护企业正常的生产经营秩序，又要保证劳动者的合法权益得以实现。

三、劳动规章制度的意义

（一）劳动规章制度在劳动关系规则网络中的意义

劳动关系系统中的规则是一个网络，既包括法律法规和政策，又包括协约、合同及企业劳动规章制度。企业劳动规章制度作为劳动关系系统输出项的规则，是劳动关系各方主体交涉的结果。同时，这种输出也会成为输入要素再次进入劳动关系系统，成为劳动关系主体交涉的基础。企业劳动规章制度是劳动关系规章网络中最重要的内容之一，是明确劳动条件、调整和规范劳动关系的主要机制，也是签订劳动合同的基本依据。

劳动关系规则网络中，通过立法、法律赋予或达成合意而产生法律效力的规则可以称为劳动关系规范。劳动关系规范一般有法定劳动基准、集体合同、企业劳动规章制度和劳动合同四个层次。这四个层次的劳动关系规范的关系是法律效力递减、劳动条件递增的关系。其中，劳动基准作为外部规范，是其他所有企业内部形成的规则的根据。

（二）劳动规章制度在劳动关系中的现实意义

企业劳动规章制度是整个组织机构正常运行的制度保障，没有合理的劳动规章制度就没有一个真正发挥作用的组织和机构，也就没有企业的正常生产和经营活动。只有通过劳动规章制度来规范领导和职工的职责和行为，才能使企业正常运转，充满生机和活力。

1. 劳动规章制度是企业正常运行的保证，组织成员行动的指南。在组织的运行过程中，针对组织内部成员的劳动用工管理主要有四种工具可以运用，分别是劳动法律法规、双方当事人签订的劳动合同、集体合同以及企业劳动规章制度。在劳动关系管理中，由于劳动法律法规的局限性、劳动合同的单一性以及集体合同在劳动关系管理中作用的有限性，企业劳动规章制度较好地弥补了以上三种劳动关系管理工具的缺陷，与这三种劳动关系管理工具共同构成了劳动关系管理体系。

劳动规章制度虽属调整个别劳动关系的规范，但劳动规章制度规定的是企业共通的权利义务，适用于用人单位的所有劳动者。劳动规章制度明确了组织的劳动条件和组织成员的行为规范，可以大量减少因劳动条件不统一或对行为规范的解释不一致所带来的劳动争议。因此，劳动规章制度保证了组织的正常运行，是组织成员行动的指南。

2. 劳动规章制度是企业奖惩的依据。《劳动合同法》第四条规定，用人单位应当依法建立和完善劳动规章制度，保障劳动者享有劳动权利和履行劳动义务。这里的劳动权利和劳动义务仅仅是一种抽象的法律规范。在具体的劳动条件确定和劳动关系运行中，这些抽象的法律规范很容易产生歧义以至发生劳动争议。企业劳动规章制度就是对以上抽象的法律规范的具体规定与解释，它明确了工作场所的劳动条件与行为规范。

可见，劳动规章制度是企业劳动条件及劳动纪律等方面的具体规定，无论其法律性质如何解释，劳动规章制度都对企业的劳动者具有规范作用。因此，企业的奖惩必须以劳动规章制度为依据，这样才有助于企业对工作场所的正常管理，保障企业的日常运转，预防劳动争议的发生。

3. 劳动规章制度是劳资双方维权的利器。劳动规章制度是用以规范劳动者个人与用人单位之间的个别劳动关系运行的用人单位规则，是用人单位制定劳动合同的主要依据之一。

市场经济中的企业拥有经营自主权，也就拥有了对劳动者进行指挥命令的管理权，因此，企业通过制定劳动纪律、行为规范等手段来促使劳动者履行劳动义务，对劳动者进行管理。但是，市场经济中的企业毕竟是以追求利润为目标的，企业很容易牺牲劳动者的利益甚至侵犯劳动者的权利。所以，我们强调劳动规章制度要通过民主程序制定才能具有法律效力，即用人单位在制定、修改或者决定有关劳动报酬、工作时间、休息休假、劳动安全卫生、保险福利、职工培训、劳动纪律以及劳动定额管理等直接涉及劳动者切身利益的劳动规章制度或者重大事项时，应当经职工代表大会或者全体职工讨论，提出方案和意见，与工会或者职工代表平等协商确定。通过民主程序制定的劳动规章制度应该是劳资双方利益妥协和利益平衡的结果。

因此，劳动规章制度一旦具有法律效力，它就不仅仅是企业维权的工具，也是劳动者维权的利器。

 **技能要求**

劳动规章制度的信息收集方法

制定劳动规章制度需要有系统全面的信息作为前提与基础，通常信息收集的方法包括文案调研法、焦点小组访谈法、头脑风暴法、深层访谈法、德尔菲法、观察法和问卷调查法等。企业应根据自身具体情况选择合适的方法收集信息。

（一）文案调研法

文案调研法是指利用企业内部和外部现有的各种信息、情报资料，对调查内容进行研究的一种调研方法，也称间接调研法、室内调研法、桌面调研法。此方法常以收集文献性信息为主，偏重于从动态角度收集信息。使用此方法收集信息不受时空的限制，可以获得实地调查难以取得的大量历史资料。

文案调研法的优点是成本较低、资料容易获得以及收集资料所用时间相对较短。但此方法也有缺点，主要是：难以适应和反映现实中正在发生的新情况、新问题；收集的资料与调查目的往往不能很好地吻合，数据对解决问题不能完全适用；要求执行人员具有较广泛的理论知识、较深厚的专业知识和技能；难以把握文案调研所收集资料的准确性。

（二）焦点小组访谈法

焦点小组访谈法又称小组座谈法，就是采用小型座谈会的形式，挑选一组具有同质性的人，在装有单向镜和录音录像设备的房间内，在主持人的组织下就某个专题进行讨论，从而获得对有关问题的深入了解。使用该方法可以同时访问若干个被调查者，一个人的发言会点燃其他人的思想火花。小组座谈的过程是主持人与多个被调查者相互影响、相互作用的过程，想要取得预期效果，不但要求主持人要做好各种准备工作，熟练掌握主持技巧，还要求主持人具有驾驭会议的能力。

焦点小组访谈法的优点是：资料收集快、效率高；获得的资料较为广泛和深入；能将调查与讨论相结合；可进行科学检测；结构灵活。该方法的缺点是：对主持人要求较高；容易造成错位判断；小组成员选择不当会影响调查结果的准确性和客观性；因回答结果散乱，后期对资料的分析和说明都比较困难；有些涉及隐私、保密的问题很难在会上讨论。

（三）头脑风暴法

头脑风暴法是指一个小组由一位主持人和几位专家组成，小组成员在主持人的主持下按一定的顺序依次发言。第一位专家发言后，第二位专家结合第一位专家的观点发表自己的意见，以此类推，直到最后一位专家发表完自己的意见，则第一轮发言结束。然后再从第一位专家开始第二轮发言，在第二轮发言中如果某位专家没有需要补充的观点或意见，可以保持沉默，由下一位专家发言，由此轮到最后一位专家。这样一轮一轮循环下去直到每一位专家都没有需要补充的观点。

头脑风暴法与焦点小组访谈法存在以下区别：第一，焦点小组访谈法是自由发言，而头脑风暴法则按某种顺序依次发言。自由发言使小组成员之间的思想碰撞比较激烈，因此焦点小组访谈法的结果一般比头脑风暴法的结果深刻、全面。而头脑风暴法由于采用按顺序依次发言的方式，使其实施过程比焦点小组访谈法更容易。第二，焦点小组访谈法中主持人发挥至关重要的作用，而头脑风暴法中主持人的作用则要小得多，这使得头脑风暴法比焦点小组访谈法更容易实施，因为挑选合格的主持人很难。同时，没有主持人适时地追问、鼓励或激励，头脑风暴法的效果可能要比焦点小组访谈法差一些。

（四）深层访谈法

深层访谈法是指调查员和一名受访者在轻松自然的气氛中围绕某一问题进行深入的讨论，目的是使受访者自由发言，充分表达自己的观点和情感。该方法通常没有规定的结构，采用一对一的方式，较为直接。

深层访谈法的优点有：①消除了群体压力，能更自由地交换信息，提供更真实的信息；②一对一的交流使受访者感到自己是关注的焦点，自己的感受和想法是重要的，这会使受访者更乐于表达自己的观点、态度和内心的想法；③便于对一些保密、敏感的问题进行调查；④能将受访者的反应与其自身联系，便于评价所获资料的可信度。

深层访谈法的缺点是：①无法产生受访者之间的相互刺激和碰撞；②比焦点小组访谈法成本高，这使它在实际的使用中受到一定限制；③调查的无结构性使这种方法比焦点小组访谈法更易受调查员自身素质高低的影响；④深层访谈的结果和数据常常难以解释和分析。

使用深层访谈法需要注意以下事项：①接近受访者；②在访谈的最初，调查员应详细地介绍此次访谈的目的、意图、受访者的回答有何意义、具有何等重要性等，应指出受访者的回答对其自身没有任何不利影响；③调查员应有一个防止偏离访谈内容的访谈提纲；④在必要或时间允许的情况下，可以从受访者关心的话题开始，逐步缩小访谈范围；⑤在访谈中，调查员应始终保持中立的态度；⑥适当的引导、追问；⑦用语文明、礼貌、准确明了，避免使用生僻的专业术语，不能以审讯或命令的口吻提问；⑧倾听。

(五）德尔菲法

德尔菲法是指通过函询的方式，征求每个专家的意见，经过客观分析和多次征询反复，逐步形成统一的结论。使用这种方法可以用背对背的判断替代面对面的会议。

德尔菲法具有匿名性、反馈性及可对调查结果定量处理的优点。但是运用此方法的调查结果主要是凭专家判断，可能缺乏客观的标准。在得到调查组织者汇总的反馈资料后，专家可能作出趋近中位数或算数平均数的结论。由于德尔菲法的调查反馈次数较多，持续时间较长，有的专家可能因工作忙或其他原因中途退出，影响调查的准确性。

（六）观察法

观察法就是通过观看、跟踪和记录调查对象言行来汇集信息资料。根据不同的标准，观察法可以分为不同的类型：按观察结果的标准化程度划分，可分为控制观察和无控制观察；按观察者参与观察活动的程度划分，可分为完全参与观察、不完全参与观察和非参与观察；按所取得的资料的时间特征划分，可分为纵向观察、横向观察和纵横结合观察；按观察的具体形式划分，可分为人员观察、机器观察和痕迹观察。

（七）问卷调查法

问卷调查法可以分为自填式问卷调查法和问答式问卷调查法。

自填式问卷调查是指在没有访员协助的情况下完成问卷。由于被调查者在填答问卷时访员并不在场，出现疑问时无人解答，所以这种方法要求问卷结构严谨，有明确的填写说明。

自填式问卷调查法的优点有：①管理相对容易，费用较低，可以进行大样本调查；②被调查者可以选择方便的时间填答问卷，必要时可以参考有关文字记录而不必单纯依靠记忆进行回答；③由于填答问卷时访员不在场，因而可以减小被调查者回答敏感性问题的压力。自填式问卷调查的缺点是：①调查的回答率比较低；②不适合结构复杂的问卷；③调查周期比较长。

问答式问卷调查法的优点是：①可以提高回答率；②可以进

行概率抽样；③在问卷设计中可以采用更多的技术手段；④能对数据收集所花费的时间进行调节。该方法的缺点是：①调查成本比较高；②对调查过程的质量控制有一定难度；③对于敏感性问题回答率低。

第二单元 劳动规章制度制定的主体、依据、原则和程序

 **知识要求**

一、劳动规章制度的制定主体

劳动规章制度的制定主体是指由谁制定劳动规章制度，是用人单位还是劳动者，或者由用人单位和劳动者共同制定。对此，不同国家和地区有着不同的规定。一些国家明确规定，用人单位是劳动规章制度的制定主体。如《法国劳动法典》规定，正常情况下雇佣 20 名雇工的企业、律师事务所、机关办事处、从事自由职业的雇主、工会和各种协会，必须制定雇佣规则。企业的各个部门或全体职工中各个方面的人员都要分别制定出特别的规则。《日本劳动标准法》规定，单位雇佣 10 人以上者，应当制定内部的雇佣规则。也有国家规定劳动规章制度由劳动者制定，如《俄罗斯联邦劳动法典》规定，机关、企业、团体的劳动规章制度由其职工全体大会（代表会议）根据行政管理部门推荐的内部劳动规则确定。

我国《劳动法》中关于劳动规章制度的条款都是原则性的规定，制定主体也不是很明确，通常认为是由用人单位单方面制定的。《劳动合同法》对用人单位制定劳动规章制度作了细化和完善，该法第四条第二款规定："用人单位在制定、修改或者决定有关劳动报酬、工作时间、休息休假、劳动安全卫生、保险福利、职工培训、劳动纪律以及劳动定额管理等直接涉及劳动者切身利益的规章制度或重大事项时，应当经职工代表大会或者全体职工

讨论，提出方案和意见，与工会或者职工代表平等协商确定。"这意味着劳动规章制度的制定不再由用人单位单方面说了算，而是由用人单位与劳动者民主"共决"。2001年修订的《工会法》以及2005年修订的《公司法》都有公司规章制度"共决"的内容，但这只是强调劳动者及工会在制定规章制度过程中的参与权，基本上仍由用人单位"单决"。《劳动合同法》特别强调了劳动规章制度应当"与工会或者职工代表平等协商确定"，这是一个质的变化。

二、劳动规章制度制定的依据

（一）劳动规章制度制定的法律依据

目前，我国关于企业劳动规章制度制定的法律依据主要包括《宪法》《劳动法》《劳动合同法》《公司法》以及其他配套法律法规。共同协商制定劳动规章制度不仅是企业和职工的权利，而且是企业和职工应尽的义务，是劳资双方享有权利、履行义务的制度保障，因此，企业在与劳动者代表双方共同协商确定劳动规章制度时必须遵守上述法律的规定。

《宪法》第五十三条规定："中华人民共和国公民必须遵守宪法和法律，保守国家秘密，爱护公共财产，遵守劳动纪律，遵守公共秩序，尊重社会公德。"这里提到的劳动纪律就是企业劳动规章制度的重要组成部分。

《劳动法》第三条第二款规定："劳动者应当完成劳动任务，提高职业技能，执行劳动安全卫生规程，遵守劳动纪律和职业道德。"这里的"劳动纪律"就指的用人单位制定的劳动规章制度。《劳动法》第四条规定："用人单位应当依法建立和完善规章制度，保障劳动者享有劳动权利和履行劳动义务。"这里的"应当"表明制定劳动规章制度，既是用人单位的法定权利，又是用人单位的法定义务。依据《劳动法》第二十五条的规定，严重违反劳动纪律或用人单位规章制度的，用人单位有权解除劳动合同。

《劳动合同法》第四条规定："用人单位应当依法建立和完善劳动规章制度，保障劳动者享有劳动权利、履行劳动义务。用人单位在制定、修改或者决定有关劳动报酬、工作时间、休息休假、劳动安全卫生、保险福利、职工培训、劳动纪律以及劳动定额管理等直接涉及劳动者切身利益的规章制度或者重大事项时，应当经职工代表大会或者全体职工讨论，提出方案和意见，与工会或者职工代表平等协商确定。在规章制度和重大事项决定实施过程中，工会或者职工认为不适当的，有权向用人单位提出，通过协商予以修改完善。"该法明确规定了用人单位必须依法建立和完善劳动规章制度。

《公司法》第十八条第三款规定："公司研究决定改制以及经营方面的重大问题、制定重要的规章制度时，应当听取公司工会的意见，并通过职工代表大会或者其他形式听取职工的意见和建议。"该法明确规定了用人单位有制定劳动规章制度的权利。

《最高人民法院关于审理劳动争议案件适用法律若干问题的解释》第十九条规定："用人单位根据《劳动法》第四条之规定，通过民主程序制定的规章制度，不违反国家法律、行政法规及政策规定，并已向劳动者公示的，可以作为人民法院审理劳动争议案件的依据。"

《最高人民法院关于审理劳动争议案件适用法律若干问题的解释（二）》第十六条规定："用人单位制定的内部规章制度与集体合同或者劳动合同约定的内容不一致，劳动者请求优先适用合同约定的，人民法院应予支持。"

（二）劳动规章制度制定的企业内部依据

1. 企业的基本特征。企业的基本特征表现为行业特征和企业特征两个方面。行业特征一般提出对行业内企业的基本要求。行业的一切要求和标准对行业内所属的企业均具有约束力和控制力。据此，企业在制定员工手册时，对员工的行为约束（如着装约束、员工工作秩序约束、员工卫生条件约束等）要相应提出具体的要求和措施。

企业特征是企业的个性风格，它对制定企业员工手册也会产生一定的影响。例如，企业可能依据自身的观念（如决策者的观念、性格等),对员工提出一些有利于企业发展的基本要求和基本规则。这类要求是在企业经营发展过程中逐渐总结出来的,并使其成为企业内部的规则。

2. 企业的管理制度。企业的管理制度包括企业对生产的管理制度、对人事的管理制度、对用工的管理制度、对后勤的管理制度、对财务的管理制度、对经营计划的管理制度、对市场的管理制度、对服务的管理制度等。其中对企业员工手册影响最大的是企业的人事管理制度和用工管理制度等。因为企业的员工手册是企业员工管理制度的一种延续,是企业对员工管理规则的具体化。它是在企业人事管理制度和用工管理制度的基础上制定的,其规则必须要全面反映企业的人事管理和用工管理的基本思想和基本内涵。

3. 企业CIS(形象识别系统)战略目标。企业CIS战略目标规定着企业的形象战略。企业形象战略的内容主要有产品形象、员工形象、品牌形象、环境形象等。其中员工形象由员工的各项表现综合而成,包括员工的着装、员工的精神风貌、员工的语言特征、员工的行为表现等。而这些内容又是企业员工手册中所必备的内容。这说明企业的CIS战略目标是企业制定员工手册的一个重要依据。而员工手册是企业战略目标具体分目标的一种表现,是实现其战略目标的一种具体规划。

三、劳动规章制度制定的原则

企业作为生产经营的组织者和管理者,拥有对劳动者的管理权和支配权,制定劳动规章制度是履行其管理权的具体方式之一。合法制定的劳动规章制度具有法律效力,可以作为人民法院审理劳动争议案件的依据。因此,在企业劳动规章制度的设计中应该兼具合法性、民主性、真实性、效能性,在具体操作中企业应当遵循合法原则、民主原则和公正原则。

(一)合法原则

企业劳动规章制度可以被视为国家及地方的劳动法律法规的延伸,因此,合法原则是制定劳动规章制度时首先要遵守的。从广义上讲，劳动规章制度不能与集体合同、劳动合同相矛盾，也可以划归为合法原则的要求。在遵守合法原则的前提下，保证制定的劳动规章制度公平地反映实际情况，这样的劳动规章制度对实际管理才更有针对性。

1. 劳动规章制度内容不能违法。即便是企业和职工共同协商制定的劳动规章制度，其内容也不能违法。例如，劳动规章制度规定女职工在本企业工作3年以后才能怀孕生子，这就侵犯了女职工的生育权，违反了法律的规定，侵犯了劳动者的合法权益。劳动者不仅可以不遵守，而且有权随时解除劳动合同，并要求企业支付经济补偿金。劳动规章制度不得违反法律法规的规定，并不意味着简单地照抄、照搬法律条款，而是要联系企业的具体情况将法律规定具体化，使其具有可操作性。

2. 劳动规章制度不能与集体合同、劳动合同相冲突。企业劳动规章制度与劳动合同、集体合同以及劳动条件基准一起构成了劳动法协调劳动关系的重要工具，这些都是确定劳动关系当事人双方权利和义务的重要依据。厘清三者之间的关系，有助于设计合理合法的劳动规章制度。

关于企业劳动规章制度与集体合同的关系，一般认为，集体合同的效力优先于该用人单位的劳动规章制度；劳动规章制度违反集体合同时，人力资源和社会保障行政部门有权责令变更其内容。也就是说，集体合同应当成为制定企业劳动规章制度的依据，企业劳动规章制度所规定的劳动者的利益不得低于集体合同所规定的标准。

关于企业劳动规章制度与劳动合同的关系，一般认为，在劳动合同订立过程中，劳动者有权了解用人单位的企业劳动规章制度，或者用人单位有向求职的劳动者公开企业劳动规章制度的义务。而且，劳动合同中一般也有劳动者应当遵守企业劳动规章制度的约定。这就意味着用人单位应当按照企业劳动规章制度提供劳动条件和劳动待遇，也意味着劳动者承认企业劳动规章制度并愿意受其约束。

从国际惯例来看，三者按效力由大到小依次是集体合同、劳动规章制度和劳动合同。当三者之间发生冲突时，以高效力层级的规定为准。但是我国在"劳动规章制度与劳动合同的规定不一致时应适用哪个"这一问题有着特殊的规定。《最高人民法院关于审理劳动争议案件适用法律若干问题的解释（二）》第十六条给出了明确的答案："用人单位制定的内部规章制度与集体合同或者劳动合同约定的内容不一致，劳动者请求优先适用合同约定的，人民法院应予支持。"也就是说劳动规章制度与劳动合同的内容有冲突时，法院采用的判案标准完全是依照"劳动者请求"，劳动者可以选择适用对自己最有利的部分。因此，用人单位在制定劳动规章制度时，应当在内容上做好与劳动合同、集体合同的衔接，避免发生冲突。

（二）民主原则

民主原则反映在制定企业劳动规章制度时要发动职工积极参与，听取职工意见，保证职工在企业劳动管理中实现参与管理的权利，这也是企业劳动关系管理的措施之一。

1. 劳动规章制度要综合反映劳动者的利益。企业劳动规章制度要从企业全体劳动者的利益出发，反映全体劳动者的意愿。劳动规章制度的目的是规范劳动者行为，只有符合全体劳动者的利益，才能激发和调动他们的积极性。因此，企业要反复调研，广泛听取劳动者的意见，集思广益、综合分析，全面反映广大劳动者的意愿。我国《劳动合同法》第四条明确规定，劳动规章制度的制定、修改或决定应当经职工代表大会或者全体职工讨论，提出方案和意见，与工会或者职工代表平等协商确定。

2. 劳动规章制度要以公示的方式向全体劳动者正式公布。企业劳动规章制度要本着公开的精神，使全体劳动者都知道劳动规章制度，这是民主原则的重要体现，是实现民主的有效方式和途径。只有劳动者知晓劳动规章制度，才能真正起到监督、规范劳动者行为，保障劳动者合法权益的作用。公开的内容包括劳动规章制度内容的公开、方式和程序的公开。公布是公开的正式程序和方式，在劳动规章制度经过一定的会议讨论通过后，必须采取公示的方式向全体劳动者正式公布。

3. 制定和执行劳动规章制度要受到民主监督。企业劳动规章制度的实施是企业领导者行政权力的运用，它和其他权力一样要接受民主监督。企业如果不把制定和执行劳动规章制度置于民主监督下，它的形成和实施就缺少了群众基础，对后期的执行也不利。民主监督主要体现在职工有权对劳动规章制度实施过程中企业管理者的行为提出建议和意见，有权进行检举。

（三）公正原则

制定劳动规章制度属于企业内部管理工作，是企业经营自主权的体现。在这个过程中，企业要遵守公正原则，结合企业的实际情况，制定劳动规章制度的内容；正确处理职工与企业之间的关系，涉及奖惩内容时，要做到合情、合理、合法。

企业劳动规章制度是法律法规在企业内部的细化、延伸，但是制定劳动规章制度并非照搬照抄法律条款，也不要抄袭别的企业的劳动规章制度内容，而是要以法律为衡量标准，以企业生产经营以及管理的实际情况为基础进行制定，如此制定出的劳动规章制度才能真正起到规范管理的作用。

企业与劳动者之间建立劳动关系之后，双方在权责上具有从属关系，企业使用劳动者，安排其生产劳动；劳动者完成生产任务，遵守企业的劳动规章制度。这种权利义务的分配并不意味着企业在制定劳动规章制度时就能为所欲为，而应当从维持企业正常管理角度和不侵犯劳动者合法权益角度出发，制定劳动规章制度的内容，否则制定出来的劳动规章制度不仅不能规范管理，而且企业还可能受到法律的处罚。

制定劳动规章制度要注意做到公平合理、符合实际情况。例如，劳动规章制度规定职工迟到一次就立即解除劳动合同，这就是显失公平的内容。由此引发劳动争议时，企业将处于不利地位。每个企业的情况千差万别，在同一企业内，各个工种和岗位也各有特点，企业在制定劳动规章制度时，必须综合考虑，根据本企业的实际情况和存在的问题制定相应的内部管理制度。

除上述原则外，制定劳动规章制度还要参照上级单位的制度、方针政策和企业自身其他制度的内容，考虑到其中的协调性、一致性和匹配性，保证劳动规章制度实施的有效性。

四、劳动规章制度的内容

（一）劳动规章制度的基本内容

1. 关于劳动条件的规定

关于劳动条件的规定是企业在劳动关系运行中贯彻执行以劳动法为中心的劳动和社会保障法规的条款的具体体现。因劳动条件的规定涉及劳动者的切身利益，规定要详细、准确、具体。主要应包括以下内容：

（1）工作时间及休息休假。包括标准工作时间的规定、不定时工作时间的规定、综合计算工时工作制的规定、延长工作时间的规定、休息日的规定、节日休息的规定、年休假的规定、探亲假的规定、婚丧假的规定、女职工产假的规定等。

（2）工资与劳动报酬。包括企业工资分配原则、工资组成的规定、工资确定的规定、工资调整的规定、工资集体协商的规定、工资支付的规定、工资扣除的规定、奖金的规定、津贴及补贴的规定等。

（3）劳动安全卫生。包括安全卫生责任制、安全教育的规定、安全卫生环境的规定、安全培训的规定、健康检查的规定、女职工特殊安全卫生保障措施、安全卫生中的权利义务等。

（4）职工培训。包括一般培训、脱产培训、业余培训、特别培训以及培训费用返还规定等。

（5）社会保险和福利。包括社会保险项目、退休退职的规定、医疗期的规定、社会保险待遇、员工福利的规定等。

2. 关于劳动纪律的规定

（1）劳动纪律。劳动纪律是劳动者在劳动过程中必须遵守的劳动规则和秩序，它是保证劳动者按照规定的时间、质量、程序和方法，完成自己承担的工作任务的行为准则。企业规章制度可以规定对劳动者的时间纪律、组织纪律、岗位纪律、协作纪律、安全卫生纪律、品行纪律等。

（2）岗位规范。岗位规范是企业根据劳动者劳动岗位的特点，对上岗人员的行为提出客观要求，制定相应标准的综合规定。企业规章制度规定岗位规范的主要内容有岗位规范的基本要求、岗位职责的规定、劳动者上岗标准的规定、生产技术规程的规定等。

（3）奖励与惩罚。奖励是企业对劳动者的奖励和表彰，包括精神奖励和物质奖励；惩罚是企业对违纪人员的制裁和处罚。企业规章制度中对奖励的规定主要是奖励的条件和奖励的种类，以明确获得奖励的具体要件和内容。惩罚的规定包括实施惩罚的条件、处分的种类、罚款及赔偿经济损失等内容。

3. 关于程序管理的规定

劳动规章制度会作出劳资之间相互承认对方地位的约定，也会形成关于标准形成的手续、标准的解释、实施，以及关于纠纷处理的手续等合意。具体包括以下内容：

（1）员工招聘。包括招聘权限、招聘原则、招聘方式、招聘程序等。

（2）劳动合同管理。包括劳动合同订立、劳动合同续订、试用期、劳动合同期限、劳动合同内容、劳动合同履行、劳动合同变更、劳动合同解除、裁减人员、解除劳动合同的经济补偿、劳动合同终止等。

（3）劳动争议处理。包括劳动争议处理的原则、企业劳动争议处理委员会的规定、企业内部申诉机构以及劳动争议的预防等。

（二）对劳动规章制度内容的基本要求

1. 内容合法

劳动规章制度必须在现行法律框架内制定，不得违反国家法律、法规、规章和政策。劳动规章制度中违反法律规定的内容自然无效，职工可以不受其约束。在实践中，个别用人单位劳动规章制度存在违反国家规定的工时、休息休假、加班等基本劳动标准的现象，有的甚至出现上下班搜查职工身体、限制职工婚育等违法内容。

2. 内容合理

劳动规章制度的内容除了做到合法以外，还要做到合情合理。如《劳动合同法》第三十九条规定，劳动者"严重违反用人单位的规章制度的""严重失职，营私舞弊，给用人单位造成重大损害的"，用人单位可以单方面解除劳动合同。但何谓"严重违纪""严重失职""重大损害"，法律没有作进一步的具体规定，需要用人单位在劳动规章制度中予以细化和完善。用人单位在界定这些问题时，需要把握好一定的度。在如何把握合理与否的度上，虽然没有统一的标准，但不能超过一般正常人所能接受的程度，不得违反公序良俗。例如，有的用人单位对职工工作时间就餐、饮水、如厕等事项规定了极为苛刻的时限，一般正常人很难达到，这样的内容就属于不合理，甚至有可能侵犯劳动者人身权利。需要指出的是，当用人单位和劳动者就劳动规章制度内容的合理性问题发生争议时，最终要通过劳动争议仲裁委员会或者人民法院来裁决。

3. 不得与劳动合同、集体合同的内容相冲突

劳动规章制度、劳动合同、集体合同虽然都具有法律效力，但是当三者对同一问题的规定出现不一致时，劳动者可以选择适用对自己最有利的部分。因此，劳动规章制度应与劳动合同、集体合同在内容上搞好衔接，避免发生冲突。

(三) 劳动规章制度的框架结构

企业在制定劳动规章制度时，不但应该做到内容合法、符合企业发展要求，还应该做到形式结构的规范化。作为管理劳动关系最重要的工具，劳动规章制度实际上就是企业内部的法律。因此，在制定劳动规章制度时可以参照法律条文的表述形式，便于企业在发生劳动争议时，法院、劳动争议仲裁委员会作出公正的判决。根据相关法律条文通用的表述形式，企业的劳动规章制度的框架结构可以分为以下三个部分。

1. 前言

企业劳动规章制度前言部分应包括三个方面内容：第一，劳动规章制度的目的或原则，明确告知职工劳动规章制度制定的目的和制定原则；第二，劳动规章制度的适用范围，不同层级、不同职能的职工或不同地域的分公司、子公司，其所使用的劳动规章制度也有所不同，因此，在制定劳动规章制度时需要明确其适用范围；第三，劳动规章制度的相关术语解释，这是对劳动规章制度的完善和补充。

2. 主文

企业的劳动规章制度在主文部分应明确企业职工所享有的权利、需要履行的义务以及需要承担的责任。劳动规章制度中的权利规定了职工在和企业保持劳动关系期间应当做什么，这是劳动规章制度的核心部分，如企业的奖惩制度规定在什么情况下职工有权利获得奖励。劳动规章制度中的义务明确了职工在和企业保持劳动关系期间不应当做什么，如企业的考勤制度规定了职工需要履行企业上下班时间的义务。责任是当职工违反了劳动规章制度中对职工义务的规定后应该承担的后果，如在企业的考勤制度中，若职工违反了其按时上下班的义务，就应当承担相应的后果和责任。

3. 附则

企业劳动规章制度附则部分应该包括三个方面内容：一是劳动规章制度的解释、修改，应明确具有解释、修改权的主体以及进行解释、修改的原则；二是劳动规章制度的追溯力，要明确企业的劳动规章制度不具有追溯力，即现下颁行的劳动规章制度对于企业职工以往的行为不具有规范力；三是劳动规章制度的生效时间，劳动规章制度可以自颁布之日起实施。

五、劳动规章制度制定的程序

根据《劳动合同法》第四条的规定，劳动规章制度制定的程序一般包括起草草案、职工讨论、协商通过和制度公示四个步骤。

（一）起草草案

劳动规章制度草案的起草一般有两种情况：一种是起草新的劳动规章制度，另一种是修改旧的劳动规章制度。起草人一般是企业行政人员，也可委托外界顾问或专家代为起草。起草草案的具体过程可依照以下程序进行：

1. 选定起草人员。拟定劳动规章制度是一项具有政策性、知识性和技术性的工作，需要专业的团队才能完成。企业应当选择懂法律政策、熟悉企业实际经营状况、有管理知识以及较高文字写作能力的人员组成起草团队，承担企业劳动规章制度的起草工作。起草团队中既要有企业领导和人力资源管理业务人员，又要吸收工会干部和职工群众参加，以形成多层次的人员组合。起草团队的人数没有特别的规定，但是要注意精干有效的原则。如果企业难以组成专业化的起草团队，也可以委托专门的劳动政策法律咨询机构代为起草。

2. 拟定起草大纲。为保证起草工作有序进行，在确定了起草班子后，要由起草人员拟定劳动规章制度大纲（以下简称大纲）。大纲就是确定劳动规章制度的基本框架、体系构成和内容梗概，明确起草工作的指导思想、方法步骤、人员分工和起草工作的要求以及完成起草工作的时间等。大纲经企业行政部门讨论审定后即可开始起草工作。大纲决定着以后起草工作的成败，一定要反复论证，多征求群众和有关专家的意见，确定成熟后再着手起草。

3. 形成草案文稿。起草人员按照大纲确定的框架和内容，在计划时间内进行起草工作，形成劳动规章制度草案的文稿。形成的草案文稿虽然不是正式的劳动规章制度，但也应符合劳动规章制度的外在表现形式，即符合一般的格式，内容也应全面。

（二）职工讨论

依据《劳动合同法》第四条第二款的规定，用人单位在制定、修改或者决定有关劳动报酬、工作时间、休息休假、劳动安全卫生、保险福利、职工培训、劳动纪律以及劳动定额管理等直接涉及劳动者切身利益的规章制度或者重大事项时，应当经职工代表大会或者全体职工讨论，提出方案和意见，与工会或者职工代表平等协商确定。这里确立了劳动规章制度在制定程序上必备的法律程序，即经由职工代表大会或全体职工讨论、修改。

起草劳动规章制度和起草其他文件一样，需要经过反复修改才能成熟完善。同时，劳动规章制度草案文稿的修改讨论不只是简单的起草工作程序，而是企业制定劳动规章制度坚持民主原则和公正原则的具体体现，修改的过程也不只是对文字的简单增删，而是对劳动规章制度内容的更进一步认识和深化，使其更加成熟和完善。

企业劳动规章制度草案的修改，应按照一定的步骤次序进行。通常先由起草人员自行修改，然后召开职工代表大会或全体职工大会讨论、修改；之后，再由起草人员在征求各方意见的基础上进行综合整理、去粗取精，对文稿进行修改补充。在讨论、听取修改意见时，要让企业职工畅所欲言，把对劳动规章制度草案的各种意见都发表出来，既要听取赞扬的、同意的意见，又要听取批评的、反对的意见。经过反复讨论和征求意见，对文稿作反复的修改后，形成比较成熟的审议文稿。

（三）协商通过

企业的劳动规章制度草案经职工代表大会或全体职工征求意见后，企业应对意见或方案进行梳理和总结，完善劳动规章制度草案，从而形成制度建议稿。然后，企业需要派代表同工会或者职工代表共同对企业劳动规章制度建议稿进行协商，最终形成企业劳动规章制度的终稿。在我国，司法解释要求劳动规章制度要通过民主程序制定才能具有法律效力。一般认为，民主程序制定包括工会同意、职工代表大会通过、职工代表投票通过等几种方式。

（四）制度公示

企业制定的劳动规章制度，经法定程序，确认其内容合法、程序有效后，要由企业法定代表人签字并加盖企业公章，作为正式文件向全体职工公布。公示是指把劳动规章制度告知到每一个新加入企业的劳动者，或者是把新制定的劳动规章制度正式公布，告知企业的所有职工。关于公示的方式，我国并不存在相关的规定或要求。在实务中，企业可以通过网站、电子邮件、公告栏、员工手册、会议、培训和劳动合同附件等手段进行公示，告知职工必须遵守企业制定的劳动规章制度。需要指出的是，在出现劳动争议时，企业还必须有证据证明职工已经知晓企业的劳动规章制度，否则会承担不利的后果。

六、劳动规章制度的法律效力

（一）效力表现

劳动规章制度的法律效力是指劳动规章制度对人和对事的约束力。通常认为，劳动规章制度的法律效力表现在三个方面：

一是依法制定的劳动规章制度职工应当遵守，除非该劳动规章制度违反法律强制性规定，或者劳动合同当事人约定排除适用。

二是企业制定的劳动规章制度也构成企业的行为依据或准则。劳动规章制度在内容上有权利性的规定，也有义务性的规定。对义务性的规定，企业也需要遵守，否则可能因此承担不利的法律后果。例如，劳动规章制度规定发放工资的程序，如果不遵守就可能构成拖欠工资。

三是对于司法机关来说，通过民主程序制定的劳动规章制度不违反国家法律、行政法规及政策规定，并已向劳动者公示的，可以作为人民法院审理劳动争议案件的依据。

（二）效力范围

企业内部劳动规章制度的效力可以分为对人的效力、空间效力和时间效力三类。

1. 对人的效力

企业劳动规章制度一般是用于企业内部的管理，所以对全体职工都有约束力，当然对企业自身也有约束力。

2. 空间效力

企业劳动规章制度的空间效力范围指企业劳动规章制度约束力的空间。一般来讲，企业内部劳动规章制度在企业经营运作的场所都有效,但是,有效的劳动规章制度适用的空间效力范围不限于工作场所,还适用于其他场所。例如,不论是在工作场所还是在工作场所之外,职工都有义务遵守公司的保密制度。

3. 时间效力

时间效力范围涉及企业劳动规章制度的生效时间、失效时间及溯及力。生效时间、失效时间要在劳动规章制度中明确。一般来讲,职工在公司任职期间企业劳动规章制度都是有效的,除非企业废除该劳动规章制度。关于劳动规章制度的溯及力,一般而言,企业劳动规章制度的法律效力不能溯及既往,也就是说,企业劳动规章制度只对其发布实施之后的人或事产生效力。

 **技能要求**

劳动规章制度的公示与告知

(一) 规章制度公示的意义

公示原则是现代法律法规生效的一个要件,企业劳动规章制度的生效也同样要遵守这一原则。企业劳动规章制度应该向其适用的对象公示,未经公示的企业劳动规章制度会让职工无所适从,对职工不具有约束力。《劳动合同法》第四条第四款规定,直接涉及劳动者切身利益的规章制度应当公示,或者告知劳动者。《最高人民法院关于审理劳动争议案件适用法律若干问题的解释》第十九条也明确规定了规章制度向劳动者公示才能作为审判案件的依据。

(二) 公示或告知的方法选择

关于如何公示、公示的方式及形式,法律均无明文规定。实践中常见的公示与告知方法主要有以下几种:

一是阅读签字法。企业将劳动规章制度交由每位职工阅读,并且在阅读后签字确认。阅读劳动规章制度的签字确认可以通过制作表格进行登记,也可以制作单页的声明由职工签字,内容可以包括职工确认"已经阅读"并且"承诺遵守"。

二是发放签收法。

三是培训法。企业对职工进行劳动规章制度的培训。培训的方式多种多样，但是一定要求职工签到，同时需要注明培训时间、培训地点、参训人员、培训内容等必要信息，谨慎地保留好培训签到记录。切记，不要让其他人代替职工签字。

四是考试法。开卷或者闭卷考试都是可以的，重要的是要有职工的签名，并保留好试卷。企业对考试参加者发放奖励会更激励职工对劳动规章制度的学习热情。

五是大会公示。企业可以通过召开职工大会公示，并以适当方式（如以签到方式）来保留证据。利用这种方法时企业需要注意的是，职工签到的材料一定要反映大会的内容，一定要能够证明该次会议就是该劳动规章制度的学习会议。

六是公告栏张贴法。将劳动规章制度的内容张贴在公告栏，并且对公告的现场进行拍照、录像等，记录备案，并可由企业的保安、物业管理等人员见证。

七是电子邮件通知法。

八是局域网公布法。

九是作为劳动合同的附件。

上述方法前五种相对比较稳妥，只要不是他人代签姓名，一般是有效的。后面四种公示或者告知方法可能会在举证时出现麻烦。

（三）部分公示或告知方法分析

如上所述，公告栏张贴法、电子邮件通知法、局域网公布法和作为劳动合同的附件，这四种方法都是存在风险的。前三种方法的风险都在于取证比较困难，具体为：第一种方法要对公告现场进行多种方式的证据固定和保留，还要保存一段合理的时间，这在实践中的操作是存在困难的，同时，由于没有职工确认的任何证据，因此也存在举证的困难。第二种方法和第三种方法则都因为它们是电子类证据，而电子类证据的取证比较困难，一旦出现争议，无法取得有力证据，就会非常被动。

第四种方法从逻辑上讲是可行的，看起来也像是一个很有效的办法，但实际上并非如此。原因在于：

第一，劳动规章制度并不是因为成为劳动合同的附件而变得有效，而是因为其本身就是有效的；无效的劳动规章制度绝对不会因为成为劳动合同的附件而变得有效。

第二，劳动规章制度作为劳动合同的附件，需要劳动者签字确认才算是完成了告知程序。劳动规章制度不作为劳动合同的附件时，告知程序并没有实质性的区别。

第三，作为劳动合同附件的劳动规章制度在修改时，必须要变更劳动合同才能够使该劳动规章制度的修改生效。而变更劳动合同要比修改劳动规章制度难得多。如果劳动者不愿意变更劳动合同相应条款或者附件，劳动合同就很难被变更。企业单方变更劳动合同是没有效力的。

（四）公示告知程序的注意事项

1. 企业一定要有一个合法的公示或者告知的过程。

2. 企业一定要把这一过程作为证据固定化，以便发生劳动争议时可以随时有效举证，证明自己的主张。

3. 认真保管档案资料，不得丢失。人力资源管理者人员要特别注意保存职工的签收记录、签到记录和试卷等资料。无论是作为职工档案保存，还是另外保存，不丢失是基本前提。

（五）公示告知证据收集的注意事项

采用公示方式的，企业要通过拍照或录像的方式对公示的行为进行证据保存，并且最好在不同的时间多次拍照或录像，以证明公示的时间和公示行为的持续性。即便如此，因采用公示方式不利于证据留存，所以建议企业采用告知方式。采用告知方式的，通知上要写明交付给职工的劳动规章制度的名称和内容并注明交付日期，由职工签字确认，企业归档留存。

发生劳动争议时，无论采取何种方法，企业都要争取使所收集保留的反映公示的证据体现出两点：一是职工已经知晓该劳动规章制度；二是职工所知晓的劳动规章制度同劳动争议中用人单位所依据的劳动规章制度内容一致。

第二节　劳动规章制度的实施

第一单元　劳动规章制度实施概述

 **知识要求**

一、劳动规章制度实施的主体

劳动规章制度的实施主体是企业行政主体，职工有遵守劳动规章制度的义务。也就是说，劳动规章制度是由企业行政部门发布的，并且负责在企业范围内贯彻落实。同时需要指出的是，劳动规章制度所规范的是职工在劳动过程中的行为，劳动规章制度的实施有赖于全体职工的遵守。因此，劳动规章制度的实施是在企业行政主体的监督下，职工对劳动规章制度的遵守和执行。

二、劳动规章制度实施的原则

为确保劳动规章制度的客观性、准确性和公正性，企业行政部门在实施劳动规章制度时应遵守以下四项原则。

（一）严格执行、依章治企原则

劳动规章制度是维持企业正常运转、促进企业快速发展的重要保障，具有不可替代的重要作用。但是劳动规章制度是把"双刃剑"，只有合法有效并且严格执行的劳动规章制度，才能强有力地支撑企业业务发展。

劳动规章制度是企业的"法律"，只有做到"法律面前人人平等"，自觉地依据劳动规章制度实施管理，管理才能行之有效。企业职工对劳动规章制度的意见经常表现为执行过程中的不公正，就是对违反劳动规章制度职工处理的标准并不一致，有些管理者在实施劳动规章制度时受人为干扰较明显，从而造成职工对劳动规章制度的排斥。鉴于此，在劳动规章制度实施过程中要遵守严格执行、依章治企的原则。

(二) 前后统一、全面实施原则

劳动规章制度应有相对的统一性，若在实施过程中发现问题，应及时地纠正。劳动规章制度在修改时，首先要遵循劳动规章制度修改的必要程序，如民主参与修改、备案、告知等；其次还要注意规章制度间的相互联系，做到前后统一；最后，劳动规章制度一旦颁布，就应具有相对的稳定性，不应朝令夕改。

全面实施是指在实施过程中要避免割裂、片面地执行劳动规章制度。现行有效的劳动规章制度不能有选择地实施，也不能仅对部分职工实施，劳动规章制度应当得到全面的实施。为保障劳动规章制度的实施，企业可以在一项具体的劳动规章制度中规定实施本规章制度的部门，明确实施该规章制度的责任主体。同时，企业可以设置劳动规章制度的监察部门，监督劳动规章制度的实施。

(三) 各司其职、协作实施原则

劳动规章制度的实施范围覆盖了企业全体职工和部门，需要各部门及其人员的协同配合。因此，劳动规章制度在实施过程中，各部门每位职工不仅要认真履行劳动规章制度所要求的责任，而且要注重相互之间的配合与协作，更好地贯彻实施企业的劳动规章制度。

(四) 及时调整、合理实施原则

劳动规章制度一经公布生效，就应当立即在企业贯彻执行。劳动规章制度中的政策性规定，凡是应执行国家政策法规规定的，当国家政策法规公布后，企业应立即执行；凡国家规定由企业自主决定调整标准的，也应当在规定的日期内完成。

三、劳动规章制度实施的基本要求

企业劳动规章制度的实施应遵守与法律的实施执行相同的基本要求。一般认为，法律适用的基本要求是正确、合理、及时，因此，企业劳动规章制度的实施也应遵循以下三项基本要求。

(一) 正确

正确实施劳动规章制度的要求主要体现在两个方面：一是事

实认定要正确，即企业在劳动规章制度的实施过程中需要经过深入调查研究，在全面掌握事实证据的基础上，尽可能地做到事实清楚、证据确凿，这是保证劳动规章制度正确实施和执行的前提和基础；二是要根据相关法律法规和劳动规章制度的规定，对具体案件或事件作出正确、适当的处理，务必做到宽严适度、奖罚分明。

（二）合理

劳动规章制度的合理实施是指公平、公正、合乎情理地实施劳动规章制度。一方面要做到在劳动规章制度面前人人平等，企业应平等对待每位职工。在职工的工作业绩上，要坚持公正考核、"论功行赏"。对于违反劳动规章制度的行为，一律按规定视情节轻重予以处罚。另一方面，在劳动规章制度实施过程中，要坚持程度适宜、奖惩适宜、宽严一致的原则，不能就同一问题实行不同的奖惩标准。

（三）及时

劳动规章制度的及时实施是指在正确、合理实施的前提下，为了提高工作效率，在规定的期限内，把劳动规章制度的内容贯彻到生产过程中，并对问题作出相应的处理。企业的劳动规章制度一经公布生效，就应当立即在企业贯彻执行。例如，劳动规章制度中规定了发放工资的时间，企业不得拖延；企业应按国家规定为职工缴纳社会保险费，并在规定的日期内为职工办理缴纳手续。

四、劳动规章制度实施的重要机制

（一）劳动规章制度实施的监督与处罚机制

企业应当建立劳动规章制度实施监督机制，监督者或机构负责监督各项劳动规章制度实施是否到位，并将监督结果直接上报管理机关，从而实现企业劳动规章制度管理的科学化、规范化。

（二）劳动规章制度信息完善反馈机制

通过建立该机制，可以将规章制度实施中存在的问题及时反馈给高层管理人员，从而一方面进行相应的调整，另一方面新设立规章制度，以弥补原有规章制度覆盖范围不足的问题。

五、劳动规章制度实施的必要条件

（一）劳动规章制度的有效性

企业劳动规章制度具有效力是其实施的基本条件，具体来说包含两层意思：一是劳动规章制度的内容合法；二是实施的劳动规章制度必须在程序上合法。

（二）劳动规章制度的可操作性

企业制定的劳动规章制度要有具体的操作性，有一定检验标准的条款。劳动规章制度的一个重要作用是表明劳动政策，规范职工的劳动行为，因此，必须具有实际规范的标准。

（三）实施机构的明确性

企业要把劳动规章制度的内容运用于生产过程，使其在每一环节上都得以落实，就必须要有相应的组织机构或专门管理人员负责。

（四）范围适用性

劳动规章制度对企业全体职工都适用，但并不是每一条规定在任何时候、任何岗位对任何员工都适用。它是针对不同的工作岗位和生产经营条件规定的不同的行为规范，确立了不同的政策内容和标准，这些只在规定的范围内具有约束力。

六、劳动规章制度的生效要件

根据《最高人民法院关于审理劳动争议案件适用法律若干问题的解释》《公司法》《劳动合同法》等规定，劳动规章制度的生效要件包括以下三点。

（一）制定主体合法

《劳动法》和《劳动合同法》的第四条都规定，用人单位应当依法建立和完善劳动规章制度。因此，劳动规章制度只能由法律或企业章程授权的主体制定，即用人单位。在实践中，企业制定劳动规章制度时通常会授权或委托人力资源管理部门、行政部门或战略规划部门等起草，但是，劳动规章制度在发布时一定要以企业的名义发布，否则其效力范围容易遭到质疑，且会面临制定主体不适格的法律风险。

（二）制定内容合法、合理

劳动规章制度的内容必须在现行法律法规和政策的框架之内制定，不得违反法律法规和政策的规定，否则，企业极易因劳动规章制度内容不合法、不合理而引发劳动争议。根据《最高人民法院关于审理劳动争议案件适用法律若干问题的解释》第十九条规定，劳动规章制度得以成为审理劳动争议案件依据的一项重要前提，就是其内容不违反国家法律、行政法规及政策的规定。从实践来看，相对来说，在企业劳动规章制度法律地位的问题中，合法性比合理性更容易认定。当劳资双方就劳动规章制度的合理性问题产生纠纷时，劳资双方都不是最终的裁判者，最终的裁判者是劳动争议仲裁委员会和人民法院。此外，企业劳动规章制度的内容要和劳动合同、集体合同做好衔接，避免发生冲突。

（三）制定程序合法

劳动规章制度必须经过民主程序制定。根据《劳动合同法》第四条的规定，劳动规章制度制定的程序一般包括起草、讨论、通过和公示四个步骤。

七、劳动规章制度不符合法律规定的法律后果

（一）劳动规章制度不产生法律效力

根据《最高人民法院关于审理劳动争议案件适用法律若干问题的解释》第十九条的规定，用人单位根据《劳动法》第四条之规定，通过民主程序制定的规章制度，不违反国家法律、行政法规及政策规定，并已向劳动者公示的，可以作为人民法院审理劳动争议案件的依据。反之，未向劳动者公示的，就不能作为人民法院审理劳动争议案件的依据。

（二）用人单位将承担行政责任

根据《劳动合同法》第八十条的规定，用人单位直接涉及劳动者切身利益的规章制度违反法律、法规规定的，由劳动行政部门责令改正，给予警告。此处的违反法律、法规规定应当包括没有依法公示，因此企业将承担被劳动行政部门责令改正和警告的

行政责任。

(三) 用人单位将承担民事责任

《劳动合同法》第八十条还规定了用人单位未依法公示的民事责任，即劳动者因此遭受损害的，用人单位应当承担赔偿责任。赔偿的范围原则上限于受害人的实际损失，如工资福利损失。

八、劳动规章制度违法时的处理方式

第一，可以通过共同协商对劳动规章制度进行修改和完善。根据《劳动合同法》的规定，用人单位的劳动规章制度违反法律、法规的，工会和职工有权提出修改意见，通过平等协商修改完善。

第二，可以解除劳动合同并赔偿经济损失。根据《劳动合同法》第三十八条第一款第四项的规定，用人单位的劳动规章制度违反法律、法规的规定，损害劳动者权益的，劳动者可以随时通知用人单位解除劳动合同。此外，用人单位还要向劳动者支付经济补偿。

第三，劳动行政部门责令改正，企业承担相应赔偿责任。《劳动合同法》第八十条规定："用人单位直接涉及劳动者切身利益的规章制度违反法律、法规规定的，由劳动行政部门责令改正，给予警告；给劳动者造成损害的，应当承担赔偿责任。"

 **技能要求**

劳动规章制度与劳动合同规定不一致时的效力判断

劳动规章制度与劳动合同在劳动条件和劳动标准等内容上存在一定的交叉，既然两者都能约束劳动者，那么它们的效力是一样的吗？不一样的话，哪个效力更高呢？如果两者在劳动条件和劳动待遇的规定上不一致，对劳动者适用哪一个呢？根据劳动法对劳动者倾斜保护的立法精神，当劳动合同中的某一项内容与用人单位规章制度的规定不一致时，应该按照作为国际惯例的"有利原则"（即"有利于劳动者的原则"）来确定适用劳动合同或内部劳动规章制度。《最高人民法院关于审理劳动争议案件适用法律若干问题的解释（二）》第十六条实际上也反映出要遵守"有利原则"："用人单位制定的内部规章制度与集体合同或者劳动合同约定的内容不一致，劳动者请求优先适用合同约定的，人民法院应予支持。"

在实践中，许多用人单位在订立劳动合同时，将一些方便自我管理但又不便写入劳动合同的条款，另行制定成内部劳动规章制度来加以解决；或者与劳动者签订劳动合同在前，修改劳动规章制度实则变更劳动合同在后，这就出现了劳动合同表面合法，而具体执行中的许多内部劳动规章制度对劳动合同内容加以限制、调整，甚至会向用人单位利益方面倾斜的现象。用人单位这种做法并不明智，当出现这种用人单位内部劳动规章制度与劳动合同相抵触的情况时，劳动者有优先选择权。

首先，用人单位制定的内部劳动规章制度在法律上应视为劳动合同的附件，它是对劳动合同已规定内容的细化和对劳动合同未加规定部分的补充，但它不得违反劳动合同的原则和精神。这是因为劳动合同是劳动者在加入用人单位之初和用人单位订立的确立双方劳动关系、明确双方权利义务的协议，依法应遵循平等自愿、协商一致的原则，也就是说劳动者是基于接受劳动合同约定的权利义务的前提才自愿加入用人单位的。同时，根据《劳动法》第十六条的规定，劳动者的权利义务又是通过劳动合同明确的，因此，用人单位制定的劳动规章制度应是保障劳动合同中双方权利义务的履行，而不得改变劳动合同，更不得与之相抵触。

其次，劳动合同是劳动者和用人单位在平等协商一致的基础上签订的，反映的是双方的真实意思表示，合同一旦依法订立，对双方具有同等约束力；而现实中的用人单位为方便管理，制定的内部劳动规章制度在更大程度上反映的是用人单位单方面的意愿，可能并不完全是劳动者的真实意思表示，劳动者只能无条件服从，从这点上看，用人单位内部劳动规章制度的效力也不及劳动合同。

再次,《劳动法》第十七条规定,劳动合同依法订立即具有法律约束力,当事人必须履行劳动合同规定的义务。同时,《劳动法》第八十九条规定,用人单位制定的劳动规章制度违反法律法规规定的,由劳动行政部门给予警告,责令改正;对劳动者造成损害的,应当承担赔偿责任。

最后,涉及劳动报酬和劳动条件等标准的内容时,《劳动合同法》第五十五条规定:"集体合同中劳动报酬和劳动条件等标准不得低于当地人民政府规定的最低标准;用人单位与劳动者订立的劳动合同中劳动报酬和劳动条件等标准不得低于集体合同规定的标准。"并且,《最高人民法院关于审理劳动争议案件适用法律若干问题的解释(二)》第十六条也规定:"用人单位制定的内部规章制度与集体合同或者劳动合同约定的内容不一致,劳动者请求优先适用合同约定的,人民法院应予支持。"也就是说,当劳动规章制度规定的内容与劳动合同和集体合同相冲突且不利于劳动者时,劳动者有选择的权利。

第二单元　劳动纪律规章制度的实施

知识要求

一、劳动纪律的概念

劳动纪律是指用人单位依法制定的要求全体职工在劳动过程中必须遵守的行为规则。劳动纪律是企业劳动规章制度的重要组成部分,往往带有惩戒性质,也是对劳动者在生产工作中的行为进行规范、协调和监督的手段,涉及劳动过程中人与人之间,人与劳动工具、劳动对象之间的管理。凡是进行共同的、集体的生产劳动,就必须按照一定的规章对人们的行动进行规范和协调,可以说,没有劳动纪律,社会化大生产就无法组织和进行。从劳动纪律的内涵可知,制定劳动纪律的目的是为了保证企业生产、工作的正常运行,劳动纪律的本质是全体职工共同遵守的行为规则，劳动纪律的作用实施于集体生产、工作的全过程之中。

二、劳动纪律的内容

劳动纪律的内容通常包括时间纪律、组织纪律、岗位纪律、协作纪律、安全卫生纪律和品行纪律等。

时间纪律包括职工考勤、作息时间、请（销）假、休假等方面的要求和规则；组织纪律包括职工听从指挥、服从调配、接受监督检查、保守工作秘密或者商业秘密等方面的要求和规则；岗位纪律包括职工履行岗位职责、完成本职任务、遵守操作规程和职业道德等方面的要求和规则；协作纪律包括职工在工种、工序、岗位以及上下层级之间的衔接、协作和配合等方面的要求和规则；安全卫生纪律包括职工在遵守安全生产和公共卫生制度、参加上岗培训、掌握安全卫生知识等方面的要求和规则；品行纪律包括职工团结互助、爱护公司财物、厉行节约、保护环境、参加社会公益活动等方面的要求和规则。

三、劳动纪律规章制度的原则

维持并贯彻工作场所的纪律规则是管理者和职工双方的责任。管理者应按照合法、合情、合理和以教育为主的原则对职工进行纪律管理，职工也应该以遵守和维护纪律为己任，以确保纪律的严肃性、权威性和公正性。

（一）合法原则

任何企业的劳动规章制度都必须符合国家现行的法律和法规。不能认为企业的制度和纪律是企业内部的事务，可以不受法律的约束，更不允许企业进行职工纪律管理的规章制度与国家的法律法规相抵触。

（二）公平与合理的原则

这包含两层基本含义：其一，职工与企业平等互惠的原则。虽然就职工纪律管理而言，企业是管理者，职工是被管理者和被约束者，但是纪律管理的实质是为了保障工作秩序和效率，防范劳动事故和劳动纠纷的发生，对管理者和被管理者来说，责任和义务都是双方的。其二，一视同仁的原则。制度面前人人平等，在劳动纪律规章制度中，对管理者的违规行为，特别是对其在管理中的违规行为进行纠正是非常必要的。

（三）程序化和公开透明原则

在劳动纪律规章制度的制定和实施中，应该保证标准公开、程序公开和处理结果公开，否则就起不到弘扬正气、奖优罚劣的作用。

（四）人性化和刚柔并济原则

确保纪律执行的规章制度首先是刚性的，否则会缺乏效力；但是刚性过强未必效率会最大。因此，在劳动纪律规章制度中也要强调人性化和刚柔并济原则。这主要体现在以下方面：在劳动纪律制定时要充分民主，构建职工参与的机制与平台；在制度执行时要从尊重人、爱护人的角度出发；在对违纪职工处理时，要以教育为主，顾及尊严和出路，避免激化矛盾。

（五）"热炉"原则

在劳动纪律管理中，"热炉"原则是建立良好纪律和秩序所应遵守的原则。这包括以下几点：即时原则，对违纪职工要即时处理；预警原则，即规章制度要公开透明，让被约束者明了"什么是应该做的，什么是不应该做的"，如果做了不应该做的，就会被"烫"；一致性原则，即只要触犯规则，就会被处罚；在"炉火"面前人人平等的公正性原则。

四、违纪行为的类型

对违纪行为类别的界定十分必要，尽管各企业对违纪行为的规定有所不同，但一般可以将违纪行为归纳为以下几种类型。

（一）非直接工作行为

这些行为与工作不相关，但也会对企业或职工管理造成不良影响，主要为与职工个人品质和不良表现相关的行为，例如，打架、偷盗等。此外，在工作场所的一些歧视行为（包括种族歧视等）都是应被惩戒的非直接工作行为。

（二）一般工作行为

这些行为直接影响了企业正常的工作秩序和工作氛围，包括旷工、缺勤和怠工等。例如，职工的无故缺勤或旷工，特别是一些持续的、有规律的旷工加大了企业的运行成本；怠工主要表现为职工迟到、早退或"偷懒""磨洋工"等。这些都属于不遵守劳动契约行为，纵容这些行为有可能严重影响工作和生产的正常进行。

（三）不胜任工作或工作绩效差行为

由于越来越重视绩效管理，企业通常会制定一些规章和采取一些措施来提升职工工作绩效，或者约束职工不能完成绩效标准的行为。但是由于职工未达到绩效标准的原因有很多，对未达标职工的处理需要慎重，如果不是职工违规行为所致，不主张采取硬性的惩戒措施，而应采取其他更为柔性的管理办法，如调岗、培训等。

（四）危及安全健康行为

目前法律对企业职工安全健康行为的规范越来越重视，特别是在一些高危行业，不允许职工有任何违反安全健康法律和规则的行为发生。这些行为不但危害企业的利益，也伤及职工本人、同事、顾客及其他人员的安全健康。一些重大的事故甚至会造成严重的社会影响。对职工危及安全健康的行为不但需要法律规制，还需要企业制定严格的安全健康管理制度，强化安全健康方面的职工关系管理。在我国的《安全生产法》和《职业病防治法》及相关法律法规中，都对企业与职工之间的责任、义务和权利作了法律规定。

（五）对企业利益和形象造成伤害行为

这些行为主要包括泄露企业生产和经营秘密、伪造记录、受贿和行贿以及捏造事实损害公司形象的言行等。

五、违纪职工的处理原则

企业和管理者在对违纪职工进行惩戒处理时，需要遵循以下原则：

1. 调查后才能惩戒的原则

在事件调查清楚前不能启动惩戒程序，这一原则的贯彻是为了保证实事求是，防止处理草率和不客观公正。

2. 保障当事人知情权和越级申诉权的原则

在整个事件的调查过程中和每一个必要阶段，都必须事先告知职工对事件处理的动机和理由，并给予职工申诉的机会，这一原则是为了保障职工的知情权和越级申诉权。

3. 公平公正的原则

在事件处理中要保持非歧视的态度公平对待每位涉事人员，这一原则是为了保证处理中的公正和公平性。

4. 合法合规的原则

在事件处理中要严格遵循相关的法律法规和企业规则和程序，这一原则是为了保证事件处理中的合法性和遵守契约。

5. 渐进惩罚的原则

对违纪或行为不当职工实施渐进惩罚，这是在事件处理中体现以教育为主的人性化理念。

六、违纪职工的惩戒处理程序

提倡对违纪职工实施渐进惩戒处理，是指在对违纪职工进行惩戒的过程中要由轻至重，区分出不同的处理阶段。一般可分为四个处理阶段。

阶段一：口头警告。违纪行为较轻或者初犯者，通常会提出口头警告，并告知原因。在警告阶段，职工有上诉权，也需要管理者进行相关的档案记录。警告期一般为半年以内。在口头警告期内，如果职工改正较好，可以取消记录。

阶段二：初次书面警告。如果违纪行为较严重，或再次发生，职工将被书面警告。书面警告的内容包括惩戒的原因、处理的依据、对其改进的要求以及时限等。如果职工在指定期间内没有令人满意的改进表现，公司还将对其采取后续阶段的处理。违纪职工接受初次书面警告时应被告知有上诉权，但警告文本的副本存入其个人档案。书面警告期比口头警告期要长，一般为12个月左右。书面警告期结束后，如果职工有较好的行为和绩效改进，将不会启动后续阶段的惩戒措施。

阶段三：再次或最后书面警告。如果在初期书面警告之后，职工行为仍没有改进或违纪行为较为严重，职工通常会受到最后一次书面警告。文本的内容和处理方式、期限等如同初次书面警告。

阶段四：解雇或停职。如果经历上述惩戒阶段之后，职工的行为和绩效改进仍然不能令人满意，通常就会被解雇。解雇时职工会接到书面通知，内容包括解雇原因、雇用结束的日期，并告知职工对此有上诉权。对于特别严重的行为不当，公司可即时解雇，而不需要事先通知本人或给予经济补偿。

在有些情况下，职工的违纪行为比较严重，有必要进行调查后处理。在待处理期间，可以首先停止职工的职务，并相应停止发放全额工资；但停职期不应太长，待调查清楚之后，企业需要立即作出相应的处理决定。一般认为停职本身并不是一种明智的惩戒行为。

在惩戒处理的每个阶段，职工都可以针对处理决定进行申诉和上诉。申诉的程序一般是在规定的期限内，如接到通知后3个工作日内，可以向直线经理和人力资源主管提出，并递交书面材料。部门经理听取上诉并且作出处理决定。如果可能的话，所有上诉都应该告知越级领导或经过比参与原惩戒程序的管理级别更高的管理层听证。在上诉审理中，任何处理只能复查不能增加处理措施，并保存对所有的惩戒和申诉处理的完整原始记录。

七、企业处罚员工的风险防范

鉴于劳动法律没有明确规定企业可以处以经济处罚，同时根据《中华人民共和国行政处罚法》等法律的规定，企业一般情况下是不具有现金处罚权限的，因此，尽量不要处以罚款、扣款的处分，防止造成克扣工资的风险。

另外，降职、降薪的处分方式也要慎用。岗位和薪金属于劳动合同的重要内容，如需变动的应经过双方一致的同意才可以变更，单方面予以降职和降薪会有极大的争议风险，与末位淘汰的道理相仿，都应该谨慎使用。

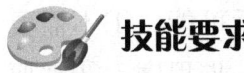 **技能要求**

违纪职工处理的要点

（一）对低绩效职工实施能力处理程序

1. 性质与特征

一些企业在惩戒职工的时候，除了以该职工行为不当为理由之外，还可能对低绩效行为进行惩戒。这种惩罚涉及的问题比较复杂，也较敏感。因为职工绩效低的原因很多，有可能是职工行为不当（如怠工等），也有可能与管理者的管理行为有关，还可能是因为职工的能力问题或工作分配不当造成。因此，在对职工因绩效不佳采取惩罚性措施时，需要转变以处罚为主的处理方式，提倡积极的惩戒。

2. 处理程序的设计

对低绩效职工惩戒时加入能力处理程序被认为是一种值得提倡的方式。例如，在一些国家的法律中，要求在对低绩效职工进行正式惩戒程序之前加入一个能力处理的程序，以确定职工低绩效是由于其自身缺乏能力还是由于其态度和行为不当引起。能力处理程序是一个双向过程，管理者和职工都有义务支持和参与，并要求职工通过能力处理程序的实施提高绩效。按照该程序的设计和管理假设，职工低绩效的能力问题可能产生于：

（1）职工没有达到绩效协议中特定的标准，是因为职工自身的能力有限，而不是社会和企业没有提供适当的培训或支持。

（2）职工没有通过工作所必需的能力测试。

（3）职工没有提供工作所必需的任职资格，如果这是职工的有意行为或行为不当的结果，则可能诉诸行为程序。

3. 处理程序的启动

在启动能力处理程序时需要以下三个步骤。

（1）前期调查。前期调查的内容包括：①绩效协议中的绩效标准；②绩效的实际水平；③提供的培训、支持和指导；④为达到标准而提供的资源；⑤没有达到标准的可能原因。

（2）获取调查结果阶段。获取调查结果之后可能：①不需要采取进一步行动；②需要在能力程序下采取下一步程序；③需要在行为程序下采取下一步行动。一般的调查结果是第二种情况最可能发生，即需要采取措施提高职工的能力，或者使职工从事与能力相匹配的工作。

（3）协商阶段。职工和管理者之间就绩效标准、培训和支持、改进的时限等达成一致，同时也告知职工，如果能力和绩效没有改进，组织将采取正式的惩戒措施。

此外，能力处理程序还要求在采取正式惩戒措施之前，管理者应该证明已经提供了培训和支持；在正式惩戒措施实施的各阶段，要给职工提供充分的机会说明自己在工作中遇到的困难以及管理者给予的帮助等。

（二）职工行为纠正与积极惩戒

1. 积极惩戒

积极惩戒是目前国外比较倡导的一种惩处措施。管理者依靠惩罚起到纠正效果的愿望在现实中并不理想。因为这种传统的管理方式是建立在以企业为中心的管理模式之上的。许多管理实践证明，职工行为不当与管理者管理行为不当密切相关，管理者过多地依赖惩罚性措施提高职工绩效，忽视其他能够纠正职工行为的有效手段。为此，一些企业在反思传统惩戒管理的同时开发了积极惩戒的手段，如良性接触和积极提醒等。

2. 非惩罚性处分

非惩罚性处分倡导的原则是责任、尊重和信任，通过在行为纠正过程中的激励使得职工明白企业对自己的期望，并调整自己的工作态度和行为。在非惩罚性管理流程中，取消警告、训斥、停职等一系列传统惩罚手段，采取新的纠正流程。例如，当职工在工作中出现违规行为并造成不良后果时，应采取以下步骤：

步骤一：提醒。用提醒而不是警告或训斥等方式使职工停止正在进行的违规行为。提醒包括两件事，一是提醒职工注意现有绩效和期望绩效之间的差距；二是职工知道有责任立即停止这种不利于组织和团队的行为。

步骤二：警告。即对职工的违规行为进行警告并要求其纠正。告知职工做好本职工作、完成任务是其应尽的责任，也是作为组织和团队的一员应有的表现。

步骤三：激励。鼓励职工正视自己的不足，并对其付出的努力和改进给予及时的鼓励。

尽管积极的惩戒在实施中有一定的难度，而且需要管理者付出更大的耐心和进行更细致的工作，也并非对所有的"问题员工"有效，但是它代表了企业在职工关系改善上的一种姿态和努力，它对协调劳资关系，缓和管理者与职工之间的对立情绪，强化以人为本的企业价值观很有益处。

（三）管理者惩戒管理缺位行为与纠正

1. 管理缺位行为产生的原因

在违纪职工的惩戒管理中，一个比较普遍的问题是一些管理者不愿意或不主动对职工采取处理措施，造成管理者在惩戒管理中的缺位行为。产生这种现象的原因与管理者的认识和态度有关：一些管理者认为，管理者的任务就是保证工作的完成，对属于职工个人行为的问题不愿过多干涉；另外一些管理者认为惩戒管理的成本太高，容易使自己陷入麻烦之中；还有一些管理者怕职工报复而不敢管理。此外，不少管理者愿意当"老好人"，报喜不报忧，对一些职工的不良行为，特别是与工作绩效无关的违纪行为采取视而不见的态度。

2. 管理缺位行为的纠正

管理者的惩戒管理缺位行为影响对职工的监督和管理效能。对此，很多企业会采取手段纠正这种行为，例如，对管理者实施惩戒管理技能的培训，提高管理者的人际沟通能力；通过设计有效的绩效考核体系，将管理者绩效与职工绩效考核相结合等。要纠正这种现象，根本出路在于两个方面：一方面是创造规范管理的组织制度环境；另一方面是构建和谐的员工关系氛围。

（四）违纪职工的解聘管理

1. 法律依据

根据《劳动法》第二十五条的规定，严重违反劳动纪律或者用人单位规章制度和严重失职、营私舞弊，对用人单位利益造成重大损害的职工，用人单位可以解除劳动合同。严重违反规章制度和严重失职、营私舞弊，对用人单位利益造成重大损害的，用人单位可以以开除、除名方式来解除劳动合同。

2. 管理要点

用人单位对违纪职工行使劳动合同解除权需要注意以下几点：

（1）制定符合法律的、符合实际的和易操作的职工奖惩办法，违纪职工的解聘不能违反法律规定，对解聘处罚的行为还要在企业员工手册上明文规定。

（2）针对企业实际，对违纪的内涵和行为表现要进行严格的界定和程度规定，需要解聘的职工必须是违纪达到企业制度所规定的严重程度或者给企业造成了重大的损失；而且因违纪被解聘的职工必须是经过教育和行政处分无效的，已从按一般违反制度处理发展到需要按严重违反制度处理程度的。

（3）违纪职工的解聘处理要严格按照程序进行。例如，需要给解聘职工申诉的机会，在违纪解聘处理中要有记录和证据收集，解除职工的劳动合同要事先通知工会等。

相关法律法规

《劳动法》

复习思考题

1. 简述劳动规章制度的含义与特征。
2. 简述劳动规章制度的主要内容。
3. 简述劳动规章制度制定的依据。

4. 简述劳动规章制度制定的基本程序。

5. 列举劳动规章制度公示与告知的方法，并简要分析各种方法的利弊。

6. 试析劳动规章制度如何才能具有合法的效力。

7. 简述实践中如何处理违纪职工。

 **案例分析题**

小雨本科毕业后进入一家进出口公司工作，这是一家国有能源企业的下属公司，成立没多久，在人员基本到位，业务开始开展之后，公司就展开了大规模的建章立制工作，人力资源管理方面的制度是其中重要的部分。于是，小雨的试用期就在紧张繁忙的制度汇编工作中开始了。经过一段时间的努力，公司的人力资源管理制度汇编终于完成了。

公司刘经理在一次会议后留下了小雨和小菲，"咱们的制度汇编定稿了，还需要你们俩负责一下后续工作，跟咱们一直合作的那家印刷公司联系，抓紧时间设计排版开印，争取这个月底就下发给员工，这也是建章立制的一项重要工作。"小雨点点头，这好像就是老师讲过的规章制度生效的公示或告知手段吧。

第二天上班，小雨刚打开电脑，小菲就有点兴奋地冲到小雨面前，"小雨，我有个新想法，既能完成任务，还能给公司省一大笔钱呢！刘经理让咱们印员工手册，目的就是为了让大家知道新制度，可是我查了资料啊，网上说的公示告知的办法可多了，印员工手册实在太花钱了，你说是不是？你算算，这么厚的制度汇编，印一本怎么着也得二三十块，这么多员工啊，这笔开支太大了，咱们在OA上挂个公告贴个附件，再写个让大家看OA公告的通知贴在楼下公告栏里面，这不也是公示告知嘛？"

不等小雨回答，小菲已经挽起袖子拉开架势，在小雨的电脑上开工了，"小雨你帮我看着有没有错别字，咱们速战速决！"小雨似乎也被小菲的情绪感染了，开始帮着想措辞，做校对。正在这时，刘经理走进了办公室。看到领导，小菲和小雨你一言我一语的，把两个人的"大计划"对刘经理和盘托出。没想到刘经理的脸色马上变了，"幸亏我今天来得早，才来得及阻止你们俩的闹剧。今天上午你们俩先不要着急工作了，先把这个问题搞清楚！"

请思考：

1. 小雨和小菲的做法有什么风险？

2. 刘经理为什么坚持采用发放员工手册这一"花钱"的做法？

3. 实践中常见的公示告知方法有哪些？哪些是安全的？哪些是存在风险的？

第五章　企业民主管理

1. 掌握劳企协商的概念。
2. 了解劳企协商和集体协商的区别。
3. 掌握员工民主参与的概念。
4. 了解员工民主参与的形式。
5. 掌握职工代表大会代表的条件以及选举程序。
6. 熟悉职代会提案的处理程序。
7. 掌握厂务公开制度的概念。
8. 了解厂务公开的主要内容。
9. 了解职工合理化建议的操作方法。
10. 掌握职工董事、职工监事制度的概念。
11. 熟悉职工董事、职工监事的权利与义务。

第一节　劳企协商管理

一、劳企协商的概念

劳企协商是指在集体协商和集体合同制度以外，由用人单位（此处主要指企业）的工会、职工代表或劳动者个人为一方，与用人单位的代表就涉及劳动者集体或个人的合法的或法律未加以规定的权益事项和程序规范，以及工会组织自身的权利义务进行商谈的行为。协商的内容主要包括用人单位涉及职工切身利益的重要改革方案和规章制度的制定，用人单位各岗位的工作定额和劳动标准，劳动合同的签订、变更、解除和终止，以及工会组织、工会会员和工会工作人员权益保护的实体和程序规范。

劳企协商主要通过定期或不定期的劳企协商会议的形式进行，有时也采取正式与非正式协商相结合、个别与集体协商（并非为达成集体合同）相结合的形式进行。

二、劳企协商与集体协商的区别

劳企协商与集体协商的区别主要体现在四个方面：协商主体不同，协商内容不同，协商程序不同，协商决定的权限不同。

（一）协商主体不同

集体协商的劳方主体是用人单位工会或职工代表。目前在我国的集体协商和集体合同实践中，劳动者一方主要由用人单位工会作为代表，工会需要取得社团法人资格，以劳动者整体的名义与用人单位签订集体合同。劳企协商的劳方主体较集体协商更为宽泛，除了用人单位工会和职工代表可以作为用人单位劳动者整体的代表，与用人单位就涉及劳动者切身利益的重大决策和劳动规章制度进行协商交涉外，法律还规定劳动者个人可以就劳动合同的签订、变更、解除和终止等事项与用人单位通过协商取得一致意见。因此，劳企协商的主体既包括作为用人单位劳动者整体利益代表的工会组织和职工代表，又包括劳动者当事人个人。

（二）协商内容不同

我国《劳动合同法》第五十一条和《集体合同规定》第八条规定，集体合同应包括劳动报酬、工作时间、休息休假、劳动安全卫生、保险福利等劳动标准，此外还包括集体合同期限，变更、解除集体合同的程序，双方履行集体合同发生争议时的协商处理办法，违反集体合同的责任以及双方认为应当协商的其他内容。从上述规定来看，集体合同的内容主要是劳动标准，目前集体协商和集体合同实践主要围绕劳动报酬进行，通过开展工资集体协商，签订工资专项集体协议来协调劳动关系。劳企协商的主要内容包括用人单位涉及职工切身利益的重大决策、改革方案和规章制度，也包括就工资以外的各项劳动标准进行定期或不定期的协商，还包括劳动者个人就劳动合同的签订、变更和解除、终止等事项开展劳企协商。从劳企协商和集体协商的内容来看，两者的主体部分既有联系又有区别，劳企协商的内容能够对集体协商和集体合同起到有益的补充和完善作用。

（三）协商程序不同

集体协商和集体合同的程序在我国劳动法律中有明确规定，要经过协商、讨论、签约、审查等法律程序。一旦发生有关集体合同的争议，《劳动法》第八十四条对争议处理的方式也作出明确规范，即因签订集体合同发生争议，当事人协商解决不成的，当地人民政府劳动行政部门可以组织有关各方协调处理；因履行集体合同发生争议，当事人协商解决不成的，可以向劳动争议仲裁委员会申请仲裁。而劳企协商的程序在法律规定上则有所不同。以用人单位的劳动规章制度建立为例，《劳动合同法》第四条第二款规定，用人单位在制定、修改或者决定有关劳动报酬、工作时间、休息休假、劳动安全卫生、保险福利、职工培训、劳动纪律以及劳动定额管理等直接涉及劳动者切身利益的规章制度或者重大事项时，应当经职工代表大会或者全体职工讨论，提出方案和意见，与工会或者职工代表平等协商确定。一般而言，这个程序分为两个步骤：第一步是经职工代表大会或者全体职工讨论，提出方案和意见；第二步是用人单位与工会或职工代表平等协商，在充分听取意见，经过民主程序后，由用人单位确定。这种程序，被称为"先民主，后集中"。在规章制度和重大事项决定实施过程中，工会或者职工认为不适当的，有权向用人单位提出，通过协商予以修改完善。

（四）协商决定的权限不同

尽管集体协商和集体合同制度在我国的实践中基本上仍以用人单位为主导，但从法律规定来看，由于它涉及与职工切身利益相关联的劳动标准和劳动条件问题,因此,集体协商实质上是用人单位和劳动者双方行使"共决权"。而劳企协商虽然用语与集体协商相近,其权限却有较大的不同。根据《劳动合同法》第四条的规定,有关用人单位劳动规章制度的决定方式和企业重大事项的决定属于企业经营管理自主权范畴,用人单位具有"单决权"。因此,用人单位只需要将有关制度方案经职工代表大会或全体职工讨论,由职工及职工代表提出意见和建议,平等协商即可,最终决定权归属于用人单位一方。

三、组织实施劳企协商活动的法律依据

我国在《劳动法》《工会法》《劳动合同法》《劳动争议调解仲裁法》等劳动立法中都规定了在涉及职工切身利益的规章制度、劳动标准的制定中,在劳动合同的签订、履行、变更、解除和终止的过程中,建立用人单位与工会组织、职工代表和劳动者个人的劳企协商机制。《劳动法》第八条规定,劳动者依照法律规定,通过职工大会、职工代表大会或者其他形式,参与民主管理或者就保护劳动者合法权益与用人单位进行平等协商。以下分别介绍劳企协商的有关法律政策的主要内容。

(一)工会或职工代表与用人单位的劳企协商

1. 用人单位劳动规章制度或重大事项上的劳企平等协商

《工会法》将工会的性质规定为:"工会是职工自愿结合的工人阶级的群众组织。""在中国境内的企业、事业单位、机关中以工资收入为主要生活来源的体力劳动者和脑力劳动者,不分民族、种族、性别、职业、宗教信仰、教育程度,都有依法参加和组织工会的权利。"《工会法》第三十八条规定,企业、事业单位研究经营管理和发展的重大问题应当听取工会的意见;召开讨论有关工资、福利、劳动安全卫生、社会保险等涉及职工切身利益的会议,必须有工会代表参加。《公司法》第十八条规定,公司研究决定改制以及经营方面的重大问题、制定重要的规章制度时,应当听取公司工会的意见,并通过职工代表大会或者其他形式听取职工的意见和建议。上述法律所规定的工会和职工代表的权利还

仅是建议权和监督权，而不是协商权。

职工参与企业民主管理是企业管理制度的一个重要内容，是世界范围内企业管理的一个发展趋势，国外企业在涉及职工切身利益的事项上，很多都是由用人单位和职工双方共同决定或职工参与决定。我国《劳动合同法》扩大了职工在劳动规章制度方面的参与权。

就劳企平等协商的内容而言，规章制度包括工作时间、休息休假、劳动安全卫生、劳动纪律以及劳动定额管理等，重大事项包括劳动报酬、保险福利、职工培训等。一般来说，用人单位建立工会的，与工会协商；没有建立工会的，与职工代表协商。在充分听取工会和职工代表意见，经过民主程序以后由用人单位最终确定。形象地说，它是一种"先民主、后集中"的决策方式。[①]

劳企平等协商还反映在劳方在规章制度和重大事项决定上的异议程序。有些用人单位规章制度和重大事项决定不违法但不合理、不适当。因此，在规章制度实施过程中，工会或者职工认为用人单位规章制度不适当的，有权向用人单位提出，通过协商作出修改完善。

2. 用人单位单方解除劳动合同时的劳企协商

根据我国《劳动法》《劳动合同法》的规定，用人单位可以在出现法定情形时，单方解除劳动合同。防止用人单位随意解除劳动合同，要求其慎重行使解除权，依法保护劳动者的合法权益，是工会的重要职责。因此，《工会法》第二十一条规定，企业单方面解除职工劳动合同时，应当事先将理由通知工会，工会认为企业违反法律、法规和有关合同，要求重新研究处理时，企业应当研究工会的意见，并将处理结果书面通知工会。《劳动法》第三十条规定，用人单位解除劳动合同，工会认为不适当的，有权提出意见。如果用人单位违反法律、法规或者劳动合同，工会有权要求重新处理；劳动者申请仲裁或者提起诉讼的，工会应当依

---

① 信春鹰. 中华人民共和国劳动合同法释义［M］. 北京：法律出版社，2007.

法给予支持和帮助。

上述法律的规定实质上使工会对用人单位单方解除劳动合同的行为拥有知情权和监督权，我们可以将其理解为在特定问题上的劳企协商。《劳动合同法》基本上延续了上述法律的有关规定，它规定用人单位单方解除劳动合同时，应当事先将理由通知工会。用人单位违反法律、行政法规规定或者劳动合同约定的，工会有权要求用人单位纠正。用人单位应当研究工会的意见，并将处理结果书面通知工会。如果工会认为用人单位单方解除劳动合同违反了法律、行政法规规定或者劳动合同约定，有权以书面形式正式提出不同意见，要求用人单位纠正错误的解除行为。这是工会的一项法定权利，任何组织和个人都不得剥夺和侵害。工会提出不同意见，有利于用人单位发现和纠正违法或者违反约定的单方解除劳动合同的行为，防止劳动争议的发生。

此外，为了更好地保护工会及工会成员履行职责，防止工会成员因为履行职责、提出纠正意见而受到用人单位的排挤甚至解除劳动合同，2003年最高人民法院颁布了《关于在民事审判工作中适用〈中华人民共和国工会法〉若干问题的解释》。其中第六条规定，根据《工会法》第五十二条规定，人民法院审理涉及职工和工会工作人员因参加工会活动或者履行工会法规定的职责而被解除劳动合同的劳动争议案件，可以根据当事人的请求裁判用人单位恢复其工作，并补发被解除劳动合同期间应得的报酬；或者根据当事人的请求裁判用人单位给予本人年收入两倍的赔偿，并参照《违反和解除劳动合同的经济补偿办法》第八条规定给予解除劳动合同时的经济补偿金。

进一步而言，由于《劳动合同法》根据我国市场经济发展的要求，适当放宽了用人单位进行经济性裁员的法定条件，为了尽量缓解经济性裁员对劳动者和整个社会的安定所造成的冲击，《劳动合同法》第四十一条延续了《劳动法》关于经济性裁员的程序性规定，要求用人单位按照以下顺序，履行法定程序。第一，必须提前30日向工会或者全体职工说明情况，并听取工会或者职工的意见。这相当于规定了时限的劳企协商。针对现实生活中，有的用人单位已建立了工会，有的用人单位还没有建立工会，已建立工会的用人单位进行经济性裁员，可以选择向工会或者全体职工说明情况，并听取工会和职工的意见。没有建立工会的用人单位进行经济性裁员，应当向全体职工说明情况，听取职工的意见。

第二，裁减人员的方案应当向劳动行政部门报告。即用人单位向工会或者全体职工说明情况，听取工会或者职工的意见、对裁减人员方案进行必要修改后，形成正式的裁减人员方案，报告劳动行政部门。

3. 劳动关系履行过程中的劳企协商

劳企协商作为一种机制，还意味着劳企双方在劳动关系存续的全过程中，可以就劳动关系中的任何议题进行协商。对此，《劳动合同法》第七十八条规定，工会依法维护劳动者的合法权益，对用人单位履行劳动合同、集体合同的情况进行监督。用人单位违反劳动法律、法规和劳动合同、集体合同的，工会有权提出意见或者要求纠正；劳动者申请仲裁、提起诉讼的，工会依法给予支持和帮助。此项规定可以视为劳动关系履行过程中的劳企协商制度。

《工会法》从第二十条至第二十八条详尽规定了企事业单位工会有权就劳动关系中的下列事项与用人单位进行协商交涉，以维护劳动者的合法权益：

第一，工会帮助、指导职工与用人单位签订劳动合同。《劳动合同法》第六条进一步规定，工会应当帮助、指导劳动者与用人单位依法订立和履行劳动合同，维护劳动者的合法权益。

第二，用人单位处分职工，工会认为不适当的，有权提出意见。职工认为企业侵犯其劳动权益而申请劳动争议仲裁或者向人民法院提起诉讼的，工会应当给予支持和帮助。

第三，用人单位违反劳动法律、法规规定，有克扣职工工资、不提供劳动安全卫生条件、随意延长劳动时间、侵犯女职工和未成年工特殊权益等侵犯职工劳动权益情形的，工会应当代表职工与用人单位交涉，要求用人单位采取措施予以改正；用人单位应当予以研究处理，并向工会作出答复；用人单位拒不改正的，工会可以请求当地人民政府依法作出处理。

第四，工会依照国家规定对新建、扩建企业和技术改造工程中的劳动条件和安全卫生设施与主体工程同时设计、同时施工、同时投产使用进行监督。对工会提出的意见，用人单位或者主管部门应当认真处理，并将处理结果书面通知工会。

第五，工会发现企业违章指挥、强令工人冒险作业，或者生产过程中发现明显重大事故隐患和职业危害，有权提出解决的建议，用人单位应当及时研究答复；发现危及职工生命安全的情况时，工会有权向用人单位建议组织职工撤离危险现场，用人单位必须及时作出处理决定。

第六，工会有权对用人单位侵犯职工合法权益的问题进行调查，有关单位应当予以协助。

第七，职工因工伤亡事故和其他严重危害职工健康问题的调查处理，必须有工会参加。工会应当向有关部门提出处理意见，并有权要求追究直接负责的主管人员和有关责任人员的责任。对工会提出的意见，应当及时研究，给予答复。

第八，用人单位发生停工、怠工事件，工会应当代表职工同用人单位或者有关方面协商，反映职工的意见和要求并提出解决意见。对于职工的合理要求，用人单位应当予以解决。工会协助用人单位做好工作，尽快恢复生产和工作秩序。

第九，工会参加用人单位的劳动争议调解工作，为职工提供法律服务。《劳动争议调解仲裁法》规定，发生劳动争议时劳动者可以与用人单位协商，也可以请工会或者第三方共同与用人单位协商，达成和解协议。

全国总工会印发的《关于进一步推进劳动合同制度实施的通知》中着重强调了实施劳动合同制度中工会的监督检查和协商的作用，要求工会要将劳动合同执行情况作为工会劳动监督的重点，建立和完善监督检查机构和组织，积极开展监督检查工作，监督劳动合同双方认真履行劳动合同。要加强劳动关系协调机制各项制度间的有机衔接，劳动合同的标准不得低于集体合同的规定。注意发挥劳动合同在劳动争议调解、仲裁和诉讼中的作用，做到有法可依、依法办事。企业工会要加强与行政方的沟通和协调，督促认真履行劳动合同。对于企业未兑现劳动合同的行为，工会要依法要求行政进行整改，或支持职工通过仲裁或诉讼方式解决。

此外，全国总工会印发的《企业工会工作条例（试行）》和各地的《工会工作条例》中还规定了两种制度以保证工会监督权的实现。①建立劳动法律监督委员会，地方工会及产业、乡镇（街道）工会应当设立劳动法律监督委员会。职工人数较少的企业应设立工会劳动法律监督员，基层工会根据实际需要可以设立工会劳动法律监督委员会，对企业执行有关劳动报酬、劳动安全卫生、工作时间、休息休假、女职工和未成年工保护、保险福利等劳动法律法规情况进行群众监督。工会劳动法律监督委员会的成员为本级工会劳动法律监督员。镇、街道以上工会的劳动法律监督组织可以委派工会劳动法律监督员进入本辖区内的用人单位，履行监督、调查职责。工会劳动法律监督员应当具备以下条件：一是熟悉劳动法律法规，具备一定的政策水平和工作能力；二是热心维护职工群众的合法权益；三是奉公守法、清正廉洁。工会劳动法律监督员由工会发给监督员证。②建立劳动保护监督检查委员会，生产班组中设立工会小组劳动保护检查员。建立完善工会监督检查、重大事故隐患和职业危害建档跟踪、群众举报等制度，建立工会劳动保护工作责任制。依法参加职工因工伤亡事故和其他严重危害职工健康问题的调查处理。协助与督促企业落实法律赋予工会与职工安全生产方面的知情权、参与权、监督权和紧急避险权；开展群众性安全生产活动。

（二）劳动者个人与用人单位的劳企协商

劳企协商也包括劳动者个人在劳动关系确立、运行或终止时与用人单位的协商权利，我国《劳动法》《劳动合同法》等法律都对这类劳企协商作了明确规定。

《劳动法》《劳动合同法》在规定劳动合同订立的原则时,明确将平等自愿、协商一致作为一项重要原则。协商一致是指用人单位和劳动者要对劳动合同的内容达成一致意见。劳动合同是双方意思表示一致的结果,它需要劳动者和用人单位双方协商一致、达成合意。双方地位平等,一方不能凌驾于另一方之上,不能把自己的意志强加给对方,强迫命令或者胁迫对方订立劳动合同。在订立劳动合同时,要求用人单位和劳动者都要仔细研究合同中的每一项内容,进行充分的沟通和协商,解决分歧,达成一致意见。这项原则既是指导劳动合同订立的基本原则,又是构建和谐劳动关系的重要方法。

《劳动合同法》对劳动合同订立、变更、解除和终止过程中的劳动者与用人单位的协商权利作了以下规定:

第一,用人单位与劳动者协商一致,可以订立固定期限劳动合同。

第二,用人单位与劳动者协商一致,可以订立以完成一定工作任务为期限的劳动合同。

第三,劳动合同由用人单位与劳动者协商一致,并经用人单位与劳动者在劳动合同文本上签字或者盖章生效。

第四,劳动合同对劳动报酬和劳动条件等标准约定不明确,引发争议的,用人单位与劳动者可以重新协商。

第五,用人单位与劳动者协商一致,可以变更劳动合同约定的内容。变更劳动合同,应当采用书面形式。

第六,用人单位与劳动者协商一致,可以解除劳动合同。

 **技能要求**

劳企协商会议的召开

在劳企协商议程确定以后,安排和组织召开劳企协商会议就成为劳动关系协调员的重要职责,因此必须给予足够的关注与投入。对这类会议的组织,应特别注意以下五个问题。

（一）协商会议事前信息的收集及组织筹办人员的选择

会议第一个重要步骤就是收集会议相关信息，通过对信息的筛选、分析、归类，可以指导制订出详细缜密的计划纲要。同时，必须建立专门的筹备小组与策划小组，这两个小组的成员无论是专职还是兼职，其工作的最终结果都是使会议顺利进行。因此，会议的组织筹办人员可以选择精干而有丰富经验的劳动关系协调员担当，辅之以劳企双方的人员。

（二）明确协商会议的目标与必要性

协商会议的目标取决于会议的召集或指定人员。因此，进行具体策划之前，应该同与会者和参加者进行深入的沟通与交流，要通过对话进行调研与评估，实际考察劳企双方对此会议的了解程度、知晓状况、重视与否及意见建议。只有妥善地处理好同与会主体的双边互动关系，才能够做到在会议策划中有章可循。

在参加设定协商会议目标时，劳动关系协调员要注意以下三个具体要求：

1. 协商会议目标必须用书面形式列明

这有三个好处，一是有助于目标内涵的澄清；二是书面目标不容易被遗忘；三是当目标种类繁多时，用书面形式比较容易澄清用人单位和劳动者之间潜在的问题。

2. 会议目标必须切合实际

此要求并不表明会议目标可以轻松得以实现，相反，最终确定的会议目标应该带有一定的挑战性，并与必要的可实现性相结合，这样的会议目标才是可取的。

3. 会议目标必须具体且可以衡量

很显然，含混笼统的目标极难成为会议行动的指南，因而目标设定必须明确具体、可以量化比较并富有可操作性，此种会议目标才是成功可行的会议目标。

（三）与会者的选择

参加会议的人员可以与集体协商的组成人员一致，也可以更加精简，具体人数应视情况合理确定。在具体操作上，与会人员主要分为下列两类：一是用人单位和劳动者双方的代表，他们是实现会议目标的主要人员，因此对他们应优先考虑；二是能够推进协商会议顺利进行的人员，如第三方机构的相关人员，这些人参加会议将有助于发挥会议功能。

对于一时难以分辨是否应邀请的人员，最好在条件允许的情况下坚持邀请，以免遗漏。

（四）会议日程的安排要求

1. 编排会议日程要充分考虑会期、会议议程等情况

一般可根据会议日程将大会划分为几个阶段，对每个阶段的议程及主要活动作出初步规划，然后作出具体的日期安排。

2. 根据议程的具体内容、要求，合理安排日程

程序性较强的应安排得紧凑些，使其有条不紊，环环相扣。

3. 会议日程的编排要明确具体，一目了然

会议日程的编排内容一般应包括时间、会议内容、地点、主持人等。如果用人单位规模较小，可以压缩上述过程。但无论如何，劳企协商都是一个讲究程序的正式协商过程，尽管不像集体协商那样正规，也应尽量避免走过场。

（五）协商会议的管理

在策划协商会议时，劳动关系协调员应遵循以下三项原则：

第一，宜早不宜迟。通常一个协商会议的构思、酝酿和策划是个渐进的过程。经验表明，策划宜早不宜迟，原因是需留出充分的讨论、修改和审批时间。

第二，全面考虑。协商会议的准备工作涉及方方面面，需考虑周详，避免因一时疏漏在将来造成损失。特别要抓好会议服务的各个关键环节，避免出现大的闪失。

第三，明确会议落实的时间表。为了保证协商会议能按时实施，必须明确各阶段任务的具体落实时间表。这是督促检查、掌握和调整进度的依据。

第二节　职工代表大会管理

第一单元　员工民主参与

知识要求

员工民主参与的概念

员工民主参与的概念最早源于19世纪末期的西方工业国家，是西方国家工业化大生产的产物。关于员工民主参与的研究最早可溯源到19世纪末韦伯夫妇（Sidney Webb 与 Beatrice Webb）倡导的产业民主理论。根据他们的划分，产业民主包括从产业基层民主到与其配合的政治宏观民主，一方面员工通过劳资团体（如工会）参与国家社会及经济政策和规则的制定，此为宏观产业民主；另一方面员工参与企业内部管理，此为微观产业民主。后来有关产业民主的理论与实践普遍放弃了韦伯夫妇设计的宏观界定，也就是放弃了宏观产业民主，而专注于微观产业民主。微观产业民主，又称企业员工民主参与，用以描述工业社会中出现的员工参与的现象。员工民主参与的研究涉及管理学、社会学、经济学、政治学等多个学科领域，从理论分析到实证研究，所涉及的问题范围也相当广泛，包括员工民主参与的方式、员工民主参与与企业绩效的关系、影响员工参与效果的因素等。

1967年，国际劳工组织关于工会代表及员工参与企业决策专门会议对员工参与作出了权威的解释，即员工民主参与是指劳动者参与企业经营的意思决定（决策），并对企业的决策产生影响而不是作为旁观者。也就是说，员工民主参与意味着员工通过某种机制或方式对企业的经营决策给予直接影响。

综上所述，员工民主参与可以定义为：员工通过一定的企业机构介入管理决策的制定和实施，通过与管理层的交互作用参与

和影响管理行为的过程。

 **技能要求**

员工民主参与形式的划分

员工民主参与的形式很多，可以从三个角度进行划分。第一，按照参与的程度和方法划分，可分为直接参与和间接参与。直接参与允许员工个人积极参与决策过程；间接参与则主要是通过员工代表站在员工的立场上与企业进行讨论与协商。第二，按照参与的组织等级层次划分，企业组织有多少等级，员工参与就有多少层次，从最低层级到最高层级，都可包括进去。第三，按照目标划分，可分为任务中心型和权力中心型。任务中心型强调工作结构和业绩，权力中心型则强调管理人员权力的决策。

所以，考察员工民主参与的形式要从参与的程度、参与的层级及参与的目标三种因素着手。按照这种方法，就可对照以下形式不同但又互相补充的战略进行区分。①

（一）直接参与形式

直接参与形式，也叫下行参与。直接参与属于个人参与，是指员工个人直接参与管理方面的决策，或者参加企业组织内部的一些管理机构，这些决策过去是由管理者作出的，管理机构也是由管理人员组成的。直接参与的形式总的说来只适用于较低层次的决策，如参与处理生产方面的一些紧急问题，组成自治性的工作团队，组成"质量管理圈"，参加工作小组、车间或者部门的工作会议等。这种参与方式强调的是员工个人、工作小组以及当时的工作环境，因而既是直接参与形式，又是任务中心型的参与形式。这种方式之所以称之为下行参与，是因为这种参与形式是企业出于某种目的而发展起来的，参与是由企业提供的，作为组织变革的一部分，企业把有限范围内决策的权力和责任从管理人员手中转移到员工手中。这种方式希望直接激发员工的工作积极

---

① 杨体仁，李丽林. 市场经济国家劳动关系——理论·制度·政策 [M]. 北京：中国劳动社会保障出版社，2000.

性，提高工作满意度，加强员工对组织目标、决策的认同，而这些目标和决策都是企业早已确定的。

（二）间接参与形式

间接参与形式也叫上行参与。间接参与属于代表参与，是指员工通过代表参与决策。它是建立在员工集体利益基础之上的，比较典型的间接参与项目包括由工会会员、全体或部分员工选举出来的代表参加和管理方定期或临时召开的会议，由员工选举的代表参加与管理人员共同组成的各种工作委员会，由员工的代表参加公司的董事会、监事会等。工会会员的代表或者员工代表参加上述会议、工作委员会以及员工代表参与公司高层决策机构，都是要代表员工的利益参与有关事项的决策，而这些决策通常是属于较高层次的。通过间接参与方式，员工集体可以扩大对企业组织高层次决策的影响，所以也是权力中心型的参与形式。这种方式之所以还被称为上行参与，是因为它试图通过把集体谈判的范围扩大到一个更广泛的决策中，扩大到组织的更高层次来保护员工的利益，强调的是把员工的影响扩大到企业决策和重大计划之中，而这些决策和重大计划过去属于管理人员的权力范围。

（三）分享制[①]

除了上述两种员工参与决策与管理制度之外，还有一种员工参与的财政形式，即分享制。这里只介绍报酬分享制和组织所有权分享制两种财政参与形式。

报酬分享制以企业业绩为基础付给员工报酬，这一报酬是员工正常报酬的额外部分。企业的业绩以利润水平、附加值、生产销售水平来衡量。额外报酬一般一年分一次或两次支付，每个员工有可能获得相同的数额，也有可能不同，这要依据员工的服务年限或正常的报酬水平而定。实施这一计划的原因，一是认为员工有权分享企业利润、附加值等；二是它与津贴制度有所不同，能促进员工群体与企业合作以提高组织业绩，而不仅仅是直接激

---

① 杨体仁，李丽林. 市场经济国家劳动关系——理论·制度·政策 [M]. 北京：中国劳动社会保障出版社，2000.

励个体提高产量。

组织所有权分享制是通过直接给员工个人或代表员工利益的组织一定数量股票的形式，使员工分享企业利润。这一计划在某种程度上加强了员工对组织的认同，因为员工已经成为企业的部分所有者，但是在这种分享制下，并不是由于员工希望成为持股人而持股，而是因为企业希望员工成为持股人而使员工持股。许多员工在这种分享制中一旦得到了股票，就马上出售。在这种情况下，如何能提高员工对企业的认同感呢？当然，从企业的角度看，所有权分享制的优点是不用现金支付，而报酬分享制则要支付现金，所有权分享制不影响企业现金流量，只是利润分享的股票所有人数量增加，这样每个持股人的利润就变少了。然而，由于财政分享制分享的只是金钱，而不是权力或权威，也不分享组织决策权，所以这种分享制本身只是一种较低层次的产业民主形式。

 **延伸阅读**

《劳动合同法》提升职工民主参与程度

保护劳动者和企业双方的合法权益，构建和谐劳动关系，是《劳动合同法》的宗旨。在这一宗旨的指引下，《劳动合同法》将员工民主参与推向了一个新台阶。该法第四条首先将规章制度进行了划分，依据与劳动者切身利益的密切程度分为直接涉及劳动者切身利益的规章制度和非直接涉及劳动者切身利益的规章制度。前者包括劳动报酬、工作时间、休息休假、劳动安全卫生、保险福利、职工培训、劳动纪律以及劳动定额管理等，这些内容都是企业日常管理的重中之重。法律规定，企业在制定或修改这些内容时，应当遵循法律规定的程序，即首先经职工代表大会或者全体职工讨论提出方案和意见，与工会或者职工代表平等协商确定；最终的规章制度制定完毕时，要通过公示或其他途径告知劳动者。

此程序首先将制定规章制度的职责由企业管理者（通常是人

力资源部负责人）转交给职工，职工参与制定规章制度的程度大大增加，而规章制度作为企业日常管理的重要工具，间接增加了职工对日常管理的参与程度。

第四条还规定，在规章制度和重大事项决定实施过程中，工会或者职工认为不适当的，有权向用人单位提出，通过协商予以修改完善。此条规定将工会的职责、权利进一步加大。相信在法律以及职工的督促和监督下，工会履行职责的体系和制度将会更加完善，工会工作将会更加及时有效。

第二单元 职工代表大会制度

知识要求

职工代表大会是职工民主参与管理的基本形式，它和其他民主参与形式一起构成了我国基层组织中职工民主参与管理体系。与其他民主参与形式不同，职工代表大会制度在性质、任务、职权以及组织机构和工作制度等方面，具有独特的特点和优势。

一、职工代表大会概述

职工代表大会是职工行使民主管理权力的机构。《企业民主管理规定》明确规定：职工代表大会（或职工大会）是职工行使民主管理权力的机构，是企业民主管理的基本形式。职工代表大会是企业实行民主管理的基本制度，是职工参与企业管理的基本形式。职工代表大会是由全体职工选举的职工代表组成的，以职工广泛参与为特征；代表全体职工行使民主管理权力，表达全体职工意志，体现大多数职工利益，以少数服从多数为原则。职工代表大会行使的权力是民主管理的权力，按《全民所有制工业企业职工代表大会条例》规定，它是指审议企业重大决策、监督行政领导、维护职工合法权益等方面的权力。职工代表大会也是职工参与沟通的制度平台，以协调利益关系为核心内容，以集体协商为基础。因此，职工代表大会是一个可以在一定范围内行使权力的机构。

二、职工代表大会代表的产生

（一）职工代表的条件

《全民所有制工业企业职工代表大会条例》规定："按照法律规定享有政治权利的企业职工，均可当选为职工代表。"这是职工代表的基本条件，也是审定职工代表资格的依据。《企业民主管理规定》第九条规定，有女职工和劳务派遣职工的企业，职工代表中应当有适当比例的女职工和劳务派遣职工代表。为了保证职工代表大会的质量和职工代表在任期内的相对稳定，单位在选举职工代表时，可以规定一些具体的条件。例如，各单位之间的用工制度实际上还存在着一定的差异，有的单位职工中不少是季节工，有的单位还有许多临时工、季节工和劳务派遣工，单位可根据自己的实际情况酌情决定。借用人员不属于单位正式职工，不能当选为职工代表，如果工作需要，可作为列席代表参加。一般而言，只要职工与用人单位建立了劳动关系，就拥有了当选为职工代表的资格。劳务派遣工比较特殊，他们与用人单位建立劳动关系，但实际劳动却是在用工单位进行，他们的许多切身利益与用工单位紧密相关，所以，用工单位职工代表大会中也应当有他们的代表，使他们有机会表达他们的诉求。以上情况应在本单位职工代表大会实施办法或职工代表选举办法中作出明确规定。

职工代表大会是代表职工群众行使民主管理权利的，选举职工代表应当是在本单位享有政治权利的职工中挑选能正确行使职工代表的权利、履行职工代表义务、热爱单位、办事公道、联系群众、热心为职工群众办事的人。因此，在规定职工代表条件时，也应对职工代表的工作能力、工作责任心、工作表现等作出具体规定。

（二）职工代表的任期

《企业民主管理规定》第二十六条规定："职工代表实行常任制，职工代表任期与职工代表大会届期一致，可以连选连任。"职工代表常任制是指职工代表在任期内始终享有职工代表的权利、履行职工代表的义务,并接受原选举单位的监督。为了保障职工代表大会工作经常化、制度化,就必须使职工代表相对稳定。这样做一方面可以增强职工代表的自豪感和责任感,促进职工代表珍惜自己的代表身份,更自觉地做好民主管理工作;另一方面也便于对职工代表的组织管理,建立一套比较完善的组织机构和工作制度。

(三)职工代表的比例和构成

职工代表的比例构成是否恰当合理,关系到职工代表的代表性以及职工代表能否更好地发挥作用和履行职工代表大会的各项职能。职工代表既不能过多,又不能过少。一般做法是,大型企业的职工代表可占职工总数的3%~5%,中型企业可占5%~10%,小型企业则可占到10%~20%。《企业民主管理规定》第八条规定,企业可以根据职工人数确定召开职工代表大会或者职工大会。企业召开职工代表大会的,职工代表人数按照不少于全体职工人数的5%确定,最少不少于30人。职工代表人数超过100人的,超出的代表人数可以由企业与工会协商确定。

职工代表的比例构成是指代表中各类人员所占的比例。《全民所有制工业企业职工代表大会条例》第十二条规定,职工代表中应当有工人、技术人员、管理人员、领导干部和其他方面的职工。其中企业和车间、科室行政领导干部一般为职工代表总数的1/5。青年职工和女职工应当占适当比例。为了吸收有经验的技术人员、经营管理人员参加职工代表大会,可以在企业或者车间范围内,经过民主协商,推选一部分代表。这是该条例作出的原则性规定,《企业民主管理规定》第九条规定,职工代表大会的代表由工人、技术人员、管理人员、企业领导人员和其他方面的职工组成。其中,企业中层以上管理人员和领导人员一般不得超过职工代表总人数的20%。有女职工和劳务派遣职工的企业,职工代表中应当有适当比例的女职工和劳务派遣职工代表。具体到每个单位如何确定代表构成,向各部门分配代表名额,都应本着科学、务实、高效原则进行具体安排。

（四）职工代表的选举

《全民所有制工业企业职工代表大会条例》第十一条规定，职工代表的产生，应当以班组或者工段为单位，由职工直接选举。大型企业的职工代表，也可以由分厂或者车间的职工代表相互推选产生。《企业民主管理规定》第二十四条规定，职工代表应当以班组、工段、车间、科室等为基本选举单位由职工直接选举产生。规模较大、管理层次较多的企业的职工代表，可以由下一级职工代表大会代表选举产生。

职工代表的选举，首先由工会委员会根据《全民所有制工业企业职工代表大会条例》和《企业民主管理规定》拟定职工选举职工代表的议案，包括名额的分配、选举的办法和步骤、各类人员的比例，然后由工会委员会召开的职工代表团（组）长和专门小组或工会委员会扩大会议，或者由职工代表大会筹备委员会讨论通过，并由各级工会组织按选举办法主持选举。

（五）职工代表的补选和撤换

1. 职工代表的补选

职工代表在任期内与企业解除劳动关系，代表资格自行终止，缺额由原选举单位按照规定补选，补选条件和程序与选举职工代表的条件和程序相同。任期内的职工代表在企业内部调动工作的，代表资格予以保留，原选举单位的代表缺额，通过民主程序另行增补。因工作需要调离本单位或本选区或长期病假等原因，不能履行选区职工代表的职责时，代表资格自行终止，由原选区按照职工代表选举程序补选。

2. 职工代表的撤换

职工代表对选举单位的职工负责，选举单位的职工有权监督或者撤换本单位的职工代表。职工代表在任期内出现下列情况时，原选举单位职工有权撤换：一是被依法剥夺政治权利或被企业开除的，应立即取消其代表资格；二是无故不参加职工代表大会活动，严重失职的；三是因停薪留职、长期病事假、脱产学习等情况，不能参加职工代表大会各项活动的；四是因为其他原因不能履行代表义务，失去原选举单位职工信任的。

撤换职工代表的一般程序是：选举单位职工提出撤换职工代表的要求；工会及时调查核实；原选举单位召开会议讨论，被撤换职工代表可参加会议并可以申辩；经选举单位讨论，半数以上职工同意，即可作出撤换职工代表的决定；原选举单位将撤换职工代表的决定报告企业工会，由企业工会宣布并备案；选举单位职工按照民主程序，选举新的职工代表，经职工代表资格审查委员会（小组）审查后，替补被撤换职工代表的缺额。

（六）列席代表和特邀代表

职工代表大会根据需要，可以请一些未当选职工代表的企业领导人和有关负责人作为列席代表参加会议。大会还可以特邀一些离退休老职工和职工家属等参加，使大会具有更广泛的代表性。列席代表和特邀代表在职工代表大会上可以发表意见和提出建议，但没有表决权和选举权，不能当选为职工代表大会主席团成员。

 **技能要求**

一、职工代表大会提案的处理程序

职工代表大会提案是指职工代表在广泛征集职工意见的基础上，经过调查研究，就企业的改革发展以及职工普遍关心的重要问题，按照规定程序，在规定时间内向职工代表大会提出，经提案工作委员会审查立案后，提请职工代表大会讨论，由承办部门办理的书面意见和建议。职工代表提案不是职工代表本人撰写提案，而是职工代表应该汇集广大普通职工意见，将广大职工的意见和建议充分反映出来。具体到操作层面，由一名职工代表提出和至少两名职工代表以上附议，联名撰写提案。职工代表大会提案的处理程序包括提案征集、提案审查、提案立项、提案确定、提案落实和提案反馈。

（一）提案征集

提案征集的目的在于征求和收集职工代表、职工群众关于职工代表大会中心议题以及职工关心的热点问题的意见和建议，群策群力，集思广益，使职工代表大会开得更有实效。征集提案的过程还是进一步引导广大职工积极参与企业民主管理的过程。因此，应通过多种渠道和途径广泛征集提案。这项工作大致有以下四种做法：

一是由企业工会或职工代表大会提案工作委员会（小组）印发征集提案通知和提案表，在职工代表大会筹备工作开始时（大会召开前一个月左右）发给职工代表，组织职工代表撰写提案。

二是由企业工会组织召开各种座谈会和培训会，使职工代表和职工群众明确职工代表大会的中心议题，提案工作的目的、意义和要求，提案处理落实的程序，以及提案征集的截止日期等事项。

三是由职工代表通过走访职工群众等途径，主动向职工群众征集提案。

四是在职工代表大会开会期间，通过听取厂长（经理）工作报告和对大会中心议题的深入讨论，由职工代表提出提案。

（二）提案审查

首先，职工代表大会提案工作委员会（小组）工作人员对征集的提案进行分类、编号、登记。其次，职工代表大会提案工作委员会（小组）对征集的提案进行审查、立案，供全体代表会议讨论。对不合格的提案加以解释，说明后退回代表团、提案人。对合格的提案进行审查、编号、登记造册，归纳、统计、分析，对内容相同或相近的提案合并成一个提案，便于集中处理、答复。未予立案的，编辑《代表建议摘要》，供有关领导或职能部门决策参考。

（三）提案立项

提案分类整理后，提案工作委员会（小组）要提出初步的处理意见，提交职工代表大会或主席团会议（团长联席会）讨论立项。凡是立项的提案，有关责任单位和领导应给予答复或处理。

（四）提案确定

落实责任单位收到提案后要认真研究，及时处理。凡有条件解决的问题，应在接到提案后 10 天内提出解决方法和日期。对于一时难以解决的问题，有关部门应按提案处理程序提出解决方案和完成日期，并在一个月后反馈进展情况。对于短期内无力解决的问题，有关部门要实事求是地说明理由，解释清楚，取得提案人的理解。

（五）提案落实

提案工作委员会（小组）按照程序，将提案落实的建议单位送有关领导审阅后，由企业党委办公室转发各有关单位和个人落实答复。为使提案得到有效落实，责任单位要指派专人负责，主要负责人亲自过问，分管领导签署意见。原则上一个月内进行答复。答复一式三份，分送提案人、提案工作委员会（小组）、提案人单位保留。为促进提案落实，提案工作委员会（小组）可适时组织行政、纪委、工会人员和职工代表进行专项巡视，对于不按时转达和答复的，或对提案采取应付、推诿的，要接受职工代表的质询，巡视组可视情节轻重，建议企业作出适当处理。

（六）提案反馈

立项的提案，不论是已落实的还是没有落实的，都要在规定的时间内向提案人反馈处理结果，并征求提案人和附议人的意见，做到案案有着落，件件有交代。具体途径包括：通过工会送达提案人；承办单位直接向提案人反馈（也可采取在职工代表大会上公布、张榜公布、网上传输等方式）。提案人要把处理结果转告各附议人，并将对提案处理的满意度反馈工会。

二、主持职工代表大会的要点

职工代表大会既包括全体会议，又包括分团讨论大会报告的会议。好的主持人能够使会议顺利进行，解决出现的临时性问题。做好职工代表大会主持人应该把握以下要点。

（一）拟好开场白

开场白是一段系统、简洁、审慎及有明确宗旨的 3~5 分钟的发言。开场白一般包括下列内容：

1. 介绍会议议程

主持人要先让与会者知道议事的程序。

2. 提供与讨论有关的资讯

如调查结果、目前态势、数据资料等。

3. 提示与会者，会议的发言及讨论情况需要进行记录，以备后查

这意味着每个人的发言都应在限定的主题范围之内。

4. 征求对议程设计的意见

主持人应在开场白中询问有无修改议程的建议，目的是确认与会者对讨论进行方式的认同。若有人提出修正意见，主持人应使用民主程序确定是否修改。

一份好的开场白应符合下列条件：让与会者清楚地知道开会的目的及程序；预告提示，避免多余和不相关的主题；取得与会者对会议进行方式的认可。

（二）适当的会议控制

会议主持人要能从容应对会议中出现的各种临时状况。从扮演与会者间互动的桥梁、控制讨论方向不致离题，到引导与会者进行创新性思考，都有赖于主持人的经验与智慧。

1. 营造和谐的气氛

主持人要营造和谐的气氛，鼓励与会者畅所欲言。当与会者的发言带有批评倾向时，主持人要避免露出不悦或接话反击，否则就很难维持会议和谐的气氛。

2. 照议程进行

议程是让与会者对要讨论的事项有心理准备，也方便在讨论告一段落时，检查有无该议而未议的问题。同时，也让与会者对会议流程有清楚概念，避免讨论失去控制。倘若议程表来不及在会前发给与会者，也应在适当场合利用视听设备（如投影仪）展示。若与会者对议程有疑问，应在讨论开始前排除，以保证会议照议程进行。

3. 正确总结讨论内容

会议进行中，主持人有必要在讨论告一段落时进行一次总结。总结发言要有系统地陈述会议的内容及达成的共识，如有疑义应立即修正。总结完毕之后，主持人再宣布开始下一阶段的讨论。

4. 引导发言者解释令人困惑的内容

有些发言者可能不善于言辞，或喜欢用专用名词，发言内容常让人一头雾水，令其他与会者只能"臆测"，这种情况常常使发言者的原意被扭曲。因此，当主持人听到让人感到困惑的发言，而其他人又没有提出质疑时，就应立刻对此作出回应，引导发言者把确切的意思讲出来。

5. 尊重少数人的意见，避免出现意见一面倒的情况

有时少数人的意见会在日后才被证明是对的。主持人要使与会者了解到，即使不同意他人的看法，也要尊重他人发言的权利。主持人的工作就是要在少数人意见被压制时，尽可能让他们多发言，毕竟少数人提出的反向思考，有时对提高决议质量很有帮助。

6. 减少与议题无关的争辩与讨论

无关的争辩指发言者情绪化地要他人承认其想法是错误的，这样就会产生不必要的争辩。当这种情况发生时，主持人要立即打断他的发言，说明其争辩的内容与讨论无关。但是若其争辩内容没有离题，则应允许继续辩论下去，不过要严格控制时间与主题，因为这样反而对于了解议题的优劣有帮助。

7. 保持中立态度

主持人在讨论过程中要严守中立态度，不要掺杂个人意见。其职责应是尽力协助与会者以客观态度议事，而不是暗示与会者支持令自己满意的意见。

三、职工代表大会决议的框架要点

职工代表大会决议是职工代表大会依法行使职权，对相关部门提交职工代表大会进行讨论的各种报告、方案进行民主审议，经过民主表决程序，对表决结果或决定所作的书面性表述。表决结果可能是同意（通过）、否决或责令修改方可实施等。

职工代表大会决议所涉及的内容必须是职工代表大会职权范

围内的事项，决议的起草工作一般由大会秘书组承担，秘书组可由党委、工会和行政办公室的人员组成。职工代表大会决议可分为两类：一类是综合性决议，即对大会所进行的所有审议与表决内容进行概括性描述；另一类是专项决议，即对某项具体议案进行表决而得出的结论。职工代表大会决议一般包括以下内容：决议名称，会议召开的时间、地点、参加人数、表决结果，对决议所涉及内容进行表述，与会者（代表）对决议内容的不同态度，决议实施（不能实施、责令修改后实施），落款。

第三节 厂务公开管理

知识要求

一、厂务公开制度的法律和政策规定

厂务公开制度是企业管理方按照一定的程序向本企业职工公开企业生产经营管理的重大事项、涉及职工切身利益的规章制度和经营管理人员廉洁从业相关情况，听取职工意见，接受职工监督的民主管理制度。

厂务公开制度是20世纪90年代中期在公有制企业中建立起来的职工民主参与制度。1999年，中共中央纪委、国家经贸委和全国总工会联合印发《关于推行厂务公开制度的通知》，要求在国有企业、国家和集体控股企业建立厂务公开制度。2002年，中共中央办公厅、国务院办公厅联合印发了《关于在国有企业、集体企业及其控股企业深入实行厂务公开制度的通知》（以下简称两办《通知》），具体规定了厂务公开的指导原则、总体要求、活动内容和组织领导，该通知是国有企业实行厂务公开制度的主要政策依据。实行厂务公开制度的目的是给予职工知情权，职工的知情权是职工民主参与和民主管理的前提条件。2012年，中共中央纪委、中共中央组织部、国务院国资委、监察部、全国总工会和全国工商业联合会联合印发了《企业民主管理规定》，该规定将非国有企业、集体企业及其控股企业也纳入了厂务公开制度的建立范畴，具体规定了厂务公开的主要负责人和相应机构、指导原则以及公开事项。这三个规定的适用范围是不同的。前两个规定仅适用于国有企业、集体企业及其控股企业。而《企业民主管理规定》则将适用范围扩大到了非公有制企业。

（一）厂务公开的要求

根据两办《通知》和《企业民主管理规定》的要求，企业应通过职工代表大会和其他形式，将企业生产经营管理的重大事项、涉及职工切身利益的规章制度和经营管理人员廉洁从业的相关情况，按照一定程序向职工公开，听取职工意见，接受职工监督。目前还没有实行的单位尽快实行；已经实行的，要进一步深化，逐步使其内容、程序、形式规范化、制度化。特别是生产经营困难的企业更应当实行厂务公开，动员和依靠职工群众与经营者共同把企业搞好。

在厂务公开工作中，要切实做好企业领导人员和职工的思想工作。企业领导人员要提高认识，自觉地把厂务公开摆到重要工作位置，纳入现代企业管理的体制、机制和制度之中。要鼓励职工积极参与厂务公开活动，支持和监督企业经营者依法行使职权，认真行使当家做主的民主权利。要加强对职工代表的培训，不断提高他们参与民主决策、民主管理和民主监督的意识和能力。

在厂务公开工作中，必须坚决防止和克服形式主义，保证公开内容的真实性，务求工作实效。要切实做到企业重大决策必须通过厂务公开听取职工意见，并提交职工代表大会审议，未经职工代表大会审议的不应实施；涉及职工切身利益的重大事项，更应向职工公开，职工代表大会按照法律法规规定具有决定权和否决权，既未公开又未经职工代表大会通过的有关决定视为无效；在国有和国有控股企业，经职工代表大会民主评议和民主测评，大多数职工不拥护的企业领导人员，其上级管理部门应采取相应的组织措施；企业领导人员违反职工代表大会决议和厂务公开的有关规定，导致矛盾激化、影响企业和社会稳定的，要实行责任追究。

（二）厂务公开的方式

企业厂务公开的方式主要有通过职工代表大会、会议通报、厂务公开栏、企业闭路电视和内部信息网络公开等。

二、厂务公开的主要内容

根据两办《通知》的要求，厂务公开的内容包括四个方面：

一是企业重大决策问题。主要包括企业中长期发展规划，投资和生产经营重大决策方案，企业改革、改制方案，兼并、破产方案，重大技术改造方案，职工裁员、分流、安置方案等重大事项。

二是企业生产经营管理方面的重要问题。主要包括年度生产经营目标及完成情况，财务预决算，企业担保，大额资金使用，工程建设项目的招投标，大宗物资采购供应，产品销售和盈亏情况，承包租赁合同执行情况，企业内部经济责任制落实情况，重要规章制度的制定等。

三是涉及职工切身利益方面的问题。主要包括劳动法律法规的执行情况，集体合同、劳动合同的签订和履行，职工提薪晋级、工资奖金分配、奖罚与福利，职工养老、医疗、工伤、失业、生育等社会保障基金缴纳情况，职工招聘，专业技术职称的评聘，评优选先的条件、数量和结果，职工购房、售房的政策和住房公积金管理以及企业公积金和公益金的使用方案，安全生产和劳动保护措施，职工培训计划等。

四是与企业领导班子建设和党风廉政建设密切相关的问题。主要包括民主评议企业领导人员情况，企业中层领导人员、重要岗位人员的选聘和任用情况，干部廉洁自律规定执行情况，企业业务招待费使用情况，企业领导人员工资（年薪）、奖金、兼职、补贴、住房、用车、通信工具使用情况，以及出国出境费用支出情况等。

《企业民主管理规定》第三十四条规定，企业应当向职工公开下列事项：①经营管理的基本情况；②招用职工及签订劳动合同的情况；③集体合同文本和劳动规章制度的内容；④奖励处罚职工、单方解除劳动合同的情况以及裁员的方案和结果，评选劳动模范和优秀职工的条件、名额和结果；⑤劳动安全卫生标准、安全事故发生情况及处理结果；⑥社会保险以及企业年金的缴费情况；⑦职工教育经费提取、使用和职工培训计划及执行的情况；⑧劳动争议及处理结果情况；⑨法律法规规定的其他事项。

第三十五条规定，国有企业、集体企业及其控股企业除公开第十三条、第十四条和第三十四条规定的相关事项外，还应当公开下列事项：①投资和生产经营管理重大决策方案等重大事项，企业中长期发展规划；②年度生产经营目标及完成情况，企业担保，大额资金使用、大额资产处置情况，工程建设项目的招投标，大宗物资采购供应，产品销售和盈亏情况，承包租赁合同履行情况，内部经济责任制落实情况，重要规章制度制定等重大事项；③职工提薪晋级、工资奖金收入分配情况，专业技术职称的评聘情况；④中层领导人员、重要岗位人员的选聘和任用情况，企业领导人员薪酬、职务消费和兼职情况，以及出国出境费用支出等廉洁自律规定执行情况，职工代表大会民主评议企业领导人员的结果；⑤依照国家有关规定应当公开的其他事项。

 **技能要求**

一、企业公开信息的编写方式

编写公开的信息分两部分，一是通过文件或表格的形式，确定本单位需要向职工公开的信息范围与公开的内容，即确定什么可以公开和公开什么；二是就编辑某项公开的信息予以公示。关于公开的内容，不同性质的企业组织有不同的要求。如前所述，就国有企业、集体企业及其控股企业组织而言，公开的信息主要围绕重大决策、日常经营管理、与职工群众切身利益相关的问题、领导干部廉政建设四个方面。对于上述三类企业以外的大多数非公有制企业而言，厂务公开的内容则主要围绕企业重大决策、经营管理情况以及与劳动关系运行和职工利益密切相关的事项。

（一）制定信息公开管理办法

建立信息公开领导班子和制定信息公开管理办法，是信息公开活动取得成效的关键。信息管理办法需要经过职工代表大会通过。管理办法应明确领导班子成员、职责、公开的内容、公开的程序、监督与考核等内容。

示例1

职称评定公开实施细则

1. 职称评定公开领导小组

组长：×××

副组长：×××

成员：若干名

2. 职称评定公开监督小组

组长：×××

成员：若干名

职责：负责检查职称评定工作各环节的情况；接受职工群众有关职称评定各方面的投诉，对投诉的问题负责调查，并提出处理意见；监督职称评定公开具体工作的落实。

监督电话：××××××××

3. 职称评定公开的内容

（1）市职改办下达的晋升中、高级专业技术职务评审指标公开，包括依据我公司各专业系列人才配置情况分解评定指标公开。

（2）专业技术职称评定的条件、政策、程序公开，让每个专业技术人员清楚明白。

（3）职称评定过程公开。组建的公司内答辩评审委员会成员要由各专业主管部门推荐人选，并由各基层单位专业技术人员公开投票产生。

（4）职称评定结果公开。职称评审答辩的专业技术人员评分结果公开。

（5）申报职称外语考试报名公开，参加考试人员公开，考试结果公开。

4. 监督检查

职称评定公开领导小组和职称评定公开监督小组，均有权组织抽查职称评定工作进行情况，对专业技术人员提出的疑点及线索要组织专门人员进行重点检查，将检查结果报公司党委、纪委和工会，并负责对提出的问题进行解释。

5. 各部门的职责和程序

（1）人力资源部负责起草公司职称评定申报指标分解方案，各基层单位负责组建答辩评审委员会的选举工作，公司工会及各基层单位组织专业技术人员进行讨论。

（2）各单位负责向本单位专业技术人员公布职称评定条件、政策、程序，应让本单位每位专业技术人员清楚。

（3）各单位负责公开公司内评审答辩结果及本单位通过晋升中、高级专业技术职务评审结果。

（4）人力资源部负责把职称评定结果录入计算机。

（5）人力资源部负责整理年度职称评定结果，并做好档案管理工作，由主管领导在科技大会上公布。

6. 考核

各有关部门与各基层单位应遵守本细则和各项规定，将实际落实情况纳入职工教育管理考核。每发现一项次违反上述有关规定，扣责任单位1分，并与责任单位工资挂钩。

考核单位：人力资源部

7. 未尽事宜的处理

按有关规定处理。

（二）编写公开的信息

编写公开的信息是指将公开的信息通过一定的载体发布出去，让职工群众了解公开内容。编写公开的信息需要注意的问题有：明确而醒目的标题；公开的内容、政策依据准确无误；职工意见反馈渠道、意见受理单位要明确到位；有明确的时间要求。

示例2

省管干部任前公示

经省委常委会会议研究决定，对下列同志进行任前公示（排名不分先后）。

邓湘贵，男，汉族，中共党员，1968年3月生，籍贯湖南双峰，出生地贵州贵阳，1990年9月参加工作，大学学历，公共管理硕士，现任贵州省民政厅人事处（机关党委办公室）处长（主任）、一级调研员，拟任贵州省民政厅党组成员，拟提名任贵州省民政厅副厅长（试用期一年）。

邓维实，男，汉族，中共党员，1970年11月生，籍贯、出生地贵州贵定，1993年7月参加工作，大学学历（文学学士），现任贵州省委组织部机关党委专职副书记、一级调研员，拟任贵州省教育厅（贵州省委教育工作委员会）民办高校党组织书记（副厅长级，试用期一年）。

杨怡，男，侗族，中共党员，1969年12月生，籍贯贵州三穗，出生地贵州六盘水，1991年8月参加工作，大学学历，工程硕士，现任贵州省水利厅水文处处长、一级调研员，拟提名任贵州省水文水资源局局长。

周亮，男，汉族，中共党员，1968年12月生，籍贯贵州大方，出生地贵州赫章，1990年8月参加工作，中央党校研究生学历，理学学士，现任贵州省卫生健康委员会人事处（人才工作处）处长、一级调研员，拟提名任贵州省卫生和计划生育委员会卫生计生监督局局长。

公示时间：2020年11月13日至2020年11月19日止。如对公示对象有问题反映的，请通过电话、信件、短信、网络等方式，在公示期间向省委组织部干部监督举报中心反映。举报电话：0851-12380；举报网站：http://12380.gzzzb.gov.cn；举报短信：18808512380；通信地址：贵阳市南明区广顺路1号（邮编550002）。

中共贵州省委组织部
2020年11月12日

资料来源：贵州日报，2020年11月13日。

二、组织领导常规见面会的要点

领导与职工常规性的见面会，也是公开信息、加强干群之间交流、消除两者之间信任障碍的重要方式。常规见面会一般是在公司章程或其他重要规章制度中加以规定的，是体现企业民主决策、科学管理的措施。

（一）会前准备

1. 确定与会人员和会议主题

常规性的见面会需要事先确定与会人员和会议主题。与会人员根据会议需要确定。会议主题根据两个方面的情况确定，一是制度规定的内容，即领导接待职工代表，职工代表所要表达的内容应该是职工代表大会职权范围内的事情。为了避免出现意想不到的情况，会议组织者应事先与职工代表进行沟通，了解他们的想法及意见。二是领导根据生产经营管理的需要提出。见面会前应做好以下工作：厘清开会的目的与诉求；筛选与会者；向与会者发会议通知，通知与会者会议主题及开会时间与地点；确定会议记录人。

为了使更多的职工能够参加会议，为企业的发展出谋划策，会议组织者也应注意与会者的代表性，让更多的职工参与。

2. 确定会议形式

领导与职工常规见面会一般有咨询式会议和信息通报式会议两种形式。就会议内容而言，两者其实有许多交叉的地方。

咨询式会议的目的主要是为了领导从职工处听取意见，会议主持人应在会前了解咨询的问题或事件，大体勾画出各种可能的方案及各自的利弊得失，再和与会者一同找出最可行的方案。在这样的会议里，领导因为对各种方案有较全面的了解，因而发言较多，其中也包括向与会职工通报他所掌握的情况。这样的会议需要注意让职工充分发言，尽管他们的发言可能未经全面思考，但往往能给领导提供意想不到的灵感。

信息通报式会议较为正式，会议时间一般也比较长，领导主要是把决策的背景、过程，决议的主要内容，决议的优劣情况向职工进行通报。通报结束后，领导对职工现场提出的问题进行答疑。虽然是事后通报，但职工的充分发言依然对领导完善决策以及对决策的执行具有重要影响。

3. 控制会议的规模

当与会人数较多时，如果让每位与会者都能充分地表达意见与建议，会议时间就会过长，会议也容易显得杂乱无序，效率反而会降低。因此，应该适当控制会议规模。咨询性会议，与会职工人数一般应控制在7~9人；信息通报式会议，参与职工可以稍多一些，只需针对职工发言人数进行适当控制即可。

4. 议程设计

好的议程设计有助于会议在预定的时间内能够讨论得更为充分，也可避免讨论离题，帮助与会者达到目标。在发给与会职工的议程表里，应标明各议题所预计使用的时间，供领导及与会者依循。议程表应提前发给与会职工，同时也应在会议现场准备议程表，以避免有人忘记带议程表到场。议程表上也可载明领导需要咨询的问题，讨论的议题不宜太多，一般应控制在5个以内。

（二）主持会议

作为常规性见面会的组织者，需要关注以下问题：

1. 提前到场，检查准备工作是否有疏漏

会议组织者需要在会前至少半个小时到达会场，检查会议准备工作是否存在疏漏。主要检查灯光、扩音设备、空调、水具等。

2. 安排人员引导领导及职工入座

领导的座位一般是固定的。如是圆桌会议，领导的座位应安排在中间，面对或侧对会议室的入口；如是条桌摆放，则领导的位置应安排在最前面，面对职工而坐。

3. 适当的开场白

开场白应简洁明快，直奔主题。作开场白时，主持人应注意自己的表情，轻松愉快的表情对营造良好的会议气氛会有重要的影响。开场白的内容应包括：提请大家注意，宣布开会；介绍到会领导及职工（所属单位）；表述开会的目的、讨论的方向和会议的重要性；引导职工畅所欲言。

4. 做好会议记录

会议的进程和与会者的重要发言都应记录下来，并在会后进行整理，发给与会者。

5. 必要的控制

组织者应在会前对会中可能发生的问题进行通盘考虑，如职工言辞激烈或长时间发言等。对于这些情况，要准备好相应的措施予以防范。在会议期间，对于发言超过规定时间者和个人意见占主导者，主持人应适时予以提醒，使其发言回归到会议主题与目标上来。

（三）会议之前的工作清单

1. 会议目标是否明确。
2. 选择会议形式。是咨询式会议还是信息通报式会议。
3. 确定与会者名单，特别标记哪些人一定得出席，哪些人可选择性出席。
4. 确定会议记录人员。
5. 确定会议召开的时间、地点和会议时长。
6. 通知与会者。
7. 准备必要的设施设备。
8. 确定议程，事先发给与会者。
9. 准备开场白并演练。若自己不是会议主持人，请确认主持人已经准备好开场白。

三、职工合理化建议活动操作方法

合理化建议活动与职工代表大会的提案征集工作都可以看成是职工群众通过建议的方式参与管理，这一活动因为富有群众性且简单易行、效果显著，因而深得企业重视。

（一）组建合理化建议活动领导机构

合理化建议活动涉及企业的生产、技术、经营、管理、职工福利等各个方面，面广量大，政策性强，因此，必须建立强有力的组织领导机构，形成组织保证体系。根据《合理化建议和技术改进奖励条例实施细则》的规定，在基层企事业单位，合理化建议和技术改进活动的组织领导机构由单位的行政、工会和有关部门的负责人组成。大、中型企业设立合理化建议委员会或评审委员会（规模较小的企业可以设立评审小组），通常由主管生产技术工作的副厂长（副院长、副所长、副经理）或总工程师、工会主席、总会计师、职工代表等组成。其任务主要是制定本单位合理化建议活动的目标、规划，提出各个时期的重点方向和具体实施方案，以及鉴定、推广、表彰、奖励等工作。在企业设置劳动关系协调员职位后，协调员也应被吸收到合理化建议活动领导机构之中。

（二）选定重点目标

在企业发展的不同时期，都有各自的工作重点、主要任务，职工合理化建议活动要紧紧围绕着单位的工作重点展开，以便职工能集中注意力和精力，集思广益、重点突破。以下各方面都可以有选择地作为合理化建议活动的重点目标：产品设计开发、技术工艺、质量攻关、新技术应用、双增双节、销售流通、企业改制、管理创新、劳动关系协调等。

（三）合理化建议活动的宣传与引导

合理化建议活动是建立在职工群众自愿参加基础之上的群众性活动，因此，做好宣传发动工作，调动职工群众积极性，使广大职工注意并投入其中，是搞好这项活动的重要前提。合理化建议活动领导机构和企业工会委员会要通过黑板报、小报、宣传窗、广播、座谈会等形式，向职工深入进行宣传工作。宣传内容包括：我国职工开展合理化建议的优良传统；在合理化建议活动实践中涌现出来的先进人物、先进事迹及取得的社会经济效益；技术革命与职工参与管理的大趋势；企业开展合理化建议活动的意义和有关方针、政策、方法。通过宣传，提高职工的思想认识，增强责任感，打破合理化建议的神秘感，增强职工对合理化建议活动的兴趣和热情，把企业一线、二线、三线的职工都动员起来，特别是要把技术人员和管理人员发动起来，使全体职工以高度的责任感和积极性投身于这项活动之中。同时，还可以通过学习班，组织先进工作者进行"结友传经"和经验交流活动，在职工中形成学技术、学管理的风气。

（四）合理化建议的征集方法

可根据不同内容和征集者不同的需要，分别采取一些不同的方法和形式。

1. 设立建议箱

这是经常使用的方法。建议箱一般放在企业门口、厂部或车间。箱子下面放置一些打印好的合理化建议征集信、建议信，旁边应张贴合理化建议统计表和一些挑选出来的示范建议。这种方法简单易行、适用面广，能不断获得合理化建议。其不足之处是，建议比较分散，针对性较差。

2. 课题招标揭榜

将主攻课题用书面或口头的方式公布于众，发动能工巧匠出谋划策，投标揭榜。招标课题同时附有明确的要求、进度和奖励办法等条件，由揭榜者承包，征集建议者提供必要的材料。课题招标榜的一般做法包括：集中张榜公布课题，酝酿课题；编写印发课题，各自斟酌选题；会议宣布课题，当场报名答题等。这种方法有利于集中职工的注意力，引导大家在课题范围内进行个人思考和集体讨论，并可以对同一课题的各种对策进行类比、组合、择优，提高对策的集约化程度。

3. 领导征询法

由企业主要领导出面，亲自向职工征询合理化建议。这种方法常用于那些急需找到解决办法的重大课题。具体方式有：登门征询，即领导深入车间、科室、班组、生产现场，当面向干部、工人问计；家访征询，领导通过家访向能工巧匠、权威专家征询解决问题的良策；开门征询，即建立领导接待日制度，企业主要领导轮流值班，接待来访的职工群众，征求解决问题的办法。

4. 专题大奖赛、专题献策会和专题答辩

这里的专题是指企业生产技术和经营管理中存在的关键问题或薄弱环节。专题大奖赛的做法是：事先公布赛题，明确有关要求，规定奖励办法，组织评判小组，然后对参赛者所提建议予以公正评判，评出若干名优胜者，并从中得到最有价值的建议。专题献策会是采用座谈会的形式集思广益，征集合理化建议。专题献策会的做法是：提前一定时间告知与会者需要献策的议题，会中广泛听取他们的建议与对策，会后对各种意见进行对比，研究采纳某一建议，或者把各种建议的优点汇集成为一个最合理的建议。专题答辩是采用口头或书面形式，就某一建议的可行性进行论证答辩，从众多意见中择优选出最合理的建议。

5. 合理化建议的登记与处理

合理化建议的登记包括建议者的建议内容登记与企业合理化建议工作机构的内部登记两部分。建议内容登记是指合理化建议提出者按照"合理化建议和技术改进项目登记表"中所列的由建议人填写的栏目逐项登记，必要时，还要附上图纸、模型、数据、资料、依据说明、成果估算、可行性证明材料等。从填表之日起，建议者即有义务向合理化建议评审委员会及建议采纳单位详细说明情况并回答问题。工作机构的登记是指将征集的合理化建议按建议日期、建议人、建议内容摘要、性质区分、传递动向等要素予以登记。建议登记后进行分类，或者在登记时进行分类，并提出初审意见。对一般性建议，只登记不立项，然后将意见、建议传递到有关单位，并告知建议者本人。

6. 合理化建议的实施

合理化建议的实施是合理化建议活动中最重要的环节，是合理化建议的潜在效益转化为现实的关键步骤。凡经评审决定采用的项目，企业应及时组织力量实施。对有较大采纳价值但单位暂时无条件实施的建议项目，应作为技术储备妥善管理，待机实施。

7. 合理化建议的奖励

为鼓励职工群众的创造性劳动，让职工享受到直接的物质利益，更自觉和积极地参与合理化建议活动，凡职工建议项目在生产实践中应用取得实效的，都应给予物质奖励。企业可根据国家有关规定并结合实际情况制定合理化建议和技术改进奖励实施办法，确定奖励标准。物质鼓励与精神鼓励相结合是激励机制中的两个重要方面。精神鼓励主要做法有：根据建议者、实施者贡献大小，分别进行表扬、记功、颁发奖章、奖状，并将其业绩记入档案，作为日后晋级、提升的依据之一；授予革新能手、先进工作者、劳动模范等称号，提高其社会声望；对积极参加合理化建议活动但其建议未被采纳者，也应给予表扬、发纪念品等鼓励。对在合理化建议活动中表现突出、成绩优异、建议创造价值巨大的职工给予表彰，并为他们提供外出参观、休养等其他待遇与机会，目的在于激发人们的成就感与荣誉感，更好地调动职工的积极性和创造性，使职工的综合素质得到更大程度的提高。

第四节　职工董事监事管理

知识要求

一、职工董事监事制度的概念和意义

职工董事、职工监事制度是依照法律规定，通过职工代表大会选举产生的职工代表作为董事会、监事会成员参与公司决策、管理和监督，代表和维护职工合法权益，促进企业健康发展的制度。凡依法设立董事会、监事会的公司都应建立职工董事、职工监事制度。

职工董事、职工监事是相对于产权所有者的代表而言的,他们是由职工选举产生而不是由出资人委派产生。因此,他们的身份虽然可以称为职工董事、职工监事,并享有资方董事和监事相同的权利,但他们的代表性却非常明确,即在董事会和监事会上代表职工的利益。当然这种代表并不意味着与资方代表必然会形成利益的对立,而是通过参与高层次的决策,协调劳动关系双方的利益,促成企业利益共同体的实现。

推行职工董事、职工监事制度,在我国现行法律及党和政府的政策文件中都有明确规定,是建立现代企业制度、完善公司法人治理结构的重要内容;是维护职工合法权益,调动和发挥职工的积极性和创造性,建立和谐稳定的劳动关系,促进企业改革、发展、稳定的内在需要。

二、职工董事、职工监事的权利与义务

（一）职工董事、职工监事的权利

根据《企业民主管理规定》的规定,职工董事依法行使下列权利:①参加董事会会议,行使董事的发言权和表决权;②就涉及职工切身利益的规章制度或者重大事项,提请召开董事会会议,反映职工的合理要求,维护职工合法权益;③列席与其职责相关的公司行政办公会议和有关生产经营工作的重要会议;④要求公司工会、公司有关部门和机构通报有关情况并提供相关资料;⑤法律法规和公司章程规定的其他权利。

职工监事依法行使下列权利:①参加监事会会议,行使监事的发言权和表决权;②就涉及职工切身利益的规章制度或者重大事项,提议召开监事会会议;③监督公司的财务情况和公司董事、高级管理人员执行公司职务的行为;监督检查公司对涉及职工切身利益的法律法规、公司规章制度贯彻执行情况,劳动合同和集体合同的履行情况;④列席董事会会议,并对董事会决议事项提出质询或者建议;列席与其职责相关的公司行政办公会议和有关生产经营工作的重要会议;⑤要求公司工会、公司有关部门和机

构通报有关情况并提供相关资料；⑥法律法规和公司章程规定的其他权利。

（二）职工董事、职工监事的义务

根据《企业民主管理规定》的规定，职工董事、职工监事应当履行下列义务：①遵守法律法规，遵守公司章程及各项规章制度，保守公司秘密，认真履行职责；②定期听取职工的意见和建议，在董事会、监事会上真实、准确、全面地反映职工的意见和建议；③定期向职工代表大会述职和报告工作，执行职工代表大会的有关决议，在董事会、监事会会议上，对职工代表大会作出决议的事项，应当按照职工代表大会的相关决议发表意见，行使表决权；④法律法规和公司章程规定的其他义务。

 **技能要求**

一、职工董事、职工监事的资格审核

在审核职工董事、职工监事候选人资格时，需要关注以下条件：

1. 本公司职工；

2. 具有较好的群众基础，能够代表和反映职工的意见和要求；

3. 遵守法律、行政法规和公司章程；

4. 熟悉公司经营管理情况，具有相关知识和工作经验，具有较强的协调沟通、参与经营决策和财务监督的能力；

5. 法律、法规和公司章程规定的其他条件。

另外，还需注意，《公司法》中规定的不能担任或兼任董事、监事的人员，不得担任职工董事、职工监事。

二、职工董事、职工监事的选举流程

在进行职工董事、职工监事的选举时，需要按照以下流程进行。

1. 职工董事、职工监事的候选人应当由公司工会提名，公司党委审核确定。

2. 职工董事、职工监事必须依照《公司法》规定，由本公司职工（代表）大会以无记名投票方式，获得应当参加会议人员的过半数同意选举产生。

3. 职工董事、职工监事选举产生后，应当报上级工会、有关部门和机构备案。

 **相关法律法规**

1. 《企业民主管理规定》
2. 《中华人民共和国全民所有制工业企业法》
3. 《中华人民共和国劳动法》
4. 《中华人民共和国工会法》
5. 《中华人民共和国劳动合同法》
6. 《中华人民共和国劳动争议调解仲裁法》
7. 《企业工会工作条例（试行）》

 **复习思考题**

1. 企业信息公开的载体有哪些？
2. 收集职工反馈意见的方法途径有哪些？
3. 简述问卷调查的步骤。
4. 访谈提纲的设计要点有哪些？
5. 简述劳企协商的概念、目标和形式。
6. 劳企协商的法律依据有哪些？
7. 简述职工代表大会制度。
8. 简述确定职工代表大会议题的一般程序。
9. 职工代表大会代表是怎样产生的？
10. 职工代表的权利和义务有哪些？
11. 职工代表大会决议落实的监督方法有哪些？
12. 简述职工代表大会召开的操作流程。

 **案例分析题**

南通推行职工代表大会"一函两书"制

2012年8月,江苏省南通市总工会发出《关于建立企业职工代表大会"一函两书"制度的通知》,规定今后该市未经批准延期换届或超期不换届的所属企业将会收到来自上级工会的"职工代表大会超期整改建议书",企业接到建议书完成整改后7个工作日内必须填写整改情况报告书,上报建议书发出单位或其授权部门和上级工会;对于无正当理由逾期不依法换届、拒绝换届的行为,企业所在地县(区)级工会将依据法律法规,提请政府有关部门予以处理。

2012年以来,南通市总工会历经半年建成了市、县两级工会企业民主管理数据库,在对企业职工代表大会建制情况进行排查后发现,一些企业存在遗忘职工代表大会换届时间、职工代表大会超期不换届等现象。为此,该市通过"一函两书"制度明确规定,各县(市)区工会和产业(系统)、集团公司工会根据本级企业民主管理数据库中反映的所属企业职工代表大会建制情况,分别在企业本届职工代表大会3年或5年换届到期前半年发出"职工代表大会换届提示函",提醒所属企业做好换届准备工作,并提供必要的服务指导。"职工代表大会超期整改建议书"主要由各县(市)区总工会,也可由其委托产业(系统)、集团公司工会对未经批准延期换届或超期不换届的所属企业发出,督促有关企业按时做好整改工作。对于无正当理由逾期不依法换届、拒绝换届的行为,按照管辖权限由企业所在县(区)工会依据有关法律法规,提请政府有关部门予以处理。

资料来源:2012年8月16日《工人日报》。

请思考:南通市推行的"一函两书"制对于企业职工代表大会建设有什么作用?

第六章 劳动争议处理

学习目标

1. 了解工作场所劳资冲突的类型。

2. 了解员工申诉制度的作用,掌握员工申诉的调查、分析和员工申诉处理的程序。

3. 熟悉员工支持计划的概念、特征、内容、作用。

4. 熟悉劳动争议协商的特点和原则,掌握劳动争议协商的实施和结果。

5. 熟悉劳动争议调解的特征和结案方式,掌握劳动争议调解的实施、方法和注意事项。

6. 了解劳动争议仲裁的特征,熟悉劳动争议仲裁委员会及其办事机构,掌握劳动争议仲裁的程序。

7. 了解劳动争议诉讼案件的受案范围和审理机构,熟悉劳动争议诉讼案件的开庭审理程序。

第一节 劳动争议的预防

知识要求

一、工作场所劳企冲突的类型

工作场所的劳企冲突按照涉及人数的不同,可以分为个体冲突和集体冲突;按照冲突的焦点不同,可以分为权利冲突和利益

冲突。除此以外，还可以进行以下两种分类。

（一）显性冲突和隐性冲突

按表现形式的不同，工作场所的劳企冲突被分为显性冲突和隐性冲突，两者最大的差异在于可感知性的不同。显性冲突通常以隐性冲突为前置阶段，但并非所有显性冲突都存在潜伏期，也可能突然爆发。同样，并非所有隐性冲突都会导致显性冲突，隐性冲突也可能被企业所化解。由于隐性冲突的难以被感知性，所以它没有针对性的解决方法，只能通过日常的人力资源和劳动关系管理手段进行化解和消除。

（二）破坏性冲突与建设性冲突

并非所有的工作场所劳企冲突对组织都是有害的。一方面，冲突所产生的紧张感和压力对于个人发展和提升生产效率有一定效果；另一方面，冲突作为变革的前兆，对于打破企业内部旧有的对企业发展不利的相关制度，推动企业创新，脱离管理困境具有建设性意义。这些对企业发展有益的冲突被称为建设性冲突，对企业发展有害的冲突被称为破坏性冲突。冲突的建设性作用主要体现在生产力和稳定性的提升方面，而破坏作用则体现在劳企双方合作、产生压力、提高组织成本等方面。

二、员工申诉制度的作用

建立员工申诉制度，为处理劳企之间的纠纷、分歧和不满提供了有序的方法。它用一种正式的、事先安排好的方式，为澄清纠纷提供了一种机制，有利于劳企双方在不同层次上进行协商，确保员工的问题能够得到及时有效的处理。企业组织内员工申诉制度的建立具有以下几个方面的作用。

（一）为员工提供依照正式程序维护其合法权益的救济管道

员工申诉程序可以被看作是一种处理争议的机制。多层次的申诉程序安排有助于双方利用一切机会达成共识、解决纷争，而不是被迫接受第三方的解决方案。在这方面，申诉的程序就好像是集体协商的过程，而诉诸第三方则可以看作是协商失败而另行寻找解决问题的途径。

（二）疏解员工情绪，改善工作氛围

员工申诉制度为员工提供了一种表达不满的渠道，这种不满可以是一般意义上的不满，也可以是针对管理方提供的具体待遇条件的不满。这样，申诉就为个人或群体表达心声提供了一种机制，它不仅为员工提供了一个释放其不满的机会，而且也是劳企双方进行交流的重要方式，并为工作现场所出现的管理问题提供了重要的信息来源，这对于较低层次的管理者和监督者提高管理水平具有重要意义。

（三）审视人力资源管理制度与规章的合理性

申诉可以使管理者关注到曾经忽略的一些劳动关系问题，对规章制度进行进一步的完善和补充。例如，管理者可能决定将一些本可由本企业完成的工作转包给其他企业，结果导致企业加班时间减少或者出现人员解雇的现象。如果集体协议中没有转包条款，工会则可以对协议中与此有关的其他问题提出申诉。不管结果如何，这都会促使管理者重新思考有关转包合同的决定。

（四）促进企业的内部公平

申诉程序建立了规范的管理制度，在这一制度下，员工个人可以免受或者至少有条件使其免受管理方的不公正对待。这一程序不仅为员工提供了工作场所以外的基本民主权利以及自由，而且有利于员工获得公平的待遇，因而也具有积极的道德意义。在实际的工作过程中，一些比较先进的企业通常采用内部公平系统来解决组织内部的公平问题。实际上，内部公平系统的本质就是申诉制度，只是名称不同而已。

（五）与集体合同结合，保障集体合同的顺利履行

申诉制度为集体合同的切实执行提供了法律保障，确保了协议的整体性，对劳动法律制度和集体合同的落实至关重要。申诉制度为双方进行补充协议的协商奠定了基础。为了保持一定的灵活性，有时集体合同在某些条款的措辞和具体内容上有意留有余地，申诉程序为解释和运用这些模糊条款提供了一种机制，使得

双方在必要时都将争议纳入正常的解决渠道中。

（六）减轻高层管理者处理员工不满事件的负荷

申诉制度可以使员工的不满通过既定的渠道得到及时处理，有助于减轻高层管理者处理此类事件的负荷，避免管理者在处理此类事件上耗费过多的精力。

（七）提高企业内部自行解决问题的能力，避免外力介入或干预使问题扩大或恶化

申诉可作为解决企业内部冲突及问题的有效手段。通过劳企双方的直接对话，面对面就申诉内容进行充分沟通与交流，一方面避免了第三方参与所引起的申诉扩大或形势恶化，为企业带来不利的影响和不必要的管理成本；另一方面可以使劳动关系双方有更多的沟通和表达意愿的机会，消除双方的隔阂与误会，有利于问题的快速解决，促进劳动关系的和谐与稳定。

三、员工支持计划的概念和特征

企业间的竞争主要表现为人才的竞争，员工支持计划通过企业对员工无微不至的关怀，提升员工对企业的忠诚度，从而帮助企业吸引人才、留住人才，发挥人才的最大效用。越来越多的企业管理者已经意识到，现代管理的中心任务是对人的管理。员工支持计划为管理者提供了一种新手段，把以人为本的人性化管理的思想理念贯彻到战略劳动关系管理的实践过程中。员工支持计划是和谐劳动关系构建、高绩效人力资源管理的有力推手。

（一）员工支持计划的概念

员工支持计划（employee assistance programs，EAP）是一种新生的管理技术方法，为员工提供的系统的、长期的支持项目，是维护劳企双赢的和谐劳动关系的有效手段。通过专业人员对组织的诊断、建议和对员工及其家属的专业指导、培训和咨询等多种方式，帮助解决组织成员及其家属的身心和行为问题，以维护员工的身心健康，提高员工工作质量，从而提升组织效率，达到劳企双赢的目的。

（二）员工支持计划的特征

1. 服务对象的广泛性

员工支持计划服务对象既包括普通员工，又涉及高级管理人员，既包含员工本人，又可涉及员工家属。

2. 服务内容的多样性

如今员工支持计划已经发展成为一种综合性服务，其内容包括压力管理、职业心理健康、裁员心理危机、灾难性事件、职业生涯发展、健康生活方式、法律纠纷、财务、婚恋等各个方面。

3. 服务人员的专业性

员工支持计划服务从业者绝大多数接受过专业教育，并且持有与工作相关的执照或资质证书，他们来自社会工作、心理咨询、健康护理、人力资源管理、劳动关系管理、法律等不同专业领域。

4. 服务过程的保密性

专业的员工支持计划服务机构和服务人员应恪守职业道德，不得向任何人泄露服务对象的资料，企业和员工都不必担心自己的秘密和隐私被泄露。员工支持计划服务机构或人员向组织提供意见建议时，也不得泄露员工个人隐私。当然有重大情况（如危及他人生命财产安全）时，应及时与有关方面沟通。

四、员工支持计划的内容

由于分类标准不一致，目前国内外学者在有关员工支持计划的服务内容上没有一致结论。通常认为，任何影响个人工作绩效的因素都可以纳入员工支持计划的服务内容，如个人能力、性格、动机、价值观、态度压力、工作条件和环境因素等。如今员工支持计划已经发展成为一种综合性的服务，其内容包括压力管理、职业心理健康、裁员心理危机等各个方面。解决这些问题通常从三方面入手：一是针对造成问题的外部压力源本身去处理；二是处理压力所造成的反应以及情绪行为和生理等方面症状的缓解和疏导；三是改变个体自身的弱点及不合理的信念、行为模式、生活方式等。

 **技能要求**

一、员工申诉的调查

了解争议事实的真相和员工本人的意愿是解决争议的前提条件之一。一般来说,员工申诉调查的途径包括以下三种。

(一) 资料检索

资料检索是员工申诉背景调查中一种较为便利的方法。它是指对员工申诉案件中企业现有各项资料的收集与分析。其收集的资料应包括:员工的有关资料(如个人档案、人事评价、培训资料、绩效评估等),以及企业方面的资料(如规章制度、会议文件、企业与员工签订的劳动合同以及国家有关劳动法律法规和劳动政策等)。

(二) 直接调查

直接调查是指员工申诉案件的协调人员通过直接接触的方法来收集、整理有关情况。它的具体形式很多,例如,直接与员工的亲友或家人接触,了解员工的兴趣、爱好及思想动向;向本企业员工的同事、上级了解员工情况等。通过以上有关方面的调查,可以较为全面地掌握员工本人的真实资料,以便妥善解决争议。

(三) 外部咨询

外部咨询是指通过购买的方式从有关组织机构取得相关资料。对所获得的资料应当建立资料库进行分类和归档保管,以便对解决劳动争议提供有力的支持。

总之,协商前的背景调查工作是围绕申诉争议的妥善解决展开的。在调查的基础上,申诉处理人员对员工申诉的解决形成一个基本的轮廓,并由此确定协商的目标。同时,在调查结束后,员工申诉处理人员应结合申诉事项调查的真实情况提出初步处理建议,并上报主管部门。

二、员工申诉的分析

员工申诉的分析是指针对员工提出的申诉问题,就其目的和原因进行深入的研究,找出其中需要解决问题的管理行为。

（一）申诉分析的必要性

一般情况下，员工申诉的内容不仅涉及员工个人遭受的不平等待遇，而且往往包含组织内的其他不公正事件。但在员工申诉的实际情况中，员工经常因其个人角度的不同，对申诉内容有或多或少的夸大或失实的反映，如完全按照员工个人反映的情况进行分析和处理，则申诉处理的结果有可能导致更多的不公平，或难以真正解决员工申诉的问题。

因此，在员工申诉的过程中，申诉处理人员应在接到员工申诉后，对申诉的具体内容和真实情况进行详尽和客观的了解、分析和调查，力争最大限度地了解其真实情况，从而真正做到帮助员工解决困难，促进和谐劳动关系。

（二）申诉的主要原因

在实践中，员工申诉的内容各不相同。一般情况下，员工在工作中遭受到的不满和不公平待遇，除工资福利、薪酬待遇等经济性因素外，还包括不平等的晋升机会、过于苛刻的工作要求、繁重的工作压力等。同时，组织内部可能引发员工申诉的其他情况，如其他工作人员的违法违纪行为、公司管理制度的不合理设定以及公司其他员工的不合理行为等，都有可能是员工发起申诉的直接或间接原因。

（三）申诉的反馈

在接受并处理员工申诉时，申诉处理人员需要对申诉事由进行反复详尽的验证和了解，对申诉的原因和主要内容进行调查，客观、公正地进行处理，力争将员工申诉的问题以最快、最平稳的方式解决。除此之外，申诉处理人员还需要在申诉处理完成后，将申诉处理的相关结果反馈给员工申诉事件涉及的相关人员。一方面，申诉处理人员要告知申诉发起人其申诉要求是否得到处理，处理结果如何，是否解决了员工的问题，如员工对申诉结果不满意，应通过何种渠道解决相关问题；另一方面，员工申诉处理涉及的其他相关人员也应收到申诉处理人员的处理结果通知，如要求相关人员停止错误行为，对受伤害员工进行赔礼道歉或赔偿，或对不合理的规章制度进行修改等，这些都需要申诉处理人员进行细致的通知和解答。

三、员工申诉处理的程序

无论企业内部是否有工会组织，员工申诉处理的主要程序都可以归为四个阶段。

（一）受理员工申诉

受理员工申诉即由申诉者与监督者、管理者会谈，管理者在接受申诉的过程中，要心平气和地对待申诉人，用真诚、关怀的态度接纳申诉人，并观察其言行，从其行为和谈话中探寻产生抱怨的关键所在。

（二）查明事实

管理者要查明争议事实，不得有偏袒，如果事情涉及双方，则对双方的事实都要进行调查和了解。其内容主要包括员工是否违反了有关规定，员工是否了解该规定，员工是否已经得到了适当的警告与提示，对员工的处理是否与过去的个案一致，是否合理、公平等。查明事实的方法有：进行实地调查，广泛地与员工面谈；分析和检讨各项政策、规定和措施；检查员工资料；与有关人员研讨。

（三）解决问题

管理者在了解了员工申诉的事实真相后，应设法对问题加以解决，并向员工说明事实的本来面目，消除员工的误解。一般而言，解决员工申诉的方法有：提供与抱怨发生有关的原因信息；对各项事实真相迅速给予解释；在特殊情况下，对员工个人表示充分同情；对苦恼的员工保证并说明事实绝非他所想象的恶劣；承认个人的人格尊严和价值；必要时给予有效的训练；协助员工勇于面对现实；帮助员工解决个人所遇到的各种困难；利用工作轮换解决冲突；改变物质上的不利条件等。

（四）申请仲裁或诉讼

如果员工的不满不能在组织内部获得满意解决，则双方都可以诉诸第三方来解决争议。在我国，劳动争议仲裁委员会对劳动争议进行裁决后，除法律规定的特殊情形外，当事人如果对裁决结果不服，可以在规定的期限内向人民法院提起诉讼。

四、员工支持计划的作用

从理论上来说，员工支持计划是组织人性化管理的一个组成部分。员工支持计划最大的作用在于，可以有效预防各种劳企矛盾的发生。另外，对于已经发生的重大劳动关系事件，也可以给予有效的解决处理措施。

（一）员工层面

如果组织所提供的员工支持计划有高度的保密性、实际的帮助性，以及可操作性和便利性的话，就可以减轻员工的许多来自家庭和工作方面的压力，从而使员工能够全神贯注地投入到自己的职业生涯中，充分发挥创造力和工作热情。员工支持计划能够帮助员工优化人际关系、摆脱心理困扰、减少关系冲突、提高工作积极性、提升心理健康水平、消除不良嗜好、促进个人成长、提升个人绩效等。

（二）管理者层面

员工支持计划也是劳动关系管理部门应对快速发展和变革带来不稳定性因素的有效助手。它能帮助企业更好地应对重组、裁员等组织变革和发展的危机，能够发现员工的心理问题以及与之相关的企业文化、管理等方面存在的问题。尤其在裁员的过程中，员工支持计划可以提供裁员心理帮助、员工沟通，有效降低员工和管理者的压力，从而预防过激事件的发生。

（三）企业层面

企业通过实施员工支持计划可以深入地了解员工，有针对性地为员工排忧解难，使员工保持良好的工作状态，更易于培养员工的忠诚度。同时，员工支持计划能够帮助企业节约用工成本、改善组织氛围、改进生产管理、提高员工积极性、提升企业形象、增强企业凝聚力等。

总之，员工支持计划是对员工负责、对企业负责，更是对社会负责，是构建和谐劳动关系的有效手段之一。

五、员工支持计划的本土化

目前在我国,越来越多的本地员工接受员工支持计划服务。由于文化背景、员工的观念或意识等方面的差异,面向本地员工的员工支持计划的服务内容和方式需要进行必要的调整,由本地专业人员提供相关的服务会更受欢迎。因此,本地的员工支持计划服务机构相继出现,国内大企业也逐步引入员工支持计划服务。

与国外的员工支持计划相比,不少管理者还没有充分认识到关注企业员工心理问题的重要性。此外,由于缺少相关的法律制度,很多项目在实施的过程中常常会遇到法律或道德上的难题。例如,在员工支持计划项目实施过程中,员工的哪些个人信息可以告知管理者,哪些会侵犯员工的隐私,类似的问题在目前还没有明确的条文界定,使得员工支持计划专家在面对管理者和员工时存在两难选择。

随着社会的发展和科技的进步,工作压力、网络成瘾、社会老龄化、文化多样性和危机事件等一些新的问题不断涌现。一方面,员工支持计划服务在我国还需要更广泛地推广;另一方面,其服务内容也需要跟上时代发展的步伐,不断进行更新和完善,这对于员工支持计划工作者来说必然会是一项巨大的挑战,还需要更多专家和相关人士的努力探索和开拓。参考国外案例可以发现,工会的参与、企业管理者的了解和支持,以及工作人员的高度热情,在员工支持计划项目的推动过程中都是必不可少的,同时政府机构给予相应的支持,也会推动员工支持计划的发展。

第二节 劳动争议的协商和调解

第一单元 劳动争议协商

知识要求

一、劳动争议协商的特点

作为由争议双方自行解决纠纷的重要途径,劳动争议协商的特点包括自愿性、双方性、灵活性以及非选择性等。

(一)协商必须出于当事人双方完全自愿

完全自愿是劳动争议协商和解的基础和前提条件。协商的自愿性主要表现在:通过协商消除矛盾、解决争议是当事人双方的共同意愿和要求,是双方主动的自觉行为,不受任何第三方和外界因素的制约和干扰;经协商达成的和解协议是双方意志的体现,由当事人自觉履行。当事人不愿协商或协商不成时,一方不能强迫另一方接受其不愿接受的条件;达成和解协议后,对于和解协议必须由当事人自觉自愿履行,一方不履行执行和解协议的,申请执行人可以申请执行原生效法律文书,也可以就履行执行和解协议向执行法院提起诉讼;当事人不愿协商或者协商不成时,有权自主决定申请调解或仲裁,任何组织或个人无权干涉;如果当事人不是完全自愿的,就不可能进行协商,协商中也难以达成和解,对和解协议也不会自觉履行。

(二)协商应当建立在相互信任和尊重的基础上

相互信任和尊重是当事人协商劳动争议的必要条件。协商能够形成的重要原因之一就在于劳动争议的双方当事人主观上均不愿意使矛盾扩大,都希望经双方的共同努力,使争议及时、妥善解决,以便以后更好地合作共事。只有双方当事人在协商过程中都能坦诚相见,并做到互谅互让,才有助于对解决争议的主张给予充分尊重，使争议在不伤和气的气氛中合理解决，从而促进双方关系的和谐融洽。因此，在协商和解过程中当事人只有相互信任和尊重，才能坦诚相见、互谅互让，使争议得到圆满解决。

（三）协商具有灵活性

劳动争议双方可以在法律规定的范围内就争议事项进行协商，只要其协商的事项不违背法律法规的强制性规定即可。也就是说，劳动争议发生后，当事人双方可以自由选择协商的方式、时间、地点，在达成和解协议后虽然要求制定书面的协议书，但不像仲裁、诉讼那样要求特定的制作格式。劳动争议的解决事关劳动者的就业和家庭生活、关系到用人单位正常有序的经营活动，因此，灵活简便的协商方式充分体现了柔性化的原则，有利于消除对抗，营造和谐的处理气氛。由于不是法定的劳动争议解决步骤，因此协商也没有严格的程序化规定，劳动争议发生后，当事人双方可即时就具体事项进行协调和商谈，在较短时间内使争议得到妥善解决。

（四）协商不是处理劳动争议的必经程序

协商和解是处理劳动争议的简易程序。通过协商可以简便、快捷地使一些争议得到解决，有利于企业生产和维护职工利益。国家提倡劳动关系当事人双方发生争议后，首先主动协商，但是协商并不是处理劳动争议的法定必经程序。当事人双方可以自愿协商，国家提倡但不强制；不愿意协商或者协商不成的，争议一方可以向企业劳动争议调解委员会申请调解，或直接向劳动争议仲裁委员会申请仲裁。对于因签订集体合同发生争议、当事人协商解决不成的，应由劳动行政部门组织有关各方协调处理。

二、劳动争议协商的原则

（一）平等原则

在平等的前提下进行协商是劳动争议协商和解的重要原则。根据《劳动法》的规定，用人单位和劳动者作为劳动关系的主体，其法律地位是平等的，没有高低、主次之分。当发生劳动争议并进行协商时，应遵循平等原则，相互尊重，任何一方不得利用自己优势地位向对方施加压力或者威胁对方。

（二）自愿原则

劳动争议的协商，必须以双方自愿为基础。劳动争议协商的自愿原则主要表现为：双方是否愿意以协商的方式解决劳动争议；双方是否同意和解协议的内容。劳动争议当事人有拒绝进行协商的权利，也有拒绝对方提出的和解条款的权利。

（三）合法原则

合法原则是劳动争议处理的基本原则，也是劳动争议协商应当遵循的原则。首先，参与劳动争议协商的主体，必须符合劳动法的规定，是与该争议有直接利害关系的当事人，即劳动者和用人单位代表。劳动者还可以申请工会或者第三方参与协商，工会也可以主动参与劳动争议的协商处理，维护劳动者的合法权益。其次，劳动争议协商没有严格的法律程序，但在协商过程中不能出现暴力威胁等违法行为。最后，劳动争议当事人可以在和解协议中让渡部分权利，但不能违反法律的强制性规定。

技能要求

一、劳动争议焦点分析

劳动争议发生后，负责协商和解的人员应及时查明争议产生原因、规模、性质等，并对争议可能带来的后果作出判断。针对不同原因、不同性质的劳动争议，应采取不同的应对措施和手段。劳动争议的焦点也就是劳动争议双方围绕的争议中心，争议焦点的寻找和提出是协商作用能否发挥效果的基础。根据《劳动争议调解仲裁法》第二条的有关规定，劳动争议的范围包括六类，不同类别的劳动争议涉及不同的实体法律规范和政策。

（一）因确认劳动关系发生的争议

因确认劳动关系发生的争议是指劳动者与用人单位就劳动关系定性问题发生的争议，如对劳动关系是否存在、是否终止、是否有效等进行确认。实践中，确认劳动关系的诉求往往伴随其他诉求一起出现，或者作为其他维权事项的一个基础。例如，劳动者要求确认与用人单位存在劳动关系，并同时要求用人单位支付未签劳动合同的两倍工资；又如，劳动者要求确认与用人单位存在劳动关系，得到确认之后，再申请工伤认定等。

（二）因订立、履行、变更、解除和终止劳动合同发生的争议

劳动合同是劳动者与用人单位确立劳动关系、明确双方权利和义务的协议。用人单位与劳动者之间的劳动关系，涉及订立、履行、变更、解除和终止劳动合同的全过程。对于这一过程中任何一个环节发生的争议，都属于劳动争议仲裁的受案范围。根据相关法律的规定，劳动合同的订立是指用人单位与劳动者经过平等协商，就双方的权利和义务达成合意，并签订劳动合同予以确定的法律行为。劳动合同的履行是指劳动合同当事人双方履行劳动合同所规定的义务，实现合同内容的法律行为。劳动合同的变更是指劳动关系双方当事人就已订立的劳动合同的部分条款达成修改、补充或者废止协定的法律行为。劳动合同的解除是指劳动合同订立后、尚未全部履行之前，由于某种原因导致劳动合同一方或双方当事人提前消灭劳动关系的法律行为。劳动合同的终止是指劳动合同依法生效后，因出现法定情形而导致劳动合同的效力消灭，当事人之间的权利义务终止的法律行为。

（三）因除名、辞退和辞职、离职发生的争议

这类劳动争议是指由于解除和终止劳动关系而引发的争议。除名，是指职工无正当理由经常旷工，经批评教育无效，连续旷工时间超过15天，或者一年以内累计旷工超过30天的，企业有权予以除名。辞退，是指用人单位依照法律规定的条件和程序，解除与其工作人员的工作关系。辞职，是指劳动者按照本人意愿，自动解除与所在单位的劳动关系的行为。离职，是指劳动者离开现有的职位。值得一提的是，除名、辞退和辞职、离职都是用人单位在劳动关系管理活动中经常使用的概念，然而在《劳动合同法》中这些概念并未出现。在实行劳动合同制度的情况下，这些

概念所指的行为就是解除劳动合同，因此这些行为所引发的劳动争议都属于劳动争议仲裁的受案范围。

（四）因工作时间、休息休假、社会保险、福利、培训以及劳动保护发生的争议

因工作时间、休息休假发生的争议主要涉及用人单位规定的工作时间是否符合有关法律的规定，劳动者是否能够享受到国家的法定节假日、带薪休假的权利而引发的争议。因社会保险发生的争议是指劳动者要求用人单位按照社会保险法律法规的规定，缴纳社会基本养老保险、基本医疗保险、工伤保险、失业保险、生育保险费用和劳动者在发生劳动风险的情况下获得社会保险待遇而发生的争议。因福利、培训发生的劳动争议，主要涉及用人单位与劳动者在订立的劳动合同中约定的有关福利待遇、培训等事项的履行而产生的争议。因劳动保护发生的劳动争议，主要涉及用人单位是否为劳动者提供符合法律规定的劳动安全卫生条件等标准而产生的争议。

需要注意的是，涉及社会保险的争议并非都可以通过劳动争议处理途径解决。用人单位未为劳动者建立社会保险关系、欠缴社会保险费或未按规定的工资基数足额缴纳社会保险费的，劳动者主张予以补缴的，劳动争议处理机构一般不予受理，而是告知劳动者通过劳动行政部门解决。但是，由于用人单位未按规定为劳动者缴纳社会保险费，导致劳动者不能享受工伤、失业、生育、医疗保险待遇，劳动者要求用人单位赔偿损失或按规定给付相关费用的，劳动争议处理机构就应予受理。

（五）因劳动报酬、工伤医疗费、经济补偿或赔偿金等发生的争议

劳动报酬即劳动者根据劳动合同的约定，按照自己提供的劳动数量和质量应当取得的工资收入。劳动者求职的主要目的就是为了获取劳动报酬，实践中，因劳动报酬发生的争议占了很大比重。工伤医疗费是指职工因工负伤或患职业病而花费的治疗的费用。用人单位依法参加工伤保险的，工伤保险费由工伤保险基金

和单位按规定分别支付；用人单位未依法参加工伤保险的，工伤费用由单位支付。经济补偿金是指用人单位根据国家规定或者劳动合同的约定，在与劳动者解除或终止劳动合同时以货币形式直接支付的补偿费用。经济补偿的应用范围、条件、标准等均由法律强制性条款规定。赔偿金是指劳动关系的一方当事人因自己的违法行为而向另一方依法支付的赔偿费用。赔偿金一般带有惩罚性质。《劳动合同法》对经济补偿金和赔偿金的支付范围、条件和标准都作了明确的规定，在此不再一一赘述。

（六）法律法规规定的其他劳动争议

法律法规规定的其他劳动争议，包括因损害赔偿发生的争议，因违约金问题发生的争议，因女职工权益保护或患病、受伤的医疗和生活费用而发生的争议等。

二、劳动争议协商的实施

劳动争议协商的过程就是劳动争议的双方当事人表明各自观点、交换意见以达成共识的过程，可以视为双方当事人参与协调劳动关系的过程。同其他三种争议处理程序相比，协商和解目前还没有特别严格的程序和时间的规定或要求。《企业劳动争议协商调解规定》只是作了一个简单的规定，在实践中，协商和解往往是一个反复的过程，需要多次协商才能达成最终的协议。

（一）协商的方式

《企业劳动争议协商调解规定》第八条规定，发生劳动争议，一方当事人可以通过与另一方当事人约见、面谈等方式协商解决。

（二）协商参加人

在劳动争议的双方当事人中，通常情况下劳动者一方的力量较弱，因此《企业劳动争议协商调解规定》仅仅为劳动者一方的协商参与人进行了规定。以个别劳动争议为例，劳动者一方可以采用以下几种方式进行协商：①劳动者本人独自参加协商；②劳动者要求所在基层工会参与或者协助其参与协商；③基层工会主动参与协商处理；④劳动者可以委托其他组织或者个人作为其代表进行协商。

(三) 协商的过程

根据《企业劳动争议协商调解规定》第十条的规定，一方当事人提出协商要求后，另一方当事人应当积极作出口头或者书面回应。5日内不作出回应的，视为不愿协商。协商的期限由当事人书面约定，在约定的期限内没有达成一致的，视为协商不成。当事人可以书面约定延长期限。

依据快速方便解决问题的原则，在协商的过程中，参与协商的当事人都应当本着实事求是、相互体谅的精神，通过相互之间摆事实、讲道理，力求通过协商达成和解协议。一般来说，协商中双方当事人可以首先阐述己方的要求或意见，然后提出可行的具体方案，双方本着诚实善意的原则，将自己的理由和困难如实陈述，以求获得对方的谅解，赢得对方的信任和尊重。需要注意的是，当事人在坚持自己的立场和目标的同时，应当冷静分析，避免不顾一切且于事无补的大吵大闹。

三、劳动争议协商的结果

一般来说，协商的结果有三种：第一种为协商失败，双方未能达成有效的协议；第二种为双方达成和解协议，但和解协议未能被有效执行；第三种为双方达成和解协议，并且和解协议得到双方的积极履行。

值得注意的是，协商双方当事人通过合意达成和解协议并不意味着协商获得了成功，因为只有当和解协议得到积极有效的履行后才能代表协商获得成功。具体来说，如果在协商的过程中，双方当事人发现分歧较大无法达成和解协议的，则协商结果为失败；如果已经达成了和解协议，但在规定期限内不履行的，则协商结果也为失败。这是因为双方达成的和解协议并不具有法定效力，一方不能申请强制执行和解协议的内容，即和解协议不履行也同样意味着协商失败。

 **案例**

陈某与某公司签订了3年期限的劳动合同,合同约定陈某从事秘书岗位工作,工作时间为法定标准工作时间。陈某入职后,工作勤勉,对于当天未完成的任务,通常主动加班完成。陈某经常通过邮件向主管汇报工作完成进度,并对需要加班完成的工作予以说明。

一年后,陈某主动提出解除劳动合同,但要求公司支付一年的加班费,并出具了一年的上下班打卡记录以及涉及加班的相关工作汇报。

公司表示,公司有具体的加班管理制度,陈某加班是个人自愿行为,不是公司安排的。因此,公司拒绝了陈某要求支付加班工资的请求,并对此表示十分遗憾。

本案争议的焦点在于陈某个人自愿加班,是否可以要求公司支付加班工资。

公司派出人力资源部经理代表公司与陈某进行协商,陈某邀请了一名公司外部人员作为顾问,参与到协商中。

人力资源部经理首先表示,陈某工作确实很努力,工作未完成时,主动留下来完成再离开;但是公司不鼓励劳动者加班,通常安排的工作任务都是在标准工作时间内能够完成的,如果员工确实需要加班,根据公司的劳动规章制度,需要履行审批手续,经公司批准后的加班,公司才能支付加班工资。

陈某认为,自己经常超时工作,有据可查,已经构成加班事实,如果公司以没有经过审批为由拒绝支付加班工资,对自己来说很不公平。

顾问向人力资源部经理询问具体的劳动规章制度,人力资源部经理出示了《加班管理办法》,该文件规定了加班审批流程,并明确规定没有经过审批的加班行为,公司可以拒绝支付加班工资。

顾问询问陈某是否了解这个《加班管理办法》。陈某表示，入职时接受过劳动规章制度的培训，下发的培训资料里有这个文件，但自己并没有太重视。

人力资源部经理表示，组织新员工进行劳动规章制度培训后，每位新员工都签字确认，表示知悉公司劳动规章制度的内容。

顾问向陈某表示，根据目前的情况来看，公司不支付陈某加班费确实有充分的依据，即使陈某因此申请仲裁，败诉的可能性也比较大。但顾问仍建议陈某努力争取一下。

陈某表示，经常没有履行审批手续而加班，虽然主要原因是由于自己的疏忽，但人力资源部对此也没有任何质疑，上级主管也没有提醒自己应当按照正确的流程来工作，完全让自己承担这个不利后果，确实难以接受，仍希望得到公司的补偿。

人力资源部经理表示，公司严格按照劳动规章制度处理并无不妥，如果单纯满足陈某的要求，对公司的其他同事来说会有不好的示范效应。但是考虑到陈某在职期间工作的确勤勉，公司愿意对陈某进行一些补偿，只是不能以加班工资的名义发放，金额也比陈某提出的加班工资数额要少。

看到公司主动让步，陈某十分高兴，立即表示同意。随后，双方签署了和解协议。

此次协商的启示有以下几点：

1. 协商人员可能只有双方，也有可能出现第三方，但第三方不是居中裁判者。

2. 协商不能脱离事实依据和法律依据，但也不限于此，还可以进行情理分析。

3. 在双方互谅互让基础上达成的协商结果，有可能不同于第三方居中裁判的结果。

第二单元　劳动争议调解

知识要求

一、劳动争议调解的特点

（一）自愿性

根据《劳动争议调解仲裁法》，劳动争议调解不是劳动争议处理的必经程序，当事人具有申请调解和直接申请仲裁的程序选择权。程序的启动与进行均应充分体现当事人的意愿，调解机构不得强行要求当事人进行调解，而是奉行"不告不理"原则。

（二）独立性

劳动争议调解是一种独立程序，在劳动争议处理的制度体系中与仲裁、诉讼等程序并列，并在实施主体、步骤设计以及工作方法等方面有明显的区别。调解的进行不以其他程序的存在为前提，同时在时序上较仲裁、诉讼先行。

（三）群众性

劳动争议基层调解组织既不属于司法、仲裁机构，又不是行政机关。以企业劳动争议调解委员会为例，它是在职工代表大会领导下，依法成立的专门处理本企业劳动争议的职工群众性调解组织。它的组织成分及调解活动不仅建立在广泛的群众基础之上，而且需要职工的直接参与。

（四）自治性

在我国，劳动者的主人翁地位决定了人民群众可以"依照法律规定，通过各种途径和方式，管理国家事务，管理经济文化事业，管理社会事务"。劳动争议基层调解组织的自治性便是对劳动者这一地位的体现。以企业劳动争议调解委员会为例，它具有自治属性，不受个人、企业行政和其他组织或单位的干预，是依法独立调解劳动争议的组织。企业劳动争议调解制度是企业内部群众实行自我管理、自我教育、自我服务的一种有效形式和途径，是企业民主管理的重要内容。

（五）非诉讼性

劳动争议调解与仲裁、诉讼活动不同，属于一种诉讼外制度。其活动的开展没有严格详尽的法定程序，活动的参加人不具有诉讼活动中的权利和义务。劳动争议基层调解组织没有对劳动争议的强制处理权。经调解达成的协议在未经司法确认时不具备法律强制力，如一方当事人反悔拒不履行义务，另一方当事人与调解机构就不能强制当事人执行。

二、劳动争议调解的结案方式

（一）当事人达成调解协议

经调解达成协议的，应当制作调解协议书。调解协议书由双方当事人签名或者盖章，经调解员签名并加盖调解组织印章后生效，对双方当事人具有约束力，当事人应当履行。

（二）当事人撤回调解申请

如果当事人在调解过程中撤回自己的调解申请，调解组织应当准许，并终结调解。当事人撤回调解申请的原因可能是已经自行和解，也可能是不愿意再继续进行调解或者其他原因。

（三）当事人拒绝调解

在调解过程中，当事人有权拒绝调解，这时调解组织应当尊重当事人的权利，不得强迫当事人继续接受调解，而应当及时终止调解。

（四）当事人在法定期限内未能达成调解协议

调解组织调解劳动争议，应当自劳动争议调解组织收到调解申请之日起15日内结束。15日内未达成调解协议的，视为调解不成，当事人可以依法申请仲裁。但是，如果双方当事人调解的意愿比较强烈，《企业劳动争议协商调解规定》也允许当事人协商一致延长调解的期限。

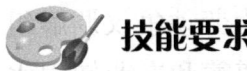 **技能要求**

一、劳动争议调解的实施

（一）实施调解的方式

调解委员会调解劳动争议一般不公开进行，双方当事人要求公开调解的除外。调解委员会根据案件情况指定调解员或者调解小组进行调解，在征得当事人同意后，也可以邀请有关单位和个人协助调解。调解员应当全面听取双方当事人的陈述，采取灵活多样的方式方法，开展耐心、细致的说服疏导工作，帮助当事人自愿达成调解协议。

（二）实施调解的程序

实施调解可通过召开调解会议的形式进行，可由调解委员会主任主持，具体可采取下列程序：

第一，会议主持人宣布会议开始，书记员向主持人报告到会人员情况。

第二，主持人宣布调解的目的和纪律，告知当事人注意事项，并宣布申请人请求调解的争议事项。

第三，当事人陈述。先由本案的申请人宣读申请书或口头陈述事实及理由，再由被申请方陈述。

第四，主持人宣讲与争议有关的法律法规。

第五，公布调解委员会对本案的调查核实情况。

第六，由双方当事人对调解委员会宣布的事实、证据发表意见。

第七，调解委员会依据查明的事实，提出调解意见，征求双方当事人意见。如果双方当事人均表示可以接受调解意见（可以补充内容），调解成功。如果一方或双方当事人均不能接受调解意见，也未提出和达成其他一致意见，则调解不成功。

二、劳动争议调解的方法

调解是一项法律性、政策性比较强的工作，它的成功与否，既取决于调查取证和调解准备工作、调解方案是否充分，又取决于调解员在实施调解过程中的能力和水平。作为劳动争议调解组织的调解员，一方面要有高度的责任感、职业道德和专业知识水平，另一方面也需要运用一定的调解方法。

（一）依法调解，切实维护双方合法权益

在调解过程中，要特别关心那些在工作和生活中遇到困难的劳动者，对于劳动者思想认识上的不同见解，应当以与劳动者平等的态度进行引导。如果劳动者的要求是完全正当和合法的，并且是用人单位可以办到的，就应该及时建议用人单位采取有效措施，依法为劳动者据理力争。如果劳动者的要求部分不合理，调解员应重点就应放在协商调解上，做好劳动者的说服教育工作，同时做好用人单位的调解工作，努力把矛盾化解在基层。

（二）消除误解，结合实际确定调解方案

调解策略贯穿于调解过程的始终，体现在调解的每一阶段。调解员在结合实际的基础上对调解策略的正确运用，是劳动争议调解能够成功的关键所在。

（三）讲究谈话技巧，注重调解语言运用

在劳动争议调解中，调解员经常与当事人进行个别谈话，这是调解员的基本功。作为劳动争议调解员，要善于针对争议双方在调解过程中不同的心态，进行艺术性谈话以达到调解的目的。因此，掌握一定的谈话技巧对调解员来说非常重要。

三、劳动争议调解注意事项

（一）防止割裂自愿原则与公正原则

坚持自愿原则，并不是听之任之，让当事人任意签订调解协议。当事人提出有失公平或者损害他人或社会利益的解决意见时，调解人应积极地干预和教育，并提出公正、合法、合理的解决方案，供双方协商。

（二）防止无原则调和

国家法律和政策是调解劳动争议的依据，只有依照法律和政策，才能分清是非，才能正确地进行调解和达成有效协议。调解中要避免放弃原则，充当"和事佬"，该支持而不支持，该反对而不反对。调解还要避免不作深入细致的调查研究,不分是非,应付了事。

（三）防止强迫调解

当事人之间发生劳动争议,当事人有权在法律允许的范围内选择解决途径和方式,调解组织不能干涉和阻碍。调解过程中未能达成协议,一方或双方提出劳动争议仲裁申请,劳动争议调解组织不能干预；劳动争议调解达成协议后一方反悔,要求仲裁的,劳动争议调解组织也不能干预。

（四）防止久拖不调,久调不结

对于经过再三调解仍无法解决的争议,要防止久调不结。如果既调解不了,又无法结案,将拖延劳动争议进入仲裁的进程,使当事人的争议长期得不到解决,这不仅会影响当事人的工作和生活,而且会影响社会的稳定,与调解的宗旨也是相悖的。

第三节　劳动争议的仲裁和诉讼

第一单元　劳动争议仲裁

 **知识要求**

一、劳动争议仲裁的特点

我国当前的劳动争议仲裁制度主要具有以下几个特点。

（一）劳动争议仲裁是诉讼的前置程序

我国《劳动争议调解仲裁法》第五条规定,发生劳动争议,当事人不愿协商、协商不成或者达成和解协议后不履行的,可以向调解组织申请调解；不愿调解、调解不成或者达成调解协议后不履行的,可以向劳动争议仲裁委员会申请仲裁；对仲裁裁决不服的,除本法另有规定的外,可以向人民法院提起诉讼。从该条可以看出,协商和调解是在双方当事人自愿的原则下选择进行的,当事人也可以直接申请仲裁，但仲裁实行的是强制仲裁的原则，是诉讼的前置程序，即不经过仲裁处理，劳动争议当事人就无权向人民法院提起劳动争议诉讼。这样做的目的在于缩短劳动争议的解决时间，减少当事人的维权成本，减轻法院的诉讼负荷，因为同诉讼程序相比，仲裁程序更为快捷便利。

（二）合理分配举证责任，特别强调用人单位的举证责任

根据一般的民事纠纷的法律规定，当事人对于自己提出的主张有责任提供证据。但是在劳动争议案件中，由于劳动关系具有从属性，用人单位掌握和管理着劳动者的档案、工资、社会保险等材料，劳动者面临着举证困难的问题，如果没有强制要求，显然用人单位不愿意提供这些可能对自己不利的证据。为了保护劳动者的合法权益，我国的劳动争议仲裁制度合理地分配了举证责任，强调了用人单位的举证责任。《劳动争议调解仲裁法》第六条规定，发生劳动争议，当事人对自己提出的主张，有责任提供证据。与争议事项有关的证据属于用人单位掌握管理的，用人单位应当提供；用人单位不提供的，应当承担不利后果。

（三）部分案件实行有条件的"一裁终局"

为了防止一些用人单位通过恶意诉讼来拖延时间、加大劳动者的维权成本，《劳动争议调解仲裁法》在仲裁环节规定对部分案件实行有条件的"一裁终局"。这部分案件包括：①追索劳动报酬、工伤医疗费、经济补偿或者赔偿金，不超过当地月最低工资标准12个月金额的争议；②因执行国家的劳动标准在工作时间、休息休假、社会保险等方面发生的争议。发生这类争议时，劳动者在法定期限内不向法院提起诉讼，或者用人单位向法院提起撤销仲裁裁决申请被驳回的情况下，仲裁裁决为终局裁决，裁决书自作出之日起发生法律效力。

（四）处理案件迅速、及时，维权成本低

经济纠纷是引起劳动争议的重要原因，相对于用人单位，劳动者受维权时间和维权成本的影响更大。为了缩短维权时间、降低维权成本，我国的劳动争议仲裁制度都作了相应的安排。《劳动

争议调解仲裁法》规定，劳动争议仲裁委员会收到仲裁申请之日起5日内要给申请人答复，予以受理的案件要在受理申请之日起45日内作出仲裁裁决。这样的规定就保证了劳动争议案件能够迅速、及时地得到解决，保障当事人的合法权益。同时，《劳动争议调解仲裁法》第五十三条规定，劳动争议仲裁不收费，劳动争议仲裁委员会的经费由财政予以保障。如此直截了当地规定，卸下了维权劳动者肩上的包袱，减少了因高昂的费用而放弃维权的权利的可能。

（五）劳动行政部门在劳动争议仲裁中发挥主导作用

我国的劳动行政部门在劳动争议仲裁委员会及其工作中发挥着主导作用。劳动争议仲裁委员会主任由劳动行政部门的代表担任；仲裁委员会的办事机构由劳动行政部门劳动争议处理机构或者依法设立的劳动争议仲裁院担任；省、自治区、直辖市人民政府劳动行政部门对本行政区内的劳动争议仲裁工作进行指导；在实际工作中，劳动行政部门承担着主要的工作。

二、劳动争议仲裁委员会

（一）劳动争议仲裁委员会的设立

劳动争议仲裁委员会是指依法设立，依法独立地对劳动争议案件进行仲裁的专门机构。《劳动争议调解仲裁法》第十七条规定，劳动争议仲裁委员会按照统筹规划、合理布局和适应实际需要的原则设立。省、自治区人民政府可以决定在市、县设立；直辖市人民政府可以决定在区、县设立。直辖市、设区的市也可以设立一个或者若干个劳动争议仲裁委员会。劳动争议仲裁委员会不按行政区划层层设立。

由于我国幅员辽阔，经济发展不平衡，东部、南部省市经济比较发达，劳动争议相对较多，争议当事人相对集中，而在广大中西部地区，劳动争议相对较少。因此，在劳动争议仲裁委员会的设立上，允许各省级人民政府根据本地区劳动争议处理工作的实际需要，统筹安排、合理布局本辖区内的劳动争议仲裁委员会。

(二) 劳动争议仲裁委员会的组成

根据《劳动争议调解仲裁法》第十九条的规定，劳动争议仲裁委员会由劳动行政部门代表、工会代表和企业方面代表组成。劳动争议仲裁委员会组成人员应当是单数。在实际中，为了保证劳动争议仲裁过程的公平和公正，劳动争议仲裁委员会主要由三方组成，即劳动行政部门代表、同级工会代表以及用人单位方面的代表。劳动争议仲裁委员会的主任由劳动行政部门的主要负责人担任，这种组成形式体现了劳动关系的三方协商机制。

1. 劳动行政部门代表

劳动行政部门代表政府主管劳动和社会保障事务，在把握劳企关系的全局、协调各方利益方面具有很强的优势。以法律的形式将其作为劳动仲裁委员会的一方代表，体现了政府在处理劳动争议中的主导作用。

2. 工会代表

在我国，工会是职工自愿结合的工人阶级的群众组织，它的性质决定了它更了解企业、职工的情况和需求，能更好地代表全体职工的根本利益。因此，工会的参与有利于保护弱势一方劳动者的合法权益。在国家层面，三方协商机制中的工会代表为中华全国总工会。

3. 用人单位方面的代表

用人单位方面的代表在我国主要是指各种形式的企业联合组织，其中主要是中国企业联合会中华全国工商业联合会。用人单位方面的代表的参与，有利于对相关法律、法规的充分理解和对当事人的调解。

《劳动人事争议仲裁组织规则》在仲裁委员会组成基本原则的指导下，结合人事争议仲裁委员会整合后的实际情况，对劳动人事争议仲裁委员会的组成进行了细化规定，即仲裁委员会由干部主管部门代表（即组织部门代表）、人力资源和社会保障行政部门等相关行政部门代表、军队文职人员工作管理部门代表、工会代表和用人单位代表等组成。这个规定虽然对仲裁委员会的具体组成单位进行了扩大，但仍然体现了仲裁委员会的三方协商机制。

（三）劳动争议仲裁委员会的职责

劳动争议仲裁委员会的基本职责就是处理本辖区内的劳动争议案件，其裁决劳动争议案件实行仲裁庭制，由仲裁员独立仲裁。根据《劳动争议调解仲裁法》第十九条第二款的规定，我国劳动争议仲裁委员会主要有以下四个方面的职责。

1. 负责聘任、解聘专职或者兼职仲裁员

劳动争议仲裁委员会可以聘任符合法定条件的曾任审判员的人员、专家学者、劳动行政部门或者其他有关行政部门的人员、工会工作者、律师等为专职或者兼职仲裁员，负责具体劳动争议的仲裁。

2. 负责受理劳动争议案件

受理劳动争议案件是劳动争议仲裁委员必须履行的法定职责。在受理劳动争议案件中，劳动争议仲裁委员会需要审查是否存在劳动争议，争议是否具备主体资格，争议是否已过仲裁时效等。根据《劳动争议调解仲裁法》的规定，在收到仲裁申请之日起5个工作日内，劳动争议仲裁委员会审核认为符合受理条件的，应当受理，并通知申请人；认为不符合受理条件的，应当书面通知申请人不予受理，并说明理由。

3. 负责讨论重大或者疑难的劳动争议案件

劳动争议仲裁委员在履行仲裁庭职责的同时，还需要负责讨论仲裁庭提交的少数重大、疑难案件的处理问题。重大案件是指案情复杂、涉及范围广、争议标的金额较大、案件处理结果影响较大的案件。疑难案件是指案件的处理依据不明确、法律适用问题存在争议的案件。这两类案件都需要由劳动争议仲裁委员会负责讨论。

4. 负责对仲裁活动进行监督

我国对民商事仲裁活动和仲裁裁决的监督，除人民法院在执行程序上制约外，主要实行仲裁系统内部监督制度。仲裁委员会对决定重新审理的争议案件，有责任作出终止原裁决执行的仲裁决定。此外，仲裁委员会主任若发现本委员会已经生效的裁决确有错误的、需要复议的，有责任提交委员会讨论，仲裁委员会正、副主任有权决定是否复议。

三、劳动争议仲裁委员会的办事机构

（一）劳动争议仲裁委员会办事机构的设立

劳动争议仲裁委员会办事机构，通常是指设立于劳动争议仲裁委员会之下的，负责办理劳动争议仲裁委员会日常工作的机构。劳动争议仲裁委员会虽然为常设机构，但其人员以兼职为主，不是常年集中、固定办公的机构，便设立了一个专门的办事机构，为劳动争议仲裁委员会这个机构提供服务，负责日常接待、承办受理案件、准备仲裁等工作。

由于受行政部门机构编制的限制，在行政部门内部，专门从事劳动争议案件仲裁工作的机构和人员一直难以满足需求，因此，各劳动争议仲裁委员会的"案多人少"矛盾十分突出。为解决这个突出矛盾，在由人力资源和社会保障部制定的《劳动人事争议仲裁组织规则》中明确规定，仲裁委员会可下设实体化的办事机构，具体承担争议调解仲裁等日常工作。事实上，目前有些省市已经成立了以劳动人事争议仲裁院为主要形式的实体化的仲裁委员会办事机构，有效提高了案件处理效能。

（二）劳动争议仲裁委员会办事机构的职责

劳动争议仲裁委员会办事机构的双重身份决定了其双重职责，既要负责处理劳动争议仲裁委员会的日常事务，又要承担对劳动法律法规的研究，法律法规和规章、政策的咨询、宣传和仲裁监督等工作。从实务来看，仲裁委员会的主要职责更多地体现出对办事机构的管理和监督，具体的劳动争议调解仲裁等日常工作依法由办事机构来承担，其主要职责包括以下五个方面。

1. 负责劳动争议调解仲裁法律法规及政策咨询和接待来访工作

仲裁委员会办事机构具有劳动行政机关和处理劳动争议专门机构的双重身份，这也决定了其担负着向广大群众和社会宣传劳

动争议处理方面的法律法规的义务。由于现阶段我国正处于社会主义市场经济体制和法律体系的建立和完善过程之中，因此在劳动关系方面产生了许多新情况，不少企业和职工对劳动法律法规和政策并不是十分了解，遇到问题他们首先要向劳动争议处理部门进行咨询、寻求帮助，因而面对面的宣传、咨询成了各级劳动争议仲裁委员会办事机构的一项非常重要和繁重的工作。

2. 承办劳动争议案件调解仲裁日常工作，就重大疑难案件向仲裁委员会提出处理意见和建议

劳动争议仲裁委员会办事机构的日常工作主要包括：接待劳动争议当事人并对其仲裁申请进行审查，确定仲裁申请是否属于受案范围；对不符合规定的仲裁申请书，应指导当事人予以修正和补充，协助争议当事人完成相关的仲裁申请工作；对于经审查符合受理条件的案件，应当协助当事人完成立案审批表的填写工作，并及时报劳动争议仲裁委员会或其办事机构的负责人审批；完成报批工作之后，还需要指定劳动争议仲裁庭的书记员。此外，劳动争议仲裁委员会办事机构的日常工作还包括承办并审理与案件有关的文书制作和送达工作等，如向申请人送达决定立案的书面通知，向被申请人送达申请书副本等。

3. 根据仲裁委员会的授权，组织仲裁庭，对仲裁员进行日常管理

劳动争议仲裁委员会办事机构对仲裁员的管理是日常性的管理，这也是办事机构的主要日常工作之一。具体来说，其工作内容包括对仲裁员登记建档、组织有关人员参加仲裁员的培训和资格考核、为仲裁员制发证书等。

组织仲裁庭是仲裁委员会的另一项重要工作内容，劳动争议仲裁委员会办事机构可以充分利用其受理当事人申请和审批申请的便利条件，针对具体案情选择不同的仲裁员组成各具特色的劳动争议仲裁庭。这既可使劳动争议仲裁委员会摆脱过多的行政性、事务性工作，又可提高劳动争议仲裁庭的办案效率，同时还能使仲裁员能够在案件处理中发挥自己的专业特长，并保证仲裁过程

的专业性和公平性。而对于未经劳动争议仲裁委员会授权或重大、疑难案件的组庭工作，仍要由劳动争议仲裁委员会直接负责。

4. 负责管理仲裁委员会的文书、档案、印鉴，定期向同级仲裁委员会汇报、请示工作

在日常工作中，仲裁委员会办事机构需要处理劳动争议案件仲裁过程中产生的大量的仲裁文书，如申请书、答辩书、授权委托书、调查证据、勘验笔录、谈话笔录、开庭通知、仲裁建议书、仲裁决定书、仲裁调解书、仲裁裁决书、立（结）案审批表、请示报告、上级批示，以及与案件有关的劳动争议仲裁委员会会议记录等。上述文书的建档工作由劳动争议仲裁委员会办事机构承担，同时为了给有关人员查阅案卷提供方便，办事机构还必须做好仲裁案卷管理、统计和归档工作。

此外，作为劳动争议仲裁委员会的下属机构，劳动争议仲裁委员会办事机构必须向委员会负责，它的各项工作应定期向劳动争议仲裁委员会汇报，充分体现劳动争议仲裁委员会对劳动争议案件处理工作的领导。同时，当遇到案情复杂、争议双方规模较大或涉及利益者较多的特殊劳动争议时，办事机构需及时向仲裁委员会做好汇报和请示工作。

5. 办理仲裁委员会交办或授权的其他事项

劳动争议仲裁委员会办事机构还要承担劳动争议仲裁委员会交办或授权的其他工作，如收缴仲裁费、管理劳动争议仲裁委员会的经费开支，以及代劳动争议仲裁委员会起草有关请示报告和文件等，办事机构需做好仲裁委员会及下属机构或个人的费用管理工作。此外，经劳动争议仲裁委员会授权，办事机构还需要开展对企业劳动争议调解委员会的业务指导工作，帮助企业劳动争议调解委员会做好劳动争议的预防和调解工作。

（三）劳动人事争议仲裁院

根据《劳动人事争议仲裁组织规则》的规定，劳动人事争议仲裁院是劳动人事争议仲裁委员会的实体化办事机构，具体承担争议调解仲裁等日常工作。仲裁院可以是行政单位，也可以是参

照公务员法管理、履行公共服务职能的事业单位。

 **技能要求**

一、仲裁准备工作

（一）仲裁活动时限要求

仲裁处理时限是指劳动争议仲裁委员会处理劳动争议案件的时间要求，即在法律规定的时间内作出仲裁裁决。《劳动争议调解仲裁法》第四十三条规定，仲裁庭裁决劳动争议案件，应当自劳动争议仲裁委员会受理仲裁申请之日起45日内结束。案情复杂需要延期的，经劳动争议仲裁委员会主任批准，可以延期并书面通知当事人，但是延长期限不得超过15日。逾期未作出仲裁裁决的，当事人可以就该劳动争议事项向人民法院提起诉讼。根据该法条的规定，劳动争议仲裁处理的最长期限为60天，这有利于案件的快速解决，及时保障当事人的合法权益，体现了劳动争议仲裁快捷性的特点。

需要指出的是，由于在案件的审理过程中可能会出现一些特殊情况致使仲裁庭无法继续审理，中止仲裁审理的时间是不计算在上述期限之内的，在中止审理的情形消失之后，劳动争议仲裁审理期限继续计算。《劳动人事争议仲裁办案规则》第四十六条规定，有下列情形的，仲裁期限按照下列规定计算：①仲裁庭追加当事人或者第三人的，仲裁期限从决定追加之日起重新计算；②申请人需要补正材料的，仲裁委员会收到仲裁申请的时间从材料补正之日起计算；③增加、变更仲裁请求的，仲裁期限从受理增加、变更仲裁请求之日起重新计算；④仲裁申请和反申请合并处理的，仲裁期限从受理反申请之日起重新计算；⑤案件移送管辖的，仲裁期限从接受移送之日起重新计算；⑥中止审理期间不计入仲裁期限内；⑦法律法规规定应当另行计算的其他情形。

（二）通知当事人参加仲裁活动

《劳动争议调解仲裁法》第三十条规定，劳动争议仲裁委员会受理仲裁申请后，应当在5日内将仲裁申请书副本送达被申请人。被申请人收到仲裁申请书副本后，应当在10日内向劳动争议仲裁委员会提交答辩书。劳动争议仲裁委员会收到答辩书后，应当在5日内将答辩书副本送达申请人。被申请人未提交答辩书的，不影响仲裁程序的进行。

劳动争议答辩是指被申请方根据申请方提出的问题，出于维护自身合法权益的目的，有针对性地对其予以反驳。但是答辩并不影响仲裁活动的进行，被申请人可以选择不进行答辩，仲裁委员会会按照程序开展下一步的审理活动。

（三）组建仲裁庭

劳动争议仲裁委员会在作出受理仲裁申请的决定后，应着手建立仲裁庭，确定开庭的时间和地点，并以书面形式告知当事人。根据《劳动争议调解仲裁法》以及《劳动人事争议仲裁办案规则》的相关规定，仲裁委员会应当在受理仲裁申请之日起5日内组成仲裁庭，并将仲裁庭的组成情况书面通知当事人。仲裁庭由三名仲裁员组成，设首席仲裁员。简单劳动争议案件可以由一名仲裁员独任仲裁。仲裁庭应当在开庭5日前，将开庭日期、地点书面通知双方当事人。当事人有正当理由的，可以在开庭3日前请求延期开庭。是否延期，由仲裁委员会根据实际情况决定。

（四）决定回避事宜

在仲裁庭组成之后，劳动争议仲裁委员会要对仲裁员进行审查，要求与本案有利害关系的仲裁员进行回避。回避分为仲裁员主动回避和当事人申请回避两种。《劳动争议调解仲裁法》第三十三条规定，仲裁员有下列情形之一，应当回避，当事人也有权以口头或者书面方式提出回避申请：①是本案当事人或者当事人、代理人的近亲属的；②与本案有利害关系的；③与本案当事人、代理人有其他关系，可能影响公正裁决的；④私自会见当事人、代理人，或者接受当事人、代理人的请客送礼的。《劳动人事争议仲裁办案规则》第十一条规定，当事人提出回避申请，应当在案件开庭审理前提出，并说明理由；回避事由在案件开始审理后知晓的，也可以在庭审辩论终结前提出。当事人在庭审辩论终结后提出回避申请的，不影响仲裁程序的进行，当事人因此对仲裁裁决不服的，可以依法向人民法院起诉或者申请撤销。被申请回避的人员在仲裁委员会作出是否回避的决定前，应当暂停参与本案的处理，但因案件需要采取紧急措施的除外。

回避需要经过严格的程序。《劳动人事争议仲裁办案规则》第十二条规定，仲裁员、记录人员是否回避，由仲裁委员会主任或其委托的仲裁院负责人决定。仲裁委员会主任担任案件仲裁员是否回避，由仲裁委员会决定。《劳动争议调解仲裁法》第三十四条规定，仲裁员有私自会见当事人、代理人，或者接受当事人、代理人的请客送礼的，或者有索贿受贿、徇私舞弊、枉法裁决行为的，应当依法承担法律责任。劳动争议仲裁委员会应当将其解聘。

二、仲裁开庭审理案件

（一）发出开庭通知书

如前所述，劳动争议仲裁委员会裁决劳动争议案件实行仲裁庭制。仲裁庭由三名仲裁员组成，设首席仲裁员，简单的劳动争议案件可以由一名仲裁员独任仲裁。劳动争议仲裁委员会应当在受理仲裁申请之日起5日内将仲裁庭的组成情况书面通知当事人。

仲裁庭应当在开庭5日前，将开庭日期、地点书面通知双方当事人，当事人有正当理由的，可以在开庭3日前请求延期开庭。是否延期，由劳动争议仲裁委员会决定。

（二）仲裁庭审流程

劳动争议仲裁案件开庭审理时，仲裁员应当听取申请人的陈述和被申请人的答辩，主持庭审调查、质证和辩论，征询当事人的最后意见，并进行调解。

庭审过程是围绕案件事实进行调查的过程，重点有以下四个环节。

1. 举证

当事人提供的证据必须真实，如果提供虚假的证据要承担相应的法律责任；提供的证据要与案件争议的焦点有关，不要提供与案件无关的证据；证据的来源应当合法。另外，当事人在庭审过程中举证时，要说明证据的名称、要证明的问题和证明目的等。

2. 质证

质证是指一方当事人对另一方当事人提供证据的真实性、关联性、合法性发表意见，进行质疑、说明和辩驳；在质证过程中要尊重对方举证和质证的权利，不要打断对方，也不得对对方进行人身攻击。

3. 辩论

在辩论过程中要注意围绕案件争议的焦点进行辩论，已经陈述过的意见不要反复地说，要尊重对方，禁止发表攻击对方人格的言论。

4. 调解

在辩论程序终结后，当事人各方可以选择调解程序，调解达成协议的，仲裁庭应当制作调解书。调解书一经双方当事人签收后，就发生法律效力。如果调解不成，仲裁庭还会依法裁决。有的人认为调解不如裁决的法律效力高，其实调解与裁决是处理劳动争议的两种方式，两者具有同等的法律效力。

（三）庭审中的注意事项

仲裁庭应当将开庭情况记入笔录。当事人或者其他仲裁参与人认为对自己陈述的记录有遗漏或者差错的，有权当庭申请补正。仲裁庭认为申请无理由或者无必要的，可以不予补正，但应当记录该申请。仲裁员、记录人员、当事人和其他仲裁参与人应当在庭审笔录上签名或者盖章。当事人或者其他仲裁参与人拒绝在庭审笔录上签名或者盖章的，仲裁庭应在附卷中记明情况。

仲裁庭对专门性问题认为需要鉴定的，可以交由当事人约定的鉴定机构鉴定；当事人没有约定或者无法达成约定的，由仲裁庭指定的鉴定机构鉴定。根据当事人的请求或者仲裁庭的要求，鉴定机构应当派鉴定人参加开庭。当事人经仲裁庭许可，可以向鉴定人提问。

三、当事人自行和解和仲裁调解

当事人申请仲裁后,可以自行和解。双方达成和解协议的,申请人可以撤回仲裁申请,当事人也可以请求仲裁庭根据和解协议制作仲裁调解书。

(一)自行和解

劳动争议自行和解是指当事人双方通过自行协商,最终达成解决劳动争议的协议,从而解决劳动争议的一种方式。《劳动争议调解仲裁法》第四十一条规定,当事人申请劳动争议仲裁后,可以自行和解。达成和解协议的,可以撤回仲裁申请。当事人自行和解是当事人对自己实体劳动权利的处分,但和解内容必须符合法律法规的规定。当事人和解后,申请人应当向劳动争议仲裁委员会提出撤回仲裁申请。劳动争议仲裁委员会收到撤回仲裁申请后,应当制作劳动争议仲裁决定书予以准许。当事人自行和解,只要符合法律法规规定,仲裁委员会都会予以批准。

劳动争议的和解与民事争议的和解等同,无法定的规则和程序,无第三人参与。协议的达成和遵守完全由双方自愿,换言之,对达成的和解协议,当事人可以履行,也可以不履行。

(二)仲裁调解

在劳动争议仲裁的过程中,仲裁调解是劳动争议仲裁委员会处理劳动争议的重要方式。《劳动争议调解仲裁法》第四十二条规定,仲裁庭在作出裁决前,应当先行调解。调解达成协议的,仲裁庭应当制作调解书。调解书应当写明仲裁请求和当事人协议的结果。调解书由仲裁员签名,加盖劳动争议仲裁委员会印章,送达双方当事人。调解书经双方当事人签收后,发生法律效力。调解不成或者调解书送达前,一方当事人反悔的,仲裁庭应当及时作出裁决。

该条文所说的先行调解是指在劳动争议仲裁委员会受理案件后,在作出裁决之前,由仲裁员一人或仲裁庭主持双方进行协商,促使双方相互谅解,达成协议,以结束劳动争议仲裁的过程。先行调解是仲裁程序中的必经程序。仲裁调解不同于自行和解,自行和解是双方自行达成和解协议，而仲裁调解则是在第三方即仲裁员或仲裁庭的主持、斡旋、劝导下达成的。

根据我国的法律规定以及仲裁实践经验，仲裁调解应包含以下程序：①在查明案情、分清责任的基础上，仲裁委员会提前拟订调解方案，并将调解的时间和地点通知当事人双方。②由一名仲裁员或仲裁庭主持调解，向当事人说明调解的好处和意义，进行疏导工作，并提出拟订的调解方案，组织双方就调解方案进行协商，对有关问题进行讨论。③调解结束有两种情况，一是当事人经过协商达成了调解协议；二是未达成调解协议，或虽达成协议，但在调解书送达前一方反悔，这时仲裁庭应及时以裁决的方式结束案件。

示例

××劳动争议仲裁委员会
调 解 书

×劳仲字〔××××〕第××号

申请人：×××（姓名），×（性别），××××年×月×日出生，××××（工作单位及职务），住本市××区××街××号。

委托代理人：×××（姓名），×（性别），××岁（年龄），××××（工作单位及职务或家庭住址）。如果是律师代理，则仅写：×××（姓名），××律师事务所律师。

被申请人：××公司，住所地：××××。

法定代表人或负责人：×××（姓名），××（职务）。

委托代理人：×××（姓名），×（性别），××岁（年龄），××××（工作单位及职务或家庭住址）。如果是律师代理，则仅写：×××（姓名），××律师事务所律师。

申请人×××（姓名）（以下简称×××）诉被申请人××（名称全称）（以下简称××公司）劳动争议一案，本仲裁委员会受理后，由仲裁员×××、×××、×××（仲裁员姓名）依法组成仲裁庭，×××任首席仲裁员。

×××（申请人姓名）向本院提出如下仲裁请求：

一、……

二、……

……

经仲裁庭主持调解，双方当事人自愿达成如下协议：

一、……

二、……

……

上述协议不违反有关法律规定，本仲裁委员会予以确认。

本调解书自送达之日起具有法律效力。

首席仲裁员：×××

仲　裁　员：×××

仲　裁　员：×××

年　月　日

此处盖 此件与原本核对无异 ××劳动争议仲裁委员会（盖章）

书　记　员：×××

四、仲裁裁决

仲裁裁决是劳动争议仲裁委员会处理劳动争议的最终解决方式之一。根据《劳动争议调解仲裁法》的规定，裁决应当按照多数仲裁员的意见作出，少数仲裁员的不同意见应当记入笔录。仲裁庭不能形成多数意见时，裁决应当按照首席仲裁员的意见作出。仲裁庭作出裁决后，应当制作仲裁裁决书，送达双方当事人。当事人对仲裁裁决不服的，自收到仲裁裁决之日起15日内可以向人民法院起诉，期满不起诉的，仲裁裁决书即发生法律效力。如一方当事人不执行的，另一方当事人可申请人民法院强制执行。

（一）仲裁裁决书

仲裁裁决书是劳动争议仲裁委员会依法对劳动争议案件进行裁决，并制作的对当事人双方及有关单位或个人具有法律约束力的文书。《劳动争议调解仲裁法》第四十六条规定，裁决书应当载明仲裁请求、争议事实、裁决理由、裁决结果和裁决日期。裁决书由仲裁员签名，加盖劳动争议仲裁委员会印章。对裁决持不同意见的仲裁员，可以签名，也可以不签名。

仲裁裁决书由三部分组成：①当事人双方的基本情况、申请仲裁的理由、争议的事实和要求；②审理过程和裁决意见，包括裁决认定的事实、适用的法律法规及规范性文件、裁决的理由、裁决的结果、当事人的是非责任等；③裁决日期，全体仲裁员的签名，劳动争议仲裁委员会的印章及其他说明。

仲裁裁决书和仲裁调解书都是劳动争议仲裁委员会在处理劳动争议时制作的法律文书。两者的区别表现在4个方面。①作出的程序不同。仲裁调解书是在仲裁调解阶段作出的，而仲裁裁决书是在裁决阶段作出的。②依据的原则不同。仲裁调解书强调的是自愿和合法的原则，只要调解协议的内容符合法律法规，双方自愿接受即可；而仲裁裁决书是根据少数服从多数的原则作出的。③生效的时间不同。仲裁调解书自送达之日起即具有法律效力，在送达之前，当事人可以反悔，一旦送达后，当事人不得反悔；而仲裁裁决书并不是送达后立即生效，而是自作出仲裁裁决起15日内当事人不起诉才生效。④反映的当事人的意思表示不同。仲裁调解书是在当事人协商同意的基础上达成的，反映的是当事人双方真实的意思；而仲裁裁决书是仲裁庭依法作出的公断，可能是在双方意思表达不一致的情况下作出的裁决。

示例

××劳动争议仲裁院

裁　决　书

（适用于非劳务派遣劳动争议）

×劳仲字〔××××〕第××号

申请人：×××（姓名），×（性别），××××年×月×日出生，××××（工作单位及职务），住本市××区××街××号。

委托代理人：×××（姓名），×（性别），××岁（年龄），××××（工作单位及职务或家庭住址）。/如果是律师代理，则仅写：×××（姓名），××律师事务所律师。

被申请人：××公司，住所地：××××。

法定代表人或负责人：×××（姓名），×××（职务）。

委托代理人：×××（姓名），×（性别），××岁（年龄），××××（工作单位及职务或家庭住址）。/如果是律师代理，则仅写：×××（姓名），××律师事务所律师。

第三人：××公司，住所地：××××。

法定代表人或负责人：×××（姓名），×××（职务）。

委托代理人：×××（姓名），×（性别），××岁（年龄），××××（工作单位及职务或家庭住址）。如果是律师代理，则仅写：×××（姓名），××律师事务所律师。

申请人×××（姓名）（以下简称×××）诉被申请人××（名称全称）（以下简称××公司）××、××、××（案由）争议一案，本仲裁院受理后，由仲裁员×××、×××、×××（仲裁员姓名）依法组成仲裁庭，×××任首席仲裁员。

经审查，本仲裁院认为××公司（名称全称）（以下简称××公司）与本案的处理结果有利害关系，依据《中华人民共和国劳动争议调解仲裁法》第二十三条的规定，追加××公司为第三人。

本案经公开开庭审理，×××（申请人姓名）及其委托代理人×××（姓名）、××公司（被申请人名称简称）的委托代理人×××（姓名）、××公司（第三人名称简称）的委托代理人××（姓名）均到庭参加了仲裁活动。/如果被申请人经书面通知未到庭，应在此写明：本仲裁院于××××年×月×日向××公司（被申请人名称简称）送达了出庭通知，但其无正当理由未到庭。本案现已审理终结。

×××（申请人姓名）称：……（概述申请人提出的事实和理由，并明确列出申请人的全部请求）。

××公司（被申请人名称简称）辩称：……（概述被申请人答辩的主要内容及针对申请人每一项请求的明确态度）。

××公司（第三人名称简称）述称：……（概述第三人的主要意见）。

经查：……（一般按事件发展的基本时间顺序表述劳动争议仲裁院查明的事实。个别疑难案件，如有必要，可以采取逐一列举双方提交的证据并论述质证、认证情况的方式）

上述事实有各方陈述、庭审笔录、×××（证据名称）、×××（证据名称）（这类证据应该是经过确认的证据）等在案证实。

本仲裁院认为：……（首先应当有概述性语言作为观点，逐一展开论述。要求对经查事实表明态度，并针对申请人的每一项请求是否予以支持进行论述，双方意见一致的点到即可，不用展开。着重论述双方存在分歧的地方。写明裁决的理由和依据，要写明具体所依据的法律法规和规章及其他规范性文件等。文字要简练、逻辑要清晰、内容要全面）。

本案经调解，双方未达成协议，依据《中华人民共和国劳动争议调解仲裁法》第四十二条第四款、《××××》第××条、《××××》第××条的规定，现裁决如下：……/如果被申请人经书面通知未到庭的，则此段表述为：本案在开庭审理中，××公司（被申请人名称简称）经本仲裁院合法通知无正当理由未到庭，根据《中华人民共和国劳动争议调解仲裁法》第三十六条第二款、《××××》第××条、《××××》第××条的规定，现缺席裁决如下：

一、……

二、……

三、……

……

如不服本裁决，可于本裁决书送达之日起十五日内，向××法院提起诉讼，逾期不起诉，本裁决书发生法律效力。/如果系终局裁决，则此段表述为：本裁决对××公司（被申请人名称简称）为终局裁决。××公司（被申请人名称简称）有证据证明本裁决有《中华人民共和国劳动争议调解仲裁法》第四十九条第一款规定的情形之一的，可自本裁决书送达之日起三十日内向××法院申请撤销裁决。××（申请人姓名）如不服本裁决，可于本裁决书送达之日起十五日内，向××法院提起诉讼，逾期不起诉，本裁决书即发生法律效力。

  首席仲裁员：×××
  仲　裁　员：×××
  仲　裁　员：×××
  年　月　日
  此处盖 此件与原本核对无异　　××劳动争议仲裁院（盖章）
  书　记　员：×××

  （二）对席裁决和缺席裁决

  对席裁决是指仲裁庭在双方当事人及其代理人都到庭参加仲裁审理，进行充分陈述与辩论，并查明争议案件事实的基础上作出的仲裁裁决。缺席裁决是指仲裁庭在非正常情况下作出的裁决，即仲裁庭在听取一方当事人的陈述和辩论，并对未到庭一方当事人提交的书面材料进行审查的基础上，对争议案件作出的裁决。根据《劳动争议调解仲裁法》第三十六条的规定，被申请人有下列两种情形之一的，劳动争议仲裁庭可以缺席裁决：①被申请人收到书面通知，无正当理由拒不到庭；②被申请人未经仲裁庭同意中途退庭。但是，如果被申请人委托了全权代理人，被申请人未出庭，而全权代理人出庭，就不能进行缺席裁决。

  （三）先行裁决和先予执行

  《劳动争议调解仲裁法》第四十三条第二款规定，仲裁庭裁决劳动争议案件时，其中一部分事实已经清楚，可以就该部分先行裁决。先行裁决的目的是维护劳动者的合法权益，因为劳动争议案件中职工一方当事人一般处于弱势地位，特别是涉及工资和工伤补偿等方面的问题时，如果不能及时解决争议，将直接影响到劳动者的生活，因此对案件中事实已经清楚的部分先行裁决。

  先予执行是指劳动争议仲裁委员会在审理劳动争议案件的过程中，因当事人一方的迫切需要，根据其申请，在作出判决前，裁定一方当事人给付另一方当事人一定的财物，或者立即实施或停止某种行为，并立即执行的措施。《劳动争议调解仲裁法》第四十四条规定，仲裁庭对追索劳动报酬、工伤医疗费、经济补偿或者赔偿金的案件，根据当事人的申请，可以裁决先予执行，移送人民法院执行。仲裁庭裁决先予执行的，应当符合下列条件：①当事人之间权利义务关系明确；②不先予执行将严重影响申请人的生活。劳动者申请先予执行的，可以不提供担保。

第二单元　劳动争议诉讼

知识要求

一、劳动争议诉讼案件的审理机构

从世界范围来看，由于各国的社会背景、历史文化传统等的不同，处理劳动争议诉讼的司法审判机构也有所不同。总体而言，可将各国的模式归结为"普通法院式"和"特别法院（庭）式"两种。第一种模式是由普通法院审理劳动争议案件，法院是国家设立统一的司法审判机构，其职责之一就是审理劳动争议案件。第二种模式是由特别法院（庭）即专门的劳动法院（庭）审理，又分为三种形式：一是自成体系的劳动法院（庭）；二是设在普通法院中的专门的劳动法庭；三是具有准司法性质的行政机构。

在我国，审理劳动争议诉讼案件的机构一般是民事审判庭，个别地方的法院设立了专门审理劳动争议案件的劳动审判庭。长期以来，劳动争议诉讼案件被认为是"随着我国劳动用工制度的改革和劳动合同制度的建立而逐步发展起来的一种新类型民事案件"，随着人民法院内部审判职能分工的变化，一般由民事审判第一庭负责审理。

在近些年的司法实践中，法院审理的劳动争议诉讼案件迅速增加，不少法院设立了劳动争议合议庭来专门处理劳动争议诉讼案件，但是劳动争议合议庭仍属于民事审判庭的内部机构。随着

《劳动合同法》和《劳动争议调解仲裁法》的颁布实施，大量劳动争议诉讼案件涌向法院，某些地方的人民法院开始设立专门的劳动争议审判庭负责审理劳动争议诉讼案件，但这并不是普遍现象，只是在一些劳动争议诉讼案件数量特别多、审判任务特别重的法院中设立。

二、劳动争议诉讼的受案范围

进入到劳动争议诉讼程序的案件，除了满足法律对劳动争议的范围条件外，还需要满足"仲裁前置"这一程序条件。因此，《最高人民法院关于审理劳动争议案件适用法律若干问题的解释》《最高人民法院关于审理劳动争议案件适用法律若干问题的解释（二）》《最高人民法院关于审理劳动争议案件适用法律若干问题的解释（三）》详细规定了法院受理劳动争议案件的范围。

（一）《最高人民法院关于审理劳动争议案件适用法律若干问题的解释》的规定

1. 劳动者与用人单位之间发生的下列纠纷，属于《劳动法》第二条规定的劳动争议，当事人不服劳动争议仲裁委员会作出的裁决，依法向人民法院起诉的，人民法院应当受理：

（1）劳动者与用人单位在履行劳动合同过程中发生的纠纷；

（2）劳动者与用人单位之间没有订立书面劳动合同，但已形成劳动关系后发生的纠纷；

（3）劳动者退休后，与尚未参加社会保险统筹的原用人单位因追索养老金、医疗费、工伤保险待遇和其他社会保险费而发生的纠纷。

2. 劳动争议仲裁委员会以当事人申请仲裁的事项不属于劳动争议为由，作出不予受理的书面裁决、决定或者通知，当事人不服，依法向人民法院起诉的，人民法院应当分别情况予以处理：

（1）属于劳动争议案件的，应当受理；

（2）虽不属于劳动争议案件，但属于人民法院主管的其他案件，应当依法受理。

3. 劳动争议仲裁委员会根据《劳动法》第八十二条之规定，

以当事人的仲裁申请超过60日期限为由,作出不予受理的书面裁决、决定或者通知,当事人不服,依法向人民法院起诉的,人民法院应当受理;对确已超过仲裁申请期限,又无不可抗力或者其他正当理由的,依法驳回其诉讼请求。

4. 劳动争议仲裁委员会以申请仲裁的主体不适格为由,作出不予受理的书面裁决、决定或者通知,当事人不服,依法向人民法院起诉的,经审查,确属主体不适格的,裁定不予受理或者驳回起诉。

5. 劳动争议仲裁委员会为纠正原仲裁裁决错误重新作出裁决,当事人不服,依法向人民法院起诉的,人民法院应当受理。

6. 人民法院受理劳动争议案件后,当事人增加诉讼请求的,如该诉讼请求与讼争的劳动争议具有不可分性,应当合并审理;如属独立的劳动争议,应当告知当事人向劳动争议仲裁委员会申请仲裁。

7. 劳动争议仲裁委员会仲裁的事项不属于人民法院受理的案件范围,当事人不服,依法向人民法院起诉的,裁定不予受理或者驳回起诉。

(二)《最高人民法院关于审理劳动争议案件适用法律若干问题的解释(二)》的规定

《最高人民法院关于审理劳动争议案件适用法律若干问题的解释(二)》对人民法院受理劳动争议的范围作了进一步规定。值得注意的是,该司法解释还专条指出了一些不属于劳动争议范围的争议类型。

1. 拖欠工资争议,劳动者申请仲裁时劳动关系仍然存续,用人单位以劳动者申请仲裁超过60日为由主张不再支付的,人民法院不予支持。但用人单位能够证明劳动者已经收到拒付工资的书面通知的除外。

2. 劳动者以用人单位的工资欠条为证据直接向人民法院起诉,诉讼请求不涉及劳动关系其他争议的,视为拖欠劳动报酬争议,按照普通民事纠纷受理。

3. 用人单位和劳动者因劳动关系是否已经解除或者终止，以及应否支付解除或终止劳动关系经济补偿金产生的争议，经劳动争议仲裁委员会仲裁后，当事人依法起诉的，人民法院应予受理。

4. 劳动者与用人单位解除或者终止劳动关系后，请求用人单位返还其收取的劳动合同定金、保证金、抵押金、抵押物产生的争议，或者办理劳动者的人事档案、社会保险关系等移转手续产生的争议，经劳动争议仲裁委员会仲裁后，当事人依法起诉的，人民法院应予受理。

5. 劳动者因为工伤、职业病，请求用人单位依法承担给予工伤保险待遇的争议，经劳动争议仲裁委员会仲裁后，当事人依法起诉的，人民法院应予受理。

6. 当事人不服劳动争议仲裁委员会作出的预先支付劳动者部分工资或者医疗费用的裁决，向人民法院起诉的，人民法院不予受理。

7. 下列纠纷不属于劳动争议：①劳动者请求社会保险经办机构发放社会保险金的纠纷；②劳动者与用人单位因住房制度改革产生的公有住房转让纠纷；③劳动者对劳动能力鉴定委员会的伤残等级鉴定结论或者对职业病诊断鉴定委员会的职业病诊断鉴定结论的异议纠纷；④家庭或者个人与家政服务人员之间的纠纷；⑤个体工匠与帮工、学徒之间的纠纷；⑥农村承包经营户与受雇人之间的纠纷。

（三）《最高人民法院关于审理劳动争议案件适用法律若干问题的解释（三）》的规定

随着社会的发展，劳动争议的类型越来越呈现多样化的特征，原来的司法解释已经不能满足审判工作的需要，因此《最高人民法院关于审理劳动争议案件适用法律若干问题的解释（三）》对人民法院受理劳动争议的范围作了进一步的规定。

1. 劳动者以用人单位未为其办理社会保险手续，且社会保险经办机构不能补办导致其无法享受社会保险待遇为由，要求用人单位赔偿损失而发生争议的，人民法院应予受理。

2. 因企业自主进行改制引发的争议，人民法院应予受理。

3. 劳动者依据《劳动合同法》第八十五条的规定，向人民法院提起诉讼，要求用人单位支付加付赔偿金的，人民法院应予受理。

 **技能要求**

一、法院审理劳动争议的准备工作

受理劳动争议案件的法院在这一阶段的任务主要包括：送达起诉状副本和答辩状副本；告知当事人诉讼权利和合议庭组成人员；认真审核诉讼资料，调查收集必要的证据。

（一）送达起诉状副本和答辩状副本

人民法院应当在立案之日起5日内将劳动争议起诉状副本发送被告，被告在收到之日起15日内提出答辩状；被告提出答辩状的，人民法院应当在收到之日起5日内将答辩状副本发送原告。被告不提出答辩状的，不影响人民法院审理。

（二）告知权利和组成合议庭

人民法院对决定受理的案件，应当在受理案件通知书和应诉通知书中向当事人告知有关的诉讼权利义务，或者口头告知。合议庭组成人员确定后，应在3日内告知当事人。

（三）审核资料和调查取证

调查取证是这个阶段的重要工作，法院必须坚持重证据、重调查研究的原则，对与案件有关的事实要查清，与案件有关的数据要计算准确，尤其对劳动报酬、加班费、补偿金等的金额要核清，对发生争议的前因后果要查明。调查取证涉及诉讼举证责任的分配问题。举证责任分配是指在案件事实真伪不明的情况下，法官为依据事实进行认定并作出判决而对证明责任在当事人之间分配的行为。劳动争议诉讼举证责任分配就是争议双方当事人分担举证责任的问题。

二、劳动争议诉讼案件的开庭审理

(一) 开庭准备

这是开庭的预备阶段,具体准备内容包括:①查明当事人和其他诉讼参与人是否到庭,宣布法庭纪律;②核对当事人,宣布案由、合议庭组成人员及书记员名单,告知当事人诉讼权利义务,询问当事人是否申请合议庭成员回避。

(二) 法庭调查阶段

法庭调查是开庭审理的中心环节,是对案件进行实体性审理的重要阶段。法庭调查主要采用当事人陈述、证据质证、法律依据审查,并结合法庭询问的方式进行。

在法庭调查阶段,首先由原告陈述起诉的事实、理由及诉讼请求。原告陈述完毕后,再由被告针对原告的诉讼请求进行答辩。

被告答辩完后,进入法庭举证质证阶段。首先由原告出示其主张权利的证据,再由被告对原告出示的证据发表质证意见。原告出示完证据后,被告出示支持自己观点的证据,由原告进行质证。通过法庭质证,双方当事人还需要继续收集证据的,可以向法庭申请举证期限,如果在举证期限内提交证据材料确有困难的,应当在举证期限内向法官提出申请延期举证,经法庭准许,可以适当延长举证期限。

如果有证人出庭作证,也在法庭调查阶段进行。庭审时,证人不得旁听案件审理过程,只能在发表证人证言的时候进入法庭,结束证词后应离开法庭。在证人有正当理由不能到庭的情况下,证人可以提交书面的证人证言。

如果当事人及其诉讼代理人确实因客观原因不能自行收集证据的,可以申请法院调查收集。法院认为审理案件需要的证据,如果是涉及可能有损害国家利益、社会公共利益或者他人合法权益的事实,涉及依职权追加当事人、中止诉讼、终结诉讼、回避等与实体争议无关的程序事项,法院可以不依当事人的申请,直接进行调查收集。法院依职权调查收集的证据,也需要在举证质证环节向双方当事人出示,并由双方当事人质证。如果还有鉴定结论和勘验笔录,则需要审判员在法庭调查阶段宣读,当事人也有权对这些证据发表质证意见。

（三）法庭辩论阶段

法庭调查结束后,庭审进入法庭辩论阶段。审判员会告知双方应当围绕本案争议的焦点问题进行辩论,首先由原告及其诉讼代理人发表意见。原告发表完意见后,由被告及其诉讼代理人发表意见。法庭辩论阶段,审判员可能会根据双方的辩论意见恢复法庭调查,继续询问双方有关案件事实的问题。

（四）法庭调解阶段

根据法律规定,在庭审中,法庭辩论终结后,审判员应当询问双方当事人是否同意调解,如果同意调解,则进入调解程序,由双方协商确定调解方案,达成调解协议,再由审判员确定双方应负担的诉讼费比例,制作民事调解书。如果当事人不同意调解,或者无法当庭形成一致调解方案,双方当事人希望法院作出判决的,则庭审进入下一阶段。

（五）最后陈述阶段

法庭辩论终结,由审判长按照原告、被告、第三人的先后顺序征询各方最后意见。此阶段是法庭审理的最后一个阶段,仍然由原告首先发表最后陈述意见,然后再由被告发表最后陈述意见。最后陈述结束后,审判长宣布休庭,让当事人查阅庭审笔录后签字,至此庭审阶段全部结束。

 **相关法律法规**

1.《劳动争议调解仲裁法》

2.《劳动人事争议仲裁办案规则》

3.《劳动人事争议仲裁组织规则》

4.《企业劳动争议协商调解规定》

5.《最高人民法院关于审理劳动争议适用法律若干问题的解释》

6.《最高人民法院关于审理劳动争议适用法律若干问题的解释（二）》

7.《最高人民法院关于审理劳动争议适用法律若干问题的解释（三）》

8.《最高人民法院关于审理劳动争议适用法律若干问题的解释（四）》

复习思考题

1. 工作场所有哪些劳资冲突类型？
2. 简述处理员工申诉的程序。
3. 简述员工支持计划的作用。
4. 劳动争议协商中如何确定劳动争议的焦点？
5. 劳动争议调解有哪些特征？
6. 劳动争议调解的结案方式有哪些？
7. 实施劳动争议调解要注意哪些问题？
8. 劳动争议仲裁有哪些特征？
9. 简述劳动争议仲裁的程序。
10. 简述劳动争议诉讼案件开庭审理的程序。

案例分析题

不属于劳动争议受案范围的仲裁申请不会被受理

小王于2018年9月17日入职某金融公司，任公关部经理，双方签订自2018年9月17日起至2021年9月16日止的劳动合同，约定试用期自2018年9月17日起至12月16日止，试用期工资为每月12 000元。2018年11月9日，某金融公司以试用期不合格、考核不达标为由当众宣布与小王解除劳动合同。某金融公司人事总监代表单位在宣布上述决定时与小王发生了激烈的争吵，使用了过激言论，在单位内部产生了不良影响。2018年11月26

日，小王提起仲裁申请，主张支付精神损害赔偿及公开赔礼道歉。

然而，小王的支付精神损害赔偿和公开赔礼道歉的请求均未被受理。

《中华人民共和国劳动争议调解仲裁法》第二条规定，中华人民共和国境内的用人单位与劳动者发生的下列劳动争议，适用本法：（一）因确认劳动关系发生的争议；（二）因订立、履行、变更、解除和终止劳动合同发生的争议；（三）因除名、辞退和辞职、离职发生的争议；（四）因工作时间、休息休假、社会保险、福利、培训以及劳动保护发生的争议；（五）因劳动报酬、工伤医疗费、经济补偿或者赔偿金等发生的争议；（六）法律、法规规定的其他劳动争议。依据上述规定，支付精神损害赔偿和公开赔礼道歉请求均不属于劳动争议仲裁的受案范围。小王如果坚持让单位进行精神损害赔偿和公开赔礼道歉，可以直接向人民法院提起民事诉讼。

另外，用人单位在作出解除劳动合同决定时，除了需要有理有据外，还需注意方式方法。毕竟，解除劳动合同是对劳动者最严厉的惩处，如果处理不当，势必会激起劳动者强烈的不满，滋生新的争议纠纷。

资料来源：北京市人力资源和社会保障局网站 http://rsj.beijing.gov.cn/bm/ztzl/dxal/202008/t20200811_1979939.html，内容经过改编。

请思考：如果小王对公司解除劳动合同的决定不服，决定申请劳动争议仲裁，他可以提出哪些仲裁请求？

参考文献

[1] 常凯. 劳动关系学 [M]. 北京：中国劳动社会保障出版社，2005.

[2] 常凯. 劳动法 [M]. 北京：高等教育出版社，2011.

[3] 程延园. 员工关系管理 [M]. 上海：复旦大学出版社，2004.

[4] 程延园. 劳动法与劳动争议处理 [M]. 北京：中国人民大学出版社，2013.

[5] 戴文宪. 怎样召开职工代表大会工会会员代表大会 [M]. 北京：红旗出版社，2007.

[6] 法律出版社法规中心. 劳动法律纠纷处理依据与解读 [M]. 北京：法律出版社，2016.

[7] 关怀，林嘉. 劳动法 [M]. 5版. 北京：中国人民大学出版社，2016.

[8] 国务院法制办公室. 劳动人事法律法规规章司法解释大全 [M]. 北京：中国法制出版社，2011.

[9] 劳动和社会保障部劳动工资研究所. 中国劳动标准体系研究 [M]. 北京：中国劳动社会保障出版社，2003.

[10] 姜俊禄. 劳动人事争议典型案例评析：第3辑 [M]. 北京：中国劳动社会保障出版社，2017.

[11] 廖名宗. 劳动规章制度研究 [M]. 北京：法律出版社，2009.

[12] 李德齐. 中国劳动关系学院工会干部培训教程 [M]. 北京：中国工人出版社，2009.

［13］李新建，孙美佳，等. 员工关系管理［M］. 北京：中国人民大学出版社，2015.

［14］李琪. 产业关系概论［M］. 北京：中国劳动社会保障出版社，2008.

［15］李艳. 员工关系管理实务手册［M］. 2版. 北京：人民邮电出版社，2012.

［16］林嘉. 劳动法和社会保障法［M］. 3版. 北京：中国人民大学出版社，2014.

［17］刘兰，唐鑛. 劳动争议处理［M］. 2版. 大连：东北财经大学出版社，2020.

［18］刘燕斌. 国外集体谈判机制研究［M］. 北京：中国劳动社会保障出版社，2012.

［19］刘元文. 工会工作理论与实践［M］. 北京：中国劳动社会保障出版社，2008.

［20］曲清，欧阳华，颜琴，等. 新编工会干部培训教材［M］. 北京：中央文献出版社，2012.

［21］中华全国总工会组织部，中华全国总工会集体合同部. 全国工会工资集体协商培训教材［M］. 北京：中国工人出版社，2011.

［22］任小平. 会计信息与工资集体协商［M］. 北京：电子工业出版社，2008.

［23］石先广. 劳动合同法下的企业规章制度制定与风险防范［M］. 北京：中国劳动社会保障出版社，2008.

［24］宋湛. 集体协商与集体合同［M］. 北京：中国劳动社会保障出版社，2008.

［25］宋湛，詹婧. 企业员工关系管理文案全程指引［M］. 北京：首都经济贸易大学出版社，2010.

［26］唐鑛. 战略劳动关系管理［M］. 上海：复旦大学出版社，2011.

［27］唐鑛，嵇月婷. 集体协商与集体谈判［M］. 北京：中

国人民大学出版社，2019.

[28] 唐鑛，刘兰. 劳动合同管理 [M]. 大连：东北财经大学出版社，2015.

[29] 唐鑛，汪鑫. 企业劳动关系管理基础 [M]. 大连：东北财经大学出版社，2015.

[30] 唐鑛，杨振彬. 人力资源与劳动关系管理 [M]. 北京：清华大学出版社，2017.

[31] 田辉. 员工关系管理 [M]. 上海：复旦大学出版社，2015.

[32] 王桦宇. 劳动合同法实务操作与案例精解：增订7版 [M]. 北京：中国法制出版社，2017.

[33] 王全兴. 劳动合同法条文精解 [M]. 北京：中国法制出版社，2007.

[34] 王振麒. 劳动人事争议处理 [M]. 上海：复旦大学出版社，2011.

[35] 肖胜方. 劳动合同法下的人力资源管理流程再造 [M]. 北京：中国法制出版社，2016.

[36] 信春鹰. 中华人民共和国劳动争议调解仲裁法释义 [M]. 北京：法律出版社，2008.

[37] 薛丁齐. 职工代表与职工代表大会操作指南 [M]. 北京：中央文献出版社，2012.

[38] 杨鼎家. 新编职工民主管理工作培训教程 [M]. 北京：中国言实出版社，2011.

[39] 杨志明. 劳动关系 [M]. 北京：中国劳动社会保障出版社，2012.

[40] 张建国，徐微. 集体协商的策略与技巧 [M]. 北京：中国友谊出版公司，2016.

[41] 张健明，王宇熹，尹乃春. 劳动标准与劳动监察：政策与实务 [M]. 北京：北京大学出版社，2008.

[42] 郑桥. 劳资谈判 [M]. 北京：中国工人出版社，2003.

[43] 赵应文. 工资集体协商 [M]. 北京：研究出版社，2011.

[44] 卡茨，科钱，科尔文. 集体谈判与产业关系概论 [M]. 李丽林，吴清军，译. 大连：东北财经大学出版社，2010.

[45] 孙瑜香，李天国. 新中国成立 70 年我国劳动人事争议处理制度的演变、成就与经验 [J]. 中国劳动，2019（10）：16-31.

[46] 张胜辉. 希克斯工资谈判模型对我国工资集体协商的启示 [J]. 职大学报，2009（4）：111-113.